列国志 新版

GUIDE TO
THE WORLD
NATIONS

农雪梅 李允华
编著

BELARUS

白俄罗斯

社会科学文献出版社
SOCIAL SCIENCES ACADEMIC PRESS (CHINA)

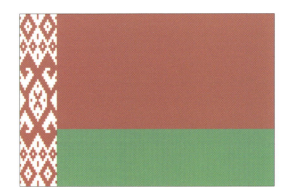

白俄罗斯国旗

白俄罗斯国徽

国家图书馆（农雪梅 摄）

国家模范歌剧芭蕾舞大剧院（农雪梅 摄）

国家马戏团（农雪梅 摄）

明斯克之门（农雪梅 摄）

明斯克胜利广场（农雪梅 摄）

明斯克竞技场

明斯克迪纳摩球场（农雪梅 摄）

明斯克卡马罗夫斯基市场（农雪梅 摄）

布列斯特要塞（农雪梅　摄）

布列斯特要塞的雕塑

明斯克圣西蒙和海伦娜教堂

博布鲁伊斯克东正教教堂

米尔城堡

格罗德诺剧院（农雪梅　摄）

维捷布斯克市

布拉斯拉夫湖国家公园

出版说明

　　《列国志》编撰出版工作自 1999 年正式启动，截至目前，已出版 144 卷，涵盖世界五大洲 163 个国家和国际组织，成为中国出版史上第一套百科全书式的大型国际知识参考书。该套丛书自出版以来，受到社会各界的广泛好评，被誉为"21 世纪的《海国图志》"，中国人了解外部世界的全景式"窗口"。

　　这项凝聚着近千学人、出版人心血与期盼的工程，前后历时十多年，作为此项工作的组织实施者，我们为这皇皇 144 卷《列国志》的出版深感欣慰。与此同时，我们也深刻认识到当今国际形势风云变幻，国家发展日新月异，人们了解世界各国最新动态的需要也更为迫切。鉴于此，为使《列国志》丛书能够不断补充最新资料，更好地服务于社会各界，我们决定启动新版《列国志》编撰出版工作。

　　与已出版的 144 卷《列国志》相比，新版《列国志》无论是形式还是内容都有新的调整。国际组织卷次将单独作为一个系列编撰出版，原来合并出版的国家将独立成书，而之前尚未出版的国家都将增补齐全。新版《列国志》的封面设计、版面设计更加新颖，力求带给读者更好的阅读享受。内容上的调整主要体现在数据的更新、最新情况的增补以及章节设置的变化等方面，目的在于进一步加强该套丛书将基础研究和应用对策研究相结合，将基础研究成果应用于实践的特色。例如，增加了各国有关资源开发、环境治理的内容；特设"社会"一章，介绍各国的国民生活情况、社会管理经验以及存在的社会问题，等等；增设"大事纪年"，方便读者在短时间内熟悉各国的发展线索；增设"索引"，便于读者根据人名、地名、关键词查找所需相关信息。

顺应时代发展的要求，新版《列国志》将以纸质书为基础，全面整合国别国际问题研究资源，构建列国志数据库。这是《列国志》在新时期发展的一个重大突破，由此形成的国别国际问题研究与知识服务平台，必将更好地服务于中央和地方政府部门应对日益繁杂的国际事务的决策需要，促进国别国际问题研究领域的学术交流，拓宽中国民众的国际视野。

新版《列国志》的编撰出版工作得到了各方的支持：国家主管部门高度重视，将其列入"'十二五'国家重点图书出版规划项目"；中国社会科学院将其列为创新工程学术出版资助项目，王伟光院长亲自担任编辑委员会主任，指导相关工作的开展；国内各高校和研究机构鼎力相助，国别国际问题研究领域的知名学者相继加入编辑委员会，提供优质的学术指导。相信在各方的通力合作之下，新版《列国志》必将更上一层楼，以崭新的面貌呈现给读者，在中国改革开放的新征程中更好地发挥其作为"知识向导"、"资政参考"和"文化桥梁"的作用！

新版《列国志》编辑委员会
2013 年 9 月

前　言

　　自 1840 年前后中国被迫开关、步入世界以来，对外国舆地政情的了解即应时而起。还在第一次鸦片战争期间，受林则徐之托，1842 年魏源编辑刊刻了近代中国首部介绍当时世界主要国家舆地政情的大型志书《海国图志》。林、魏之目的是为长期生活在闭关锁国之中、对外部世界知之甚少的国人"睁眼看世界"，提供一部基本的参考资料，尤其是让当时中国的各级统治者知道"天朝上国"之外的天地，学习西方的科学技术，"师夷之长技以制夷"。这部著作，在当时乃至其后相当长一段时间内，产生过巨大影响，对国人了解外部世界起到了积极的作用。

　　自那时起中国认识世界、融入世界的步伐就再也没有停止过。中华人民共和国成立以后，尤其是 1978 年改革开放以来，中国更以主动的自信自强的积极姿态，加速融入世界的步伐。与之相适应，不同时期先后出版过相当数量的不同层次的有关国际问题、列国政情、异域风俗等方面的著作，数量之多，可谓汗牛充栋。它们对时人了解外部世界起到了积极的作用。

　　当今世界，资本与现代科技正以前所未有的速度与广度在国际流动和传播，"全球化"浪潮席卷世界各地，极大地影响着世界历史进程，对中国的发展也产生极其深刻的影响。面临不同以往的"大变局"，中国已经并将继续以更开放的姿态、更快的步伐全面步入世界，迎接时代的挑战。不同的是，我们所面临的已不是林则徐、魏源时代要不要"睁眼看世界"、要不要"开放"的问题，而是在新的历史条件下，在新的世界发展大势下，如何更好地步入世界，如何在融入世界的进程中更好地维护民族国家的主权与独立，积极参与国际事务，为维护世界和平，促进世界与人类共同发展做出贡献。这就要求我们对外部世界有比以往更深切、全面的了解，我们只有更全面、更深入地了解世界，才能在更高的层次上融入世界，也才能在融入世界的进程中不迷失方向，保持自我。

与此时代要求相比，已有的种种有关介绍、论述各国史地政情的著述，无论就规模还是内容来看，已远远不能适应我们了解外部世界的要求。人们期盼有更新、更系统、更权威的著作问世。

中国社会科学院作为国家哲学社会科学的最高研究机构和国际问题综合研究中心，有 11 个专门研究国际问题和外国问题的研究所，学科门类齐全，研究力量雄厚，有能力也有责任担当这一重任。早在 20 世纪 90 年代初，中国社会科学院的领导和中国社会科学出版社就提出编撰"简明国际百科全书"的设想。1993 年 3 月 11 日，时任中国社会科学院院长的胡绳先生在科研局的一份报告上批示："我想，国际片各所可考虑出一套列国志，体例类似几年前出的《简明中国百科全书》，以一国（美、日、英、法等）或几个国家（北欧各国、印支各国）为一册，请考虑可行否。"

中国社会科学院科研局根据胡绳院长的批示，在调查研究的基础上，于 1994 年 2 月 28 日发出《关于编纂〈简明国际百科全书〉和〈列国志〉立项的通报》。《列国志》和《简明国际百科全书》一起被列为中国社会科学院重点项目。按照当时的计划，首先编写《简明国际百科全书》，待这一项目完成后，再着手编写《列国志》。

1998 年，率先完成《简明国际百科全书》有关卷编写任务的研究所开始了《列国志》的编写工作。随后，其他研究所也陆续启动这一项目。为了保证《列国志》这套大型丛书的高质量，科研局和社会科学文献出版社于 1999 年 1 月 27 日召开国际学科片各研究所及世界历史研究所负责人会议，讨论了这套大型丛书的编写大纲及基本要求。根据会议精神，科研局随后印发了《关于〈列国志〉编写工作有关事项的通知》，陆续为启动项目拨付研究经费。

为了加强对《列国志》项目编撰出版工作的组织协调，根据时任中国社会科学院院长的李铁映同志的提议，2002 年 8 月，成立了由分管国际学科片的陈佳贵副院长为主任的《列国志》编辑委员会。编委会成员包括国际片各研究所、科研局、研究生院及社会科学文献出版社等部门的主要领导及有关同志。科研局和社会科学文献出版社组成《列国志》项目工作组，社会科学文献出版社成立了《列国志》工作室。同年，《列国志》项目被批准为中国社会科学院重大课题，新闻出版总署将《列国志》项目列入国家重点图书出版计划。

在《列国志》编辑委员会的领导下，《列国志》各承担单位尤其是各位学者加快了编撰进度。作为一项大型研究项目和大型丛书，编委会对《列国志》提出的基本要求是：资料翔实、准确、最新，文笔流畅，学术性和可读性兼备。《列国志》之所以强调学术性，是因为这套丛书不是一般的"手册""概览"，而是在尽可能吸收前人成果的基础上，体现专家学者们的研究所得和个人见解。正因为如此，《列国志》在强调基本要求的同

时，本着文责自负的原则，没有对各卷的具体内容及学术观点强行统一。应当指出，参加这一浩繁工程的，除了中国社会科学院的专业科研人员以外，还有院外的一些在该领域颇有研究的专家学者。

现在凝聚着数百位专家学者心血，共计 141 卷，涵盖了当今世界 151 个国家和地区以及数十个主要国际组织的《列国志》丛书，将陆续出版与广大读者见面。我们希望这样一套大型丛书，能为各级干部了解、认识当代世界各国及主要国际组织的情况，了解世界发展趋势，把握时代发展脉络，提供有益的帮助；希望它能成为我国外交外事工作者、国际经贸企业及日渐增多的广大出国公民和旅游者走向世界的忠实"向导"，引领其步入更广阔的世界；希望它在帮助中国人民认识世界的同时，也能够架起世界各国人民认识中国的一座"桥梁"，一座中国走向世界、世界走向中国的"桥梁"。

《列国志》编辑委员会
2003 年 6 月

CONTENTS
目 录

CONTENTS

目 录

CONTENTS
目 录

CONTENTS

目 录

CONTENTS
目 录

CONTENTS
目 录

CONTENTS
目 录

CONTENTS
目 录

CONTENTS
目 录

第一章
概　览

第一节　国土与人口

一　地理位置

白俄罗斯共和国位于东欧平原西部，地处北纬 51°6′~56°10′，东经 23°11′~32°47′之间。东部和北部与俄罗斯相连，南接乌克兰，西邻波兰，西北部及北部分别与立陶宛和拉脱维亚接壤，是地处欧洲中心的内陆国家，无出海口。白俄罗斯所处地理位置十分重要。它是地扼俄罗斯通往东欧和西欧的战略要冲，是欧亚大陆桥必经的交通枢纽。独立前是苏联通往中欧和西欧的传统门津，独立后又成为俄罗斯遏制北约向独联体东扩及同北约抗衡的战略前沿。

二　国土面积

白俄罗斯国土面积为 20.76 万平方公里，其中 41% 为农业用地、42% 为林地、6% 为水域（包括湖泊、河流和沼泽）、11% 为其他土地。白俄罗斯国土面积与英国或罗马尼亚的领土面积相当，在世界排名第 84 位，在欧洲国家中排名第 13 位，在独联体国家中排名第 4 位。国土东西长 650 公里（460 英里），南北宽 560 公里（350 英里）。国境线总长 3617 公里，其中与欧盟国家的国境线长 1250 公里。

三　行政区划

根据白俄罗斯国家统计局 2020 年的数据，白俄罗斯全国共划分为 6 个州和 1 个具有独立行政区地位的州级市——首都明斯克市，下设 118 个区、115 个市、24 个市辖区、85 个镇和 2.3 万个农村居民点。其 6 个州简况如下。

（一）明斯克州

建于 1938 年 1 月 15 日，面积约 3.98 万平方公里。人口约 142.85 万（截至 2019 年 1 月 1 日），人口密度为每平方公里 36 人。该州位于白俄罗斯中部地区，首府是明斯克市。全州共分为 22 个区，有 24 个城市、18 个镇和 5194 个农村居民点。州内居民主要是白俄罗斯人、俄罗斯人、波兰人和乌克兰人。州内的主要城市有明斯克、鲍里索夫、莫洛杰奇诺、索利戈尔斯克等。

（二）维捷布斯克州

建于 1938 年 1 月 15 日，面积约 4.01 万平方公里。人口约 117.16 万（2019 年 1 月 1 日），人口密度为每平方公里 30 人。该州位于白俄罗斯北部，与俄罗斯、立陶宛、拉脱维亚交界。全州分为 21 个区，有 19 个城市、23 个镇和 6219 个农村居民点，州府是维捷布斯克市。州内居民主要是白俄罗斯人，此外还有俄罗斯人、波兰人、乌克兰人和犹太人。北部和东南部地区人口密度大。州内主要城市有维捷布斯克、奥尔沙、波洛茨克和新波洛茨克。

（三）戈梅利州

建于 1938 年 1 月 15 日，面积约 4.04 万平方公里。人口约 140.99 万（2019 年 1 月 1 日），人口密度为每平方公里 35 人。该州位于白俄罗斯东南部，与俄罗斯、乌克兰交界。全州分为 21 个区，有 18 个城市、15 个镇和 2267 个农村居民点，州府是戈梅利市。州内居民大多是白俄罗斯人、俄罗斯人、乌克兰人和犹太人。东北部是人口密度最大的地区。主要城市有戈梅利、莫济里、列奇察、斯韦特洛戈尔斯克、日洛宾、卡林科维奇和罗加乔夫。

（四）格罗德诺州

建于 1944 年 9 月 20 日，面积约 2.51 万平方公里。人口约 103.93 万

（2019 年 1 月 1 日），人口密度为每平方公里 42 人。该州位于白俄罗斯西部，与波兰、立陶宛交界。全州分为 17 个区，有 15 个城市、16 个镇和 4303 个农村居民点，州府是格罗德诺市。州内居民主要是白俄罗斯人，然后依次为波兰人、俄罗斯人和乌克兰人。州内主要城市有格罗德诺、利达、沃尔科维斯克、斯洛尼姆和新格鲁多克。

（五）莫吉廖夫州

建于 1938 年 1 月 15 日，面积约 2.91 万平方公里。人口约 105.29 万（2019 年 1 月 1 日），人口密度为每平方公里 36 人。该州位于白俄罗斯东部，与俄罗斯交界。全州分为 21 个区，有 17 个城市、6 个镇和 2978 个农村居民点，州府是莫吉廖夫市。州内居民主要是白俄罗斯人、俄罗斯人、犹太人和乌克兰人。该州的北部和西南部地区人口密度大。州内主要城市有莫吉廖夫、博布鲁伊斯克、克里切夫、戈尔基和奥西波维奇。

（六）布列斯特州

建于 1939 年 12 月 4 日，面积约 3.28 万平方公里。人口约 138.03 万（2019 年 1 月 1 日），人口密度为每平方公里 42 人。该州位于白俄罗斯西南部，是白俄罗斯的"西大门"，与波兰、乌克兰交界。全州分为 16 个区，有 21 个城市、8 个镇和 2158 个农村居民点，州府是布列斯特市。州内居民主要是白俄罗斯人、俄罗斯人、波兰人和乌克兰人，人口主要集中在布列斯特、巴拉诺维奇、别廖佐夫斯基和平斯克地区。州内主要城市有布列斯特、巴拉诺维奇、平斯克和科布林。

四 首都和主要城市

（一）明斯克市

明斯克市是白俄罗斯共和国首都，全国政治、经济、文化中心，同时也是明斯克州首府，与北京的时差为 5 小时。它位于白俄罗斯中部，坐落在第聂伯河上游支流斯维斯洛奇河畔，面积 348.84 平方公里，人口约 199.27 万（2019 年 1 月 1 日），人口密度为每平方公里 5697 人。年平均气温 7.8℃。全市共分为 9 个行政区，分别是苏维埃区、中央区、莫斯科区、列宁区、伏龙芝区、十月区、五一区、游击队区和工厂区。1067 年，明斯克作为要塞古城为古书所记载，当时称明涅斯克。12世纪成为明斯克公国的中心。14世纪被立陶宛大公国兼并，后归波兰。1793年归属俄国。1796年成为明斯克省的省府。19世纪由于铁路建设完成，经济开始逐渐发展起来。

　　1919年1月1日，明斯克市成为白俄罗斯苏维埃共和国首都，1991年8月23日成为独立的白俄罗斯共和国首都。明斯克具有900多年的历史，曾三次遭毁：1812年遭拿破仑军队破坏；1918年被德国军队攻占；二战期间法西斯德国血洗该城，城市几乎被夷为平地，30万居民惨遭杀害。二战后，经过约半个世纪的重建，现今明斯克已成为一座景色秀丽的欧洲名城。市区街道宽阔整洁，风格迥异的建筑物大多为乳白色、米黄色或浅绿色，或古朴典雅，或富有现代气息。市中心区是行政文化区，除政府大厦外，这里还有白俄罗斯科学院、白俄罗斯国立大学、历史和地理博物馆、卫国战争纪念馆、艺术博物馆等。市内主要的古迹有马林斯基大教堂和别尔纳金隐修道院礼拜堂。每到夏秋时节，市内绿树成荫，鲜花盛开。从市中心乘地铁到郊外，映入眼帘的是广阔的田野、郁郁葱葱的森林、宁静的湖泊以及牧场农舍，呈现出一派恬静迷人的田园风光。明斯克市是白俄罗斯的经济中心，2017年其地区生产总值占白俄罗斯国内生产总值的27.6%，2018年工业产值约占全国的15.9%。2018年，明斯克市生产了全国98.3%的电视机、87.9%的卡车、42.8%的药品、37.4%的酒精饮料和29.2%的电力。[①] 在地理位置上，明斯克既是白俄罗斯的重要交通枢纽，也是独联体东西和南北运输干线的交会点、莫斯科至华沙铁路干线的枢纽，同时又是欧盟和独联体之间以及波罗的海诸国到黑海主航线的交会点，历来是联系周边地区的贸易中心，素称"交易之镇"。此外，明斯克还是原苏联地区重要的文化、科学中心之一。这里有著名的白俄罗斯科学院，有建于1921年的白俄罗斯国立大学等13所高等院校以及各类图书馆、博物馆和剧院。

---

　　① http：//www.belstat.gov.by/.

（二）布列斯特市

布列斯特市是白俄罗斯西南部重镇，布列斯特州首府。截至 2019 年 1 月 1 日该市人口约 35.1 万。该市位于白俄罗斯与波兰边境，穆哈韦茨河与布格河的交汇处。其名称来自白俄罗斯语"别列斯塔"，意为"白桦树"。1017 年见载于史书。1319 年属立陶宛，后归波兰。1795 年并入俄国，1919 年属波兰。1939 年回归白俄罗斯。

1812 年，沙俄政府在这里组织修建要塞，要塞由周围高 10 米、总长 16 公里的厚实土墙围住，墙外挖掘了深宽的沟壕，并引入布格河、穆哈韦茨河水。水壕与河汊相通，形成 4 个小岛，即构成要塞的 4 个堡垒。其中央地势高耸，是要塞的核心堡垒。周围是要塞兵营楼，楼内共有 500 间隐蔽室，可储备大量物资，供 12000 人长期使用。要塞内还修建了四通八达的地下通道网，不仅能将要塞各堡垒连接，还能通到区外数公里的地方。1941 年，布列斯特军民凭借要塞，在处于劣势的情况下，英勇抗击突袭而来的德国法西斯军队，在要塞牵制了大量德军，德军久攻不下。在食品、水、医疗资源极度匮乏的情况下，坚守了 28 天后，此要塞才被德军攻下。守卫要塞的官兵几乎全部壮烈牺牲。1971 年，为纪念反法西斯英雄，在此修建布列斯特英雄要塞纪念建筑群，它包括高达 100 米的方尖纪念碑、长明火和保卫要塞纪念馆等。

布列斯特市是白俄罗斯和欧亚大陆桥的重要交通枢纽，这里有欧亚大陆桥上最大的列车换轮站，水陆交通发达。该市工业以轻工业为主。在该市建有独联体闻名的自由经济区。除上述两大城市外，白俄罗斯还有戈梅利市、维捷布斯克市、莫吉廖夫市、格罗德诺市、博布鲁伊斯克市、巴拉诺维奇市、鲍里索夫市、奥尔沙市、平斯克市和莫济里市等十座大的城市。

五 地质结构和地形特点

（一）地质结构

白俄罗斯地质构造复杂。地壳上层是沉积岩层，下层是晚元古期沉积岩层，具有古生代所存的地质结构体系——寒武纪、志留纪、泥盆纪、石炭纪和二叠纪等地质结构体系。白俄罗斯南部、东部和西部主要是侏罗纪沉积物，下层为砂土、黏土，上层主要是磷酸盐土、砂土和黏土；南部则以白垩纪沉积物为主，下层为砂土、黏土，上层为泥灰土和粉砂土。新生代包括古第三纪、新第三纪，这一时期的沉积物主要分布在白俄罗斯南部和西部地区。白俄罗斯的地质结构是由地处欧洲东、西部古地台地的地理位置决定的，其地质结构分为两层：太古代、中生代结晶体层和沉积外罩层。白俄罗斯的地壳厚度为 36 ~ 42 公里，境内的地壳运动一直延续至今。

（二）地形特点

白俄罗斯地处第聂伯河流域，全境地势平坦，地形以平原为主，其间丘陵与低地相互交错。平均海拔 160 米，最高海拔 345 米，最低海拔80 ~ 90 米。白俄罗斯地势大体上是北高南低，北半部主要是低缓的冰碛丘陵与平原相间，平均海拔为 200 ~ 300 米；南半部冰碛平原逐渐过渡到波列西耶低地、沼泽，地势相对低洼平坦，平均海拔只有 80 ~ 110 米。北部是全国地势最高的地区，以丘陵和山脉为主，其间也交错分布着平坦的低地和阶梯形的谷地。西北部的地形相对复杂一些，这里有冰河末期的遗迹，冰碛丘陵、冰河堆石所形成的盆地以及冰碛平原散布其间。中北部横亘着东北—西南走向的白俄罗斯山脉，它从西部边境的格罗德诺一直延伸到东部的奥尔沙，在第聂伯河东岸与斯摩棱斯克丘陵连为一体。在这片低缓的山地中，地势最高的是明斯克丘陵地带，上面耸立着白俄罗斯的最高峰捷尔任斯克山（海拔 345 米），次高峰累沙山（342 米）和玛雅克山（335 米）。明斯克丘陵向西南部的延伸部分是斯塔尔布索夫斯基平原，西部则是具有山地地形特点的阿什绵斯基高地，其海拔 320 米，比相邻的低地高 150 米。白俄罗斯东北及北部地区的地形也以丘陵为主，但地势普遍较低。北部地区的低地主要呈波状，但个别地区也出现时断时续的冰碛山脉。波洛茨克低地占据了白俄罗斯湖区的大部分，它连接着德维和季斯纳谷地，向西北方倾斜。此外，面积较大的低地还有苏拉日低地和维利亚河上游地区的那洛恰那—维列伊卡低地。东南和南部地区的地势低洼平坦，以平原和沼泽为主。整个平原从北向南逐渐倾斜，海拔最高的是奥尔沙—莫吉廖夫平原，其次是切切尔斯克和中央别列津平原。在广阔的平原上也零星分布着一些低矮的丘陵和冰碛山脉，但地势都比较平坦。南部地区除了海拔在 200 米以下的低平原外，还有著名的波列西耶沼泽地，是泥炭的主要产地。

六 河流和湖泊

（一）河流

白俄罗斯不仅河流众多，而且分布密度适中，平均每 100 平方公里内有 44 公里长的河流。流域面积较大的涅曼河，100 平方公里内的平均河流长度为 47 公里，而流域面积最小的普里皮亚季河，100 平方公里内的平均河流长度也有 32 公里。境内大小河流共计两万多条，河流总长 9.06 万公里，属黑海和波罗的海的集水区。可通航的河道有 1 万多公里。其中长度超过 10 公里的河流有 1.93 万条，长度在 500 公里以上的大河有 7 条，全部为跨境河流。最长的河流是第聂伯河，在白俄罗斯境内长达 700 公里。其他大河分别是别列津纳河（561 公里）、普里皮亚季河（495 公里）、索日河（493 公里）、涅曼河（436 公里）、普季奇河（421 公里）。白俄罗斯河流的水源补给主要是融雪、雨水和地下水。河流年均流量为 36.4 立方千米，再加上从邻国进入白俄罗斯境内的河流，则年均流量可达 57.1 立方千米。全国河流中，第聂伯河年均流量最大，为 18.9 立方千米；西德维纳河次之，年均流量为 13.9 立方千米；普里皮亚季河年均流量 13 立方千米，居第 3 位。

（二）湖泊

白俄罗斯境内湖泊众多，大小湖泊星罗棋布，总计有 1.08 万个，享有"万湖之国"的美誉。其中面积超过 0.5 平方公里的约有 470 个。境内最大的湖泊是涅曼河流域的纳罗奇湖，面积达 79.6 平方公里，水深最深达 25 米。其次有奥斯韦亚湖（52.8 平方公里）、切尔沃诺耶湖（40.8 平方公里）等。最深的湖是长湖，位于西德维纳河流域，湖深达 53.7 米。众多湖泊在全国各地组成了大小不等的湖区。在第聂伯河流域的多林低地中，集中了 6000 多个湖泊。冰川形成的湖泊大多分布在西德维纳河和涅曼河流域，数量有 3500 多个。数量众多的小型湖泊多集中于普里皮亚季河河谷及其下游地区，它们主要是由河床扩展、河水淹没四周土地而形成的。白俄罗斯中部地区湖泊数量较少。

白俄罗斯除了拥有良好的天然水系外，还有许多人工修建的运河和水库。最主要的通航运河是第聂伯—布格运河，而奥金斯基运河、奥古斯图夫运河和别列津纳运河虽然不能通航，但将第聂伯河、涅曼河和西德维纳河连接起来。境内许多水库都是在苏联卫国战争后修建的，最大的两座是维列依卡水库和扎斯拉夫斯基水库，面积分别为 75 平方公里和 31.1 平方公里。

七　土壤

在气候、地形各种自然地理因素的影响下，白俄罗斯境内土壤形成过程主要有草化、灰化和沼泽化三种。其土壤类型有近 10 种，其中最主要的有生草灰化土、沼泽灰化土和泥炭沼泽土。北部地区的主要土壤类型是生草灰化土。中部地区的土壤类型较复杂，多是生草灰化土和草土。南部地区基本的土壤类型则是生草灰化土、泥炭沼泽土和河滩土。总体而言，白俄罗斯土壤较肥沃。

八　气候

白俄罗斯气候属温带大陆性气候，境内温和湿润，夏无酷暑，冬无严寒，气候宜人。夏季受大西洋气流的影响，气候潮湿多雨。冬季多温暖和融雪天气。1 月平均气温为 -2.7℃，7 月平均气温为 19.6℃（2018 年）。年平均气温从西南向东北逐渐降低，西南部年平均气温为 7.4℃，东北部为 4.4℃。冬季 1 月的平均气温，西南部为 -4.4℃，东北部为 -8.4℃。夏季（5~9 月）月平均气温为 13℃~19℃。年平均降水量为 520~706 毫米，雨量较充足。夏季降水量约占年降水量的 2/3。植物生长期东北部为 180 天，西南部为 208 天。

九　人口概况

1991 年是白俄罗斯独立之年，全国人口为 1028.1 万。1992 年人口增至 1034.6 万。自 1993 年以来，全国人口连年下降。1995 年人口降为

1032.1 万，1999 年降为 1014.8 万。到 2000 年人口降至千万以下，为 999.02 万。2001～2013 年，人口数量继续下降，2013 年年初全国人口降至 946.4 万，相当于 1991 年的 92.05%。之后，人口数量呈缓慢回升之势，至 2018 年年初人口数量为 949.2 万。其中：男性人口为 442.2 万，占总人口的 46.6%，女性人口为 507.0 万，占总人口的 53.4%；城市人口占总人口的 78.1%，农村人口占总人口的 21.9%。截至 2018 年年初，低于劳动年龄的人口数量 168.3 万，占总人口的 17.7%，劳动年龄人口为 543.2 万，占总人口的 57.2%，超过劳动年龄的人口为 237.7 万，占总人口的 25.0%（见表 1 - 1）。导致白俄罗斯人口连年下降的主要原因是人口自然出生率不高，且低于死亡率。从 1993 年开始，白俄罗斯人口自然增长率始终为负数，至 2002 年达到最高值 - 5.79 万人，之后该数值逐年减少，最低降至 2015 年的 - 0.10 万人，但 2017 年又回升至 - 1.67 万人。白俄罗斯独立后，从 1993 年到 2006 年，其人口预期寿命均低于 70 岁（1991 年白独立时为 70.7 岁）。2007 年白人口预期寿命重回 70 岁水平，为 70.3 岁，之后呈现逐年增长态势，到 2017 年增至 74.4 岁。其中，男性为 69.3 岁，女性为 79.2 岁。[①] 白俄罗斯人口主要集中在大城市，首都明斯克集中了全国 1/5 的人口，约为 197.5 万。

表 1 - 1 2010～2018 年白俄罗斯人口状况

年份	2010	2011	2012	2013	2014	2015	2016	2017	2018
人口总量（年初）（万人）	950.0	948.1	946.5	946.4	946.8	948.1	949.8	950.5	949.2
男性人口（万人）	441.8	440.8	439.8	439.8	440.1	440.9	442.1	442.7	442.2
女性人口（万人）	508.2	507.3	506.7	506.6	506.7	507.2	507.7	507.8	507.0
各年龄段人口（万人）									
低于劳动年龄人口（0～15 岁）	151.4	151.3	152.2	154.9	158.0	161.0	164.1	166.9	168.3
劳动年龄人口	584.7	580.4	574.9	568.7	562.3	556.0	549.9	543.2	543.2

---

① Статистический ежегодник Республики Беларусь. 2018 г. http：//www. belstat. gov. by/.

年份	2010	2011	2012	2013	2014	2015	2016	2017	2018
超过劳动年龄人口	213.9	216.4	219.4	222.8	226.5	231.1	235.8	240.4	237.7
人口分布									
城市人口占比(%)	74.5	75.1	75.8	76.3	76.8	77.3	77.6	77.9	78.1
农村人口占比(%)	25.5	24.9	24.2	23.7	23.2	22.7	22.4	22.1	21.9
人口自然增长数量（万人）	-2.91	-2.59	-1.06	-0.73	-0.30	-0.10	-0.16	-1.67	-2.60

注：2017 年前劳动年龄人口为男性 16～59 岁，女性 16～54 岁。从 2017 年开始劳动年龄人口为从 16 岁到统一规定的退休年龄人口。

资料来源：http：//www.belstat.gov.by/ofitsialnaya - statistika/solialnaya - sfera/naselenie - i - migratsiya/naselenie/godovye - dannye/。

十 民族和语言

（一）民族构成

白俄罗斯是个多民族国家，1991 年独立时全国有 80 多个民族，主体民族是白俄罗斯人，其他民族主要有俄罗斯人、波兰人、乌克兰人、犹太人等。

1. 白俄罗斯人

白俄罗斯人是白俄罗斯共和国的主体民族。1991 年独立前，白俄罗斯人是苏联中仅次于俄罗斯人、乌克兰人、乌兹别克人和哈萨克人的第五大民族。1991 年独立时白俄罗斯人的人口约为 800.08 万，占全国总人口的 77.9%。历次人口普查数据显示，1999 年白俄罗斯人的人口为 815.9 万，占全国人口的 81.2%；2009 年为 795.7 万，占 83.7%。此外，在原苏联其他加盟共和国境内还散居着 150 万白俄罗斯人。

2. 俄罗斯人

俄罗斯人遍布白俄罗斯全国 6 个州，主要分布在东部的莫吉廖夫州、戈梅利州和中部的明斯克州，是白俄罗斯国内仅次于白俄罗斯人的第二大民族，为白俄罗斯人口最多的少数民族。白俄罗斯独立前，其境内的俄罗斯人人口不断增长，在白俄罗斯总人口中占的比重由 1959 年的 8.2%、1970 年的 10.4% 升至 1990 年的 13.2%（1990 年俄罗斯人为 135.3 万）。白俄罗斯独立后，俄罗斯人所占的比重有所下降。历次人口普查数据显示，1999 年俄罗斯人人口为 114.17 万，占白总人口的 11.4%；2009 年为 78.5 万，占 8.3%，但仍居该国人口的第二位。由于俄罗斯人与白俄罗斯人有共同的祖先（同属东斯拉夫族）和共同的宗教信仰（都信奉东正教），在语言、文化、习俗等诸多方面相似或相近，因而两者之间关系至为密切。

3. 波兰人

波兰人主要分布在与波兰接壤的布列斯特州和格罗德诺州，是白俄罗斯的第三大民族。历次人口普查数据显示，1959 年白俄罗斯境内的波兰人所占的比重为 6.7%，1970 年和 1989 年分别降为 4.25% 和 4.1%。白俄罗斯独立后，波兰人所占比重继续下降，1999 年降为 3.9%，人口为 38.57 万；2009 年波兰人人口为 29.45 万，占比降至 3%。

4. 乌克兰人

乌克兰人主要分布在南部地区，是白俄罗斯第四大民族。据统计，独立前白俄罗斯国内的乌克兰人人口不断增长。1990 年白境内的乌克兰人人口为 29.7 万，占全国人口的比重由 1959 年的 1.7%、1970 年的 2.1% 升至 2.9%。白俄罗斯独立后，乌克兰人人口及其所占比重都有所下降。1999 年，白境内乌克兰人为 23.7 万，占全国人口的比重为 2.4%；2009 年为 15.87 万人，占 1.67%。由于乌克兰人与白俄罗斯人有共同的民族属性和宗教信仰（同属东斯拉夫族，都信奉东正教），在语言、文化、习俗等诸多方面有很多相同或相近之处，因而两民族之间的关系十分密切。

5. 犹太人

犹太人是白俄罗斯境内居第五位的民族，散居在白俄罗斯各地。1959 年犹太人占白俄罗斯苏维埃社会主义共和国总人口的 1.9%，1970 年和 1990 年分别降为 1.6% 和 1.1%（1990 年犹太人为 11.2 万）。历次人口普查数据显示，1999 年白俄罗斯犹太人人口为 2.78 万，占全国总人口的比重为 0.3%；2009 年为 1.29 万人，占 0.14%。白俄罗斯国内犹太人人口大量减少是犹太人向国外主要向以色列移民之故。由于境内犹太人为数不多，故而他们在白俄罗斯的地位远不及俄罗斯人、波兰人和乌克兰人。

此外，白俄罗斯国内还有立陶宛人、拉脱维亚人、爱沙尼亚人等其他少数民族，但人数都很少。

（二）民族政策与民族关系

由于白俄罗斯是个多民族国家，因此政府十分重视民族问题。独立后白俄罗斯奉行不排外、平等和团结的民族政策，并将之明文载入独立后于1994年颁布的新宪法——《白俄罗斯共和国宪法》。宪法第16条规定，"一切民族、宗教和信仰在法律面前一律平等"。宪法序言强调保障"公民团结"。对各民族之间的关系，宪法第14条明文规定，"国家依据法律面前平等的原则，调整社会共同体、民族共同体以及其他共同体之间的关系，尊重它们各自的权利和利益"。鉴于白俄罗斯独立时约有300万白俄罗斯人散居在世界各地，其中一半居住在原苏联各加盟共和国，为此宪法第10条特别规定，"白俄罗斯共和国公民，无论是在白俄罗斯共和国境内，还是在境外，都受到国家的保护和庇护"。正是由于白俄罗斯奉行民族平等和团结的政策，独立后白俄罗斯国内各民族之间的关系一直较为和谐，迄今未发生民族矛盾和民族动乱。这也是该国独立以来国内社会政治局势一直保持稳定的重要原因之一。

（三）语言和文字

白俄罗斯语是白俄罗斯本民族语言，属印欧语系斯拉夫语的东支，现代正字法和语法标准是在19世纪后期刊物中发展起来的。第一本重要的白俄罗斯现代语法书于1918年出现。白俄罗斯语分东北和西南两种方言，标准语以明斯克语为基础，书写采用西里尔字母。14～17世纪，白俄罗斯语成为立陶宛公国通用的国家语言，1772年、1793年、1795年俄罗斯、普鲁士和奥地利三次瓜分波兰后，白俄罗斯被俄国兼并，俄语便开始在白俄罗斯普及，白俄罗斯语作为国家语言地位大为削弱。白俄罗斯语的发展受到俄罗斯、波兰和乌克兰方言的影响，语音与俄语有不同之处，而在字形和造句上则保留了很多古俄语和斯拉夫教会语言的特征。20世纪90年代初发起复兴民族语言文化运动，首先是要恢复民族语言——白俄罗斯语在社会中的文化、历史地位。1990 年，白俄罗斯最高苏维埃通过了《白俄罗斯语言法》，以法律的形式承认白俄罗斯语在国家中的重要地位，规定在科学、艺术、教育机构和国家政权机关中开始逐步使用白俄罗斯语，同时也保证白俄罗斯各族居民有使用本民族语言的权利。1991 年独立后，政府又通过了发展白俄罗斯语及国内其他民族语言的国家计划。独立后白俄罗斯语被定为国语，俄语为族际通用语。1996 年修宪后，将俄语与白俄罗斯语并列为国语，白俄罗斯语和俄语均为国家官方语言。目前，国内大多数人讲俄语。学校虽然开设了国语（白俄罗斯语）课，但其他科目的教学仍在使用俄语。国家没有强迫推行白俄罗斯语，国内各主要报刊，特别是议会主办的报纸，以及电视、广播都实行双语制，即同时使用白俄罗斯语和俄语。

十一　国家标志——国旗、国徽和国歌

白俄罗斯 1991 年 8 月 25 日宣布独立后，国名由独立前的白俄罗斯苏维埃社会主义共和国改为白俄罗斯共和国。国名以民族名称命名，意为"纯的俄罗斯人"。根据《白俄罗斯共和国宪法》第 19 条，国旗、国徽和国歌是白俄罗斯作为一个主权国家的标志。

（一）国旗

国旗旗面为长方形，长与宽之比为 2∶1。国旗上半部为红色宽条，下半部为绿色窄条，靠近旗杆套处为具有民族特色的红白色花纹竖条。红色是白俄罗斯人喜爱的颜色，表现白俄罗斯人对祖国怀有深厚感情。绿色象征其丰衣足食。

（二）国徽

国徽为圆形徽。国徽图案是左右两束由国旗颜色彩带缠绕的麦穗等围成外环，中间从上至下依次为五角红星、白俄罗斯地图（国土轮廓）、光芒万丈的旭日和地球。底部正中的彩带上写着"РЭСПУБЛІКА БЕЛАРУСЬ"（白俄罗斯共和国）。

（三）国歌

白俄罗斯独立后国歌名称为《白俄罗斯共和国国歌》。

白俄罗斯国歌歌词：我们，白俄罗斯人——爱好和平的人，我们的心奉献给我们的国土。在我们勤劳自由的家园里，我们的友谊真挚，日益牢固！我们国家的美名万岁，兄弟民族的团结万岁！祖国－母亲，我们爱您，白俄罗斯万岁！团结起来，我们的兄弟，一起保卫我们的家园。为自由而战，为命运而战，我们举起胜利的旗帜！我们国家的美名万岁，兄弟民族的团结万岁！祖国－母亲，我们爱您，白俄罗斯万岁！人民的友谊就是人民的力量，是我们神圣的光明之路。让胜利幸福的旗帜，在高空自豪地飘扬！我们国家的美名万岁，兄弟民族的团结万岁！祖国－母亲，我们爱您，白俄罗斯万岁！

第二节　宗教与民俗

一　宗教

白俄罗斯是个多宗教国家。国内信徒数量最多的是俄罗斯东正教，包括白俄罗斯人、俄罗斯人、乌克兰人在内的大多数居民主要信奉该种宗教。其次是罗马天主教，信徒主要是西部和北部一些少数民族。此外，白俄罗斯还有一些信徒数量很少的教派，如新教教派、犹太教、伊斯兰教、印度教、佛教等。同时，还有相当一部分居民是非信徒。

（一）宗教发展概况

白俄罗斯人的宗教观念最早是在旧石器时期以图腾崇拜、魔法及万物有灵论的形式出现，在很长一段时间里，人们信仰的是多神教。8世纪末，随着封建制度的发展，多神教触犯了封建阶级的利益，并阻碍了当时社会经济与政治的发展，于是，9世纪初基督教从拜占廷帝国传入基辅罗斯。1054年基督教东西两派分裂，以君士坦丁堡为中心的东部教会自称正教，随之形成东斯拉夫人的东正教会，成为基辅罗斯全国范围的宗教组织，并成为统治阶级的工具。11世纪下半叶，波洛茨克建成了圣索菲亚大教堂（该教堂是古罗斯第三大教堂），12世纪初及以后的年代里，波洛茨克和白俄罗斯的其他一些城市出现了东正教修道院。13世纪初，基辅罗斯解体，天主教开始渗入白俄罗斯。16世纪初，随着白俄罗斯并入波兰，天主教取代东正教占据了统治地位。16~17世纪初出现新教。为了与新教抗衡，16世纪末一些东正教会与天主教会合并，形成了合并教派。在白俄罗斯并入俄罗斯后，天主教和合并教派的势力日趋削弱，东正教重新占据了统治地位。俄罗斯东正教分裂后，17世纪下半叶，白俄罗斯出现了犹太教会。19世纪下半叶到20世纪初，随着资本主义的发展，基督教又渗入白俄罗斯。1721年，俄国宣布东正教为国教，反对东正教者要受到法律制裁，到1905年，又宣布禁止东正教教徒改信其他宗教。1917年十月社会主义革命后，宗教的社会经济基础被摧毁，宗教作为一种信仰逐渐被削弱，许多教会转入地下，它们主要分布在农村，一般以小组形式进行活动，在教徒家里进行祷告。1991年苏联解体后，白俄罗斯与独联体其他共和国一样，国内宗教及其活动开始恢复。

（二）独立后的宗教政策和宗教状况

白俄罗斯独立后实行完全不同于苏联时期的宗教政策。宪法第1条规定，白俄罗斯的国体是"统一的、民主社会的法治国家"。宪法第4条宣布，白俄罗斯在意识形态上实行多样性。白俄罗斯政府奉行宗教自由和政教分离政策。国家实行宗教信仰自由，不干涉宗教活动，但法律"禁止旨在反对国家主权及其宪法制度和破坏公民团结或带有破坏公民权利和自由的教会组织及其机关和代表的活动"。宪法第16条明文规定，"一切民族、宗教和信仰在法律面前一律平等。国家与宗教组织的关系由法律加以协调……禁止旨在破坏白俄罗斯共和国主权、宪法制度和公民团结，损害公民权利和自由，以及阻碍公民履行国家、社会和家庭义务或有害其身心健康的宗教组织及其机构和代表的活动"。宪法第31条还规定，"每个人都享有独立自主地决定对宗教的态度，决定单独地或与他人一起信仰任何宗教或不信仰任何宗教，表达和传播与对宗教的态度有关的信念，参与举行宗教祭祀、宗教仪式、宗教典礼的权利"。此外，1992年白俄罗斯还颁布了《宗教信仰和宗教组织自由法》。概括地说，白俄罗斯对宗教的原则立场是：提倡宗教信仰自由，不干涉宗教活动，但不允许宗教违宪。

白俄罗斯独立后，信仰宗教的人数逐渐增加，宗教及其活动开始恢复，宗教组织的数量也明显增加，苏维埃关闭的教堂被修缮一新，一些重要的宗教节日也被国家承认。目前，白俄罗斯共有 3524 个注册宗教组织（25 种宗教信仰），其中 174 个为具有普遍宗教意义的组织（如宗教协会、修道院、传教机构、神学院等），3350 个宗教团体（如东正教、罗马天主教、福音派基督教、福音派浸信会、路德会、犹太教、伊斯兰教和其他宗教团体）。东正教会在白宗教生活中占有最重要的地位，信徒约占居民总数的 50%，共有 1681 个团体、15 个教区、7 个宗教教育机构、35 个修道院、15 个兄弟会、10 个姊妹会和 1 个传教机构，是白宗教稳定的基础。罗马天主教是白传统宗教之一，教徒人数占白人口的 14.5%（超过 140 万），且地位正在逐步加强。截至 2017 年 7 月 1 日，白俄罗斯罗马天主教会包括 4 个教区、496 个天主教团体、5 个宗教教育机构、11 个传教机构和 9 个修道院。有一些宗教组织还出版报纸和杂志，并利用广播和电视传播教义。独立后，白俄罗斯设立了宗教事务委员会，2006 年在其基础上设立宗教和民族事务专员，负责实行国家的民族宗教政策，并与地方行政机关及国家行政机关一起积极配合宗教组织，解决重大社会问题。2008 年，宗教和民族事务专员下设教派间咨询委员会。

二 节 日

白俄罗斯国家法定节假日是根据 1998 年 3 月 26 日颁布的第 157 号总统令《关于白俄罗斯共和国法定节假日和纪念日》确定的。国家节日包括：国家宪法日（3 月 15 日），纪念 1994 年 3 月 15 日白俄罗斯颁布首部国家宪法；白俄罗斯和俄罗斯人民团结日（4 月 2 日），是庆祝俄罗斯与白俄罗斯建立联盟国家的节日；胜利日（5 月 9 日），庆祝卫国战争及反法西斯战争（第二次世界大战）胜利，这一天的主要活动是在全国各地举办退伍老兵游行；白俄罗斯共和国国徽国旗日（5 月的第二个星期日）；白俄罗斯共和国独立日（7 月 3 日），是白最重要的节日，当天会在明斯克胜利大街举行盛大的游行，以庆祝国家的独立。全国性其他法定节日包括：新年（1 月 1 日）；祖国保卫者和武装力量日（2 月 23 日），既是军人的节日也是白俄罗斯所有男人的节日；妇女节（3 月 8 日），这一天既是妇女节也是春天节；劳动节（5月1日），是白俄罗斯最受欢迎的节日之一，这一天人们会举办音乐会和各种庆祝活动；十月革命胜利日（11月7日）。宗教节日包括：东正教圣诞节（1月7日）、复活节（根据东正教和天主教日历分别为4月6~7日和3月30日）、天主教圣诞节（12月25日）、万灵节（东正教复活节后的第9天）。

除官方节日外，白俄罗斯为纪念重大灾害事故的死者，也为表示对死者的尊重设立了纪念日，如切尔诺贝利核事故纪念日（4月26日）、卫国战争死难者纪念日（6月22日）和祭祀先人日。祭祀先人日定于复活节后的第9天，这一天人们通常会去为亲戚朋友扫墓。此外，民间也流行着一些传统的民俗节日，如谢肉节、仲夏节等。其中仲夏节是最受欢迎的古老民俗节日之一，于每年7月6~7日晚间庆祝。庆祝活动伴随着民间仪式、歌曲和舞蹈进行，节日的必备活动是篝火晚会和游泳。

在上述所有的法定节假日和纪念日中，新年、东正教圣诞节、妇女节、祭祀先人日、劳动节、胜利日、独立日、十月革命胜利日和天主教圣诞节为非工作日。

三 民俗

白俄罗斯民俗文化最早产生于基辅罗斯时期，那时白俄罗斯民俗文化具有俄罗斯、乌克兰、波兰等欧洲文化的共同特征。14~16世纪，在白俄罗斯民族形成的过程中，具有本民族特征的白俄罗斯民俗文化也逐渐形成，并随着19世纪资产阶级的产生而得到巩固与发展。到十月社会主义革命前，白俄罗斯民俗文化才比较全面地形成。白俄罗斯人的民族风俗习惯和礼仪有其自身的特点，这主要表现在衣食住行、文化娱乐等各个方面。首先，在衣着服饰方面，白俄罗斯传统民族服装虽然在质地和式样上与俄罗斯等其他东斯拉夫民族的服装有相似之处，但有其本民族的鲜明特点。按传统，白俄罗斯人普遍喜穿白色衣服。据传，白俄罗斯之所以冠名"白"字，皆因白俄罗斯人素来爱穿白色的衣服。男子穿齐膝白色亚麻布绣花衬衫，系彩色腰带，外套坎肩，下穿白色灯笼裤，扎白色裹腿，冬季穿呢裤，脚蹬皮靴，头戴毡帽、皮帽或草帽。妇女的传统民族服装艳而不俗，上穿白底绣花衬衫，下穿条纹或方格图案的白色大长裙，或白色大方格布料短裙，裙子用呢布镶边，腰系毛织小花围裙，再配上一条五彩丝绒编织成的腰带，头戴花头巾，脚上穿皮靴或皮鞋，显得既健美又活泼。冬季由于气候寒冷，男女外衣均为粗呢长袍、羊皮袄，脚穿毡靴。现在，白俄罗斯男女一般都穿现代服装，男子穿西服，城市妇女则流行西服套裙或连衣裙等，民族服装只在民族节日时才穿。

在饮食方面，白俄罗斯民间饮食丰富多样。其主食一是面包，二是土豆，土豆被称为"第二面包"。当粮食歉收时，土豆就成了"第一面包"。在白俄罗斯仅用土豆就可做出 100 多道菜。此外，白俄罗斯人还喜吃黑麦面包、猪肉、火腿煎蛋、蔬菜和李子、梨、苹果等水果。用黑麦糊、面粉和土豆做成的土豆薄饼是他们的传统食物，汤也是他们每顿饭必不可少的，特别是红甜菜汤和白菜汤。传统饮料有格瓦斯和桦树嫩芽做的烧酒，也喝伏特加和加糖的红茶，但不如俄罗斯人那样普遍。在白俄罗斯城市的街道上，除了常见的咖啡店、餐厅外，还有一种专门商店"布里巴尼"，即土豆店。因该国盛产土豆，白俄罗斯人特别钟爱土豆。

在居住方面，白俄罗斯农村居民的传统住房是圆木（多为松木）架成的壁桁式木屋，草屋顶，内部结构简单，由卧室、穿堂和小储藏室组成。家具均为木制，主要有桌子、板凳、柜子和睡觉用的板床或高板床。内部装饰也很简朴——屋顶上装饰有马头形木雕，门窗框上都雕有花纹图案。现在，虽然农村传统的圆木房已逐渐为砖瓦结构设备齐全的单独小住宅，甚至为城市型的居住房屋所取代，但农村住房仍保留有传统的圆木屋，并以精美的布织工艺品装饰。

在文化娱乐方面，其民间创作如舞蹈、音乐、口头文学等十分丰富，还有许多古老的戏剧形式，其中流行最广的是源自 16 世纪的民间木偶戏。白俄罗斯的民间工艺历史悠久，像木刻、陶器、地毯、刺绣、藤和麦秆编织品等都久负盛名。尤其是木制套娃，与俄罗斯一样，颇有名气。白俄罗斯人最喜爱跳的一种舞蹈叫"布里尼舞"，意思是小土豆，足见白俄罗斯人对土豆感情之深。

在婚丧习俗方面，白俄罗斯姑娘从小就由母亲教织亚麻布。结婚前姑娘要为未婚夫织衣服、腰带。在婚礼上要为媒人扎一块绣花方巾。人死后，人们在送葬时通常也要戴一块白色亚麻方巾。在婚庆宴上，当宾客叫"苦啊"时，新郎新娘要接吻。

第三节　特色资源

白俄罗斯是独联体中旅游资源较丰富的国家，其旅游资源分自然景观和人文景观两种，无论是自然景观资源还是人文景观资源，都较丰富。在自然景观方面，该国拥有大小河流 2 万多条，大小湖泊 1078 个，有"万湖之国"之美誉，境内 1/3 是森林，原始森林中动植物尤其是珍禽异兽品种繁多，极有利于开展江河湖泊观光游和森林狩猎等旅游活动，为发展旅游业提供了良好的条件。特别是西部地区，更是开展自然景观游览活动的重要地区，其驰名世界的别洛韦日森林公园是独联体和欧洲极负盛名的自然景观游览胜地。在人文景观方面，其建筑艺术、雕塑艺术、宗教艺术、绘画艺术、音乐舞蹈艺术、玻璃工艺美术等许多民族文化艺术都有很高的成就和造诣。该国有很多古朴的石头建筑和古城堡，风格多样。建筑中既有古老的欧洲哥特式造型艺术，又有反映卫国战争等题材的现代造型艺术，精美的波洛茨克圣索菲亚大教堂、明斯克胜利广场宏伟的方尖纪念塔、布列斯特要塞的英雄纪念碑都闻名于世，享有盛誉。

一　名胜古迹和著名旅游城市

目前，白俄罗斯有四处景点被列入世界自然文化遗产名录，分别是别洛韦日森林公园、米尔城堡、涅斯维日的拉济维乌家族建筑群和斯特鲁维测地弧。列入国家历史文化遗产名录的共有 5373 处景点，其中建筑类1759 处、历史类 1192 处、艺术类 60 处、考古类 2347 处及其他 15 处。

（一）别洛韦日森林公园

这是白俄罗斯最著名的名胜之一，也是独联体和欧洲著名的旅游观光胜地。面积 1165 平方公里，是欧洲中部最大的原始森林。别洛韦日森林公园位于白俄罗斯西部的布列斯特州和格罗德诺州，与波兰的比亚沃韦扎森林公园连成一片。历史上是俄波两国君主贵族狩猎场地。林区树木茂密、空气清新，动植物种类繁多，有欧洲野牛等多种稀有珍奇动物。它不但是白俄罗斯最大的重点自然保护区，也是独联体、欧洲和世界享有盛誉的自然保护区，已被联合国教科文组织列为人类遗产之一。1991年12月宣布苏联解体的有名的《别洛韦日协议》就在此地签订。

（二）米尔城堡

位于白俄罗斯格罗德诺州米尔镇，是16世纪防御建筑的杰出典范，2000年被联合国教科文组织列入世界自然文化遗产名录。城堡融合了各阶段的艺术风格（哥特式、巴洛克式和文艺复兴式），是白俄罗斯建筑的一座独特纪念碑。2010年12月修复后向游客开放。

（三）涅斯维日的拉济维乌家族建筑群

位于白中部的涅斯维日城，是一座与拉济维乌家族历史有关的、16～18世纪建筑和景观艺术的独特纪念碑。这座庞大的建筑群包括城堡、基督圣体陵墓和教堂以及周边诸多建筑。附近的一座景色秀美的公园与建筑群交相辉映，使其更加迷人。2005年该景点被联合国教科文组织列入世界自然文化遗产名录。

（四）"八月"运河（奥古斯图夫）

运河连接维斯拉河与涅曼河，是19世纪上半叶杰出的水利设施，全长102.8公里，白俄罗斯境内长21.2公里。在该运河上经常举办国际文化、体育赛事，以及市级、地区级和国家级的竞赛。此外，还会组织游客乘坐皮划艇、独木舟和摩托艇游览运河。

（五）哈丁纪念建筑雕塑群

这是为二战死难者所建的最感人的纪念碑之一。它距明斯克54公里，是一处被德国法西斯毁灭的村庄。1943年3月2日，德国法西斯以搜查白游击队员为名闯进哈丁村，将149人（其中包括75名儿童）全部杀害。为纪念这些死难者及被德国法西斯毁掉的其他村庄，1969年5月7日白俄罗斯政府在原哈丁村遗址处建成纪念建筑雕塑群。该建筑雕塑群占地50公顷，恢复了哈丁村的原貌。建筑雕塑群的中心屹立着名为"不屈的人"的铜像，旁边是排列整齐的花岗石板。建筑雕塑群内还建有死难者公墓。公墓白色大理石上铭刻着死者留给生者的话："请善良的人们记住，我们热爱生命、祖国和亲爱的你们。我们被活活烧死了。我们请求所有人：将悲痛化作勇敢和力量，为了这个世界永久和平与安宁，为了无论何时、何地再也不会有人被烧死。"在石碑另一面上刻有生者对死者的回答："你们是我们的亲人。在你们面前人们悲伤地低下头。在黑色的灾难日子里，你们接受了死亡，没有向法西斯杀人犯屈服。但你们对祖国强烈的爱永存。人民对你们的思念将如大地和太阳一样永恒。"哈丁纪念建筑雕塑群是白俄罗斯人民最敬仰的地方之一。近年，这里还开办了小型博物馆和摄影展。

（六）布拉斯拉夫湖国家公园

该国家公园位于维捷布斯克州，建于 1995 年。公园总面积为 6.91 万公顷，分布着约 200 个美丽的冰川湖，湖泊总面积为 114 平方公里，湖区内有多种被列入白俄罗斯《红皮书》的动物和鸟类，并建有很多旅游休闲中心。

（七）马尔克·夏加尔纪念馆

该纪念馆位于维捷布斯克州，是白俄罗斯访问量最大的博物馆之一。马尔克·夏加尔出生于白俄罗斯维捷布斯克的一个犹太家庭，因其超现实主义的画作而闻名世界。马尔克·夏加尔博物馆收藏了作者 300 多件原创艺术作品，包括版画、木版画、水彩画以及尼古拉·果戈理长篇小说《死魂灵》中的插图。此外，博物馆还展出了一些夏加尔最著名作品的复制品。

此外，白俄罗斯还有诸如别列津纳生态保护区、普里皮亚季自然保护区、纳罗奇湖等多处风光秀丽多姿的游览名胜。

二　建筑艺术

白俄罗斯在长期的历史发展过程中，集合了多民族人民的创造力，这使其对许多国家尤其是邻邦——俄罗斯、波兰、立陶宛、乌克兰的建筑遗产兼收并蓄。随着 9 世纪初基督教的传入，白俄罗斯出现了在木制希腊教堂基础上的石制宗教建筑。12 世纪，具有鲜明特色的古格罗德诺的建筑成为白俄罗斯建筑中一个重要的独立分支。14 世纪，白俄罗斯并入立陶

宛公国，16世纪立陶宛公国与波兰联合，形成新的国家，并一直存在到18世纪末。此后，白俄罗斯融入俄罗斯帝国的版图，作为其西北的一个区，这种历史的演进变化，清楚地反映在白俄罗斯历史建筑风格与形式的变化中。同时，这种建筑风格与形式的变化也反映了历史上的互相交融及强势文化的优势地位。

二战之前，苏联社会主义新的生活方式的推进打破了许多传统的束缚，白俄罗斯出现了许多新的建筑类型，当时的人们逐渐忘记历史及建筑的传承关系。二战后，民族精神的觉醒，对自身建筑历史的重新关注成为战后白俄罗斯城市建设的主旋律。纵观白俄罗斯的建筑发展史，根据各个阶段建筑的风格特点，白俄罗斯建筑艺术可分为以下几个阶段。

1. 第一阶段，原始社会时期的建筑（远古时代至9世纪）

这一时期白俄罗斯建筑的发展是在无阶级社会条件下进行的。主要的建筑类型是洞穴、半洞穴及地上建造的房屋。分为"大村"及"大城堡"两种，现存建筑遗传基本上是偶像崇拜的教堂及古墓地。

2. 第二阶段，古俄罗斯公国时期的建筑（9～11世纪）

这一时期，随着基督教被接受，白俄罗斯出现了新型建筑——王宫、教堂、修道院等。出现了加固的城堡，为城市建设及基本的石建筑打下了基础。这一时期的精品建筑成为世界文化宝库中的一员。

3. 第三阶段，封建割据时期的建筑（12～13世纪）

这一时期白俄罗斯社会处于封建分割阶段，出现了一些独立自主的公国，由于常有内讧和战争，因此这一时期每个王国的文化都反映到了地方建筑上，并开始重新理解古俄罗斯建筑的样式。12～13世纪主要的建筑遗产证明了这一点。如波洛茨克的升天教堂、维捷布斯克的布拉格维什斯克教堂、格罗德诺的卡洛兹教堂等，它们都具有很高的艺术及工艺水平。

4. 第四阶段，白俄罗斯民族形成时期的建筑（14～16世纪末）

这一时期主要的建筑艺术发展趋向是罗马式、哥特式及文艺复兴时期的风格。由于在几百年间白俄罗斯不止一次成为战场，因此，14～16世纪宏伟建筑的基本特点是建筑物的防御特征。这一时期修建了数百个城堡、封建主的城寨，还修建了筑城工事建筑，甚至修建的教堂也带有防御用的塔楼和枪炮口。其中米尔的城堡是 16 世纪的代表。神科维查和玛拉莫仁科沃教堂以及内城是一组独特的建筑，具有原始但很完整的建筑造型。

5. 第五阶段，17~18 世纪的建筑

16 世纪末开始的主要建筑流派是巴洛克式建筑，这样的建筑一直发展到 18 世纪末，被古典式建筑所代替。这一时期建筑的设计思想主要来自西欧，其地方特点体现在白俄罗斯建筑独特的诠释部分及加入自身传统特点等方面。如所有石制建筑必须抹灰，木制建筑在其自身形状基础上力求模仿石制建筑的样子等。同时，建筑工艺在这一时期也有了快速发展，白俄罗斯工匠在木刻、制陶及艺术瓷砖方面均达到很高的技艺水平，他们被请到莫斯科及其他城市，为建造莫斯科的克里姆林宫、科鲁齐兹教会会馆、巴克洛夫教堂和伊斯特拉的新耶路撒冷修道院而工作。其中杰出的艺术作品是尼古拉教堂的玛吉列夫圣像壁。从雕刻特点上分析，它有点像莫斯科新修女修道院和斯摩棱斯克教堂的圣像壁，是由来自什克拉瓦·特鲁谢兹的工匠完成的。

在白俄罗斯建筑遗产中这一时期巴洛克式的建筑种类和数量都很多。如涅斯维日的拉济维乌家族建筑群、格罗德诺的教堂及修道院等。

6. 第六阶段，寻求建筑风格发展新趋向的时期（19~20 世纪初）

这一时期白俄罗斯并入俄国，对白俄罗斯的文化发展产生了很大影响。在建筑方面，白俄罗斯一方面在常规传统设计方案指导下大规模改建城市，一方面在新的原则基础上建了一大批建筑及城市设施。古典主义建筑代替了曾在 19 世纪前达到空前繁荣的巴洛克式建筑。戈麦尔、什里香、斯诺沃的宫殿，玛吉列夫城的瑟夫教堂及戈麦尔城的彼得巴甫洛夫教堂是当时最具有价值的宫殿式建筑群。这一时期古典主义建筑对木制建筑艺术形式的发展产生了很大的影响。木制建筑融合了古典建筑形式，并把它用在纪念碑及民用建筑上。

7. 第七阶段，苏联时期的建筑（20 世纪 30~80 年代）

这一阶段对民族传统的追求成为建筑发展的主流。建筑装饰使用了大量古典建筑的传统手法。白俄罗斯独立后基本沿袭它在苏联时期的建筑风

格，并开始吸取和融入当今世界新的建筑艺术。

　　苏联时期白俄罗斯的建筑首先注重实用价值，部分大型建筑具有较高的艺术价值。除了保持对民族传统的追求外，还在建筑装饰中使用了大量古典建筑的传统手法，并吸收了西方现代建筑的一些特点。这一时期白俄罗斯的公共建筑大多具有"斯大林式建筑"的特点——高大、宏伟、方方正正、布局对称，如位于明斯克火车站附近的两座 11 层高的双子塔楼，俗称"明斯克之门"。而位于明斯克独立大道上的中央邮局则在建筑装饰上更多地加入了古典建筑元素——造型严谨，多应用古典柱式，注重内部装饰。城市中的民用建筑多以不同阶段苏联领导人的姓氏冠名："斯大林式"住宅楼质量好、房间面积大，俗称高干楼；"赫鲁晓夫楼"为简易的 5 层板楼，房间面积小，外形统一，主要提供给普通居民；勃列日涅夫时期开始修建能容纳更多人口的高层住宅，且建筑风格带有一些现代化气息，外形更漂亮。在广大农村地区，除单户使用的宅园式住宅外，还出现了 2~4 层封闭型多间式住房。农村地区的住宅楼建设以城市水平为准，同时地方民族性建筑在宅园式住宅中得到了进一步发展。

　　1991 年白俄罗斯独立后，民族自觉性的提高促使设计师在建筑中寻找和应用与传统相近的方法和形式，并使新建筑能和谐地融入已有建筑体系内，做到传统与现代的和谐统一。但总体来看，使白俄罗斯建筑融入世界建筑发展轨道是建筑设计的主流，当前带有后现代主义元素的功能性建筑发展更快，这在一定程度上阻碍了白俄罗斯民族建筑及地方特色建筑的发展。

第二章

历　史

第一节　远古简史

一　古老的历史

白俄罗斯具有悠久的历史，早在公元前 4 万年的旧石器时代，在现今白俄罗斯土地上就有人类出现。原始人最初使用石制工具进行生产活动，因此这段时期称为石器时代。根据石器加工方式方法的不同，整个石器时代又分为旧石器时代、中石器时代和新石器时代。在白俄罗斯，这三个历史时期分别为公元前 4 万 ~ 前 9000 年、公元前 8000 ~ 前 5000 年以及公元前 4000 ~ 前 3000 年。据考古发现，白俄罗斯最古老的村落遗址存在于旧石器时代中晚期，地点位于现今白俄罗斯切切尔地区的别尔泰什村和戈梅利州的卡林科维奇附近。公元前 1.1 万年，白俄罗斯第聂伯河和索日河流域形成了格陵斯基文化。公元前 1 万年，白俄罗斯西波列西耶和沃伦地区，以及涅曼河与维斯瓦河流域形成了斯维捷尔斯基文化。

二　白俄罗斯部落和阶级社会的出现

中石器时代　白俄罗斯各地都有人类居住，他们开始组成不同的部落，实行母系氏族制度。这期间共有 100 多个居民点出现在白俄罗斯第聂伯河上游、涅曼河及普里皮亚季河流域。中石器时代白俄罗斯地区的石器以细石器和巨石器为主，石斧、石凿、石箭、石刀等是人们的主要劳动工具。

新石器时代　白俄罗斯土地上的人们加工石器的方法越来越精细，发明了弓箭和陶器，学会了纺织和不同劳动工具的配合使用。新石器时代晚期还出现了原始农业和畜牧业。这使人们的生活状态有了很大的变化，人口数量也逐渐增加。考古学家在白俄罗斯共发现了600多个新石器时代的村落遗址，大多集中在普里皮亚季河、索日河和涅曼河流域的河谷地带。

在中石器和新石器时代，白俄罗斯土地上出现了代表不同文化的部落。居住在东波列西耶地区的部落是在第聂伯—顿涅茨克文化基础上演变而来；靠近别列津纳和伊普季河的第聂伯河流域生活着代表第聂伯河上游文化的部落；涅曼河沿岸和普里皮亚季河上游属涅曼文明部落。公元前3000年，白俄罗斯西部出现了以从事畜牧业为主的部落，能够制作圆形或平底形的双耳酒罐，因此，该部落文化被称为圆形双耳罐文化。新石器时代早期，白俄罗斯沿湖地带被纳尔瓦文明部落所占据；而北部居住的部落则属于典型的小窝篦纹文化，公元前3000年晚期，第聂伯河沿岸的部分居民和具有系带陶器文化特征的部落迁移到此，形成北白俄罗斯文化。

青铜器时代　在这一时期，随着农业和畜牧业的发展，男人在生产劳动中的作用越来越大，父系氏族制度逐渐形成。在青铜器时代，原先居住在小亚细亚地区的许多游牧部落开始迁移到欧洲，这些古印欧人与当地居民融合，逐渐形成了不同的部落联盟，其中的波罗的部落开垦了大量白俄罗斯土地，成为当时在白俄罗斯定居的最主要部族。而波罗的人也成为现代立陶宛和拉脱维亚人的祖先。青铜器时代早期，在白俄罗斯戈梅利和莫吉廖夫地区居住着具有第聂伯中部文化特征的部落；南方生活着波列西耶部落，属系带陶器文化；涅曼河沿岸部落属于波罗的海文化。青铜器时代中期，白俄罗斯南部地区散布着特什季涅茨文明部落，公元前2000年中叶，具有第聂伯中部文化特征的部落与当地新石器时代晚期的部落后代联合，形成了索斯尼察文化。

铁器时代　公元前7世纪，白俄罗斯人学会了炼铁术。铁器的出现使人们的生产活动转变为伐林耕作，同时畜牧业和家庭手工业，如木材加工、青铜冶炼、制陶、纺织和编织业也得到了发展。这一时期由于劳动生产率的提高，人们生产的产品除了满足自身生活需要外，第一次出现了剩余，各人拥有的财产开始有贫富不均的差别，从而导致了原始公社制度的解体和氏族公社的消失。

公元前 7～前 3 世纪，米拉格拉特部族占据了戈梅利、莫吉廖夫南部、明斯克和布列斯特东南部地区；公元前 4～前 2 世纪，波莫里亚部族迁到布列斯特西部地区；公元前 5～前 3 世纪，第聂伯河上、中游地区形成了扎卢比涅茨基文化；公元前 7～前 4 世纪，白俄罗斯中部地区盛行画线陶文化，北部则属于第聂伯文化。

公元前第一个千年白俄罗斯境内出现了阶级社会。公元前 7～前 4 世纪，斯拉夫人开始进入白俄罗斯。他们分散在白俄罗斯各地，逐渐与波罗的人融合。其中有 3 个东斯拉夫部族在白俄罗斯定居下来，他们分别是生活在第聂伯河上游和西德维纳河流域的克里维奇人、普里皮亚季河流域的德列戈维奇人，以及生活在第聂伯河与索日河之间的拉季米奇人，他们共同组成了东斯拉夫部落联盟，被视为白俄罗斯人的祖先。

第二节　中古简史

一　基辅罗斯时期

在 8 世纪与 9 世纪之交，由东斯拉夫的各个部落结成的联盟，形成早期封建国家——基辅罗斯，也称古罗斯。古罗斯编年史记载，第一个罗斯王国是诺曼首领留里克王公于 862 年建立的。首都在诺夫哥罗德。879 年奥列格继任王公，率兵征战，占领斯摩棱斯克和波洛茨克等地，882 年占领基辅，把罗斯国的首都迁到基辅，开始了基辅罗斯公国时期。

882 年，基辅罗斯建立后，白俄罗斯克里维奇人（波洛茨克人）和德列戈维奇人的土地均成为古罗斯的组成部分。在奥列格大公统治期间，白俄罗斯拉季米奇人的领土也并入了基辅罗斯。到 12 世纪初，基辅罗斯又控制了白俄罗斯涅曼河沿岸和布日叶河沿岸地区。基辅罗斯是一个强大的封建君主国家，国家首领称大公，封邑的王公和大贵族都要服从于基辅大公。

二 波洛茨克等封建公国的建立

11 世纪末至 12 世纪初，古罗斯国开始分裂，出现许多独立的地方公国，白俄罗斯境内的波洛茨克公国就是首先独立出来的公国之一。随后白俄罗斯其他一些地区也出现一批开始摆脱基辅统治的公国：涅曼河沿岸的格罗德诺、新格鲁多克和沃尔科维斯克公国以及南方的平斯克和杜布鲁夫卡公国。波洛茨克公国独立后，也没能保持自己的统一，弗谢斯拉夫王公去世后开始解体。12 世纪初，明斯克和德鲁季两个公国率先独立；1128 年，伊扎斯拉夫公国独立；1162 年，戈罗杰茨公国独立；1165 年，维捷布斯克公国独立；1181 年，拉戈伊斯克公国独立；13 世纪初，格尔察和库克诺伊斯克公国独立。随着地方公国的纷纷独立，基辅罗斯的势力日渐衰落。

三 白俄罗斯先后并入立陶宛大公国和波兰立陶宛王国

（一）白俄罗斯并入立陶宛大公国及白俄罗斯民族的形成

14 世纪初，立陶宛崛起，成为东欧强盛大国，原基辅公国的大部分土地都划归其所有。从 14 世纪起白俄罗斯领土也归属立陶宛大公国，但立陶宛大公允许白俄罗斯这些公国保留一定的自主权及其领土完整。白俄罗斯并入立陶宛大公国后，白俄罗斯各地的社会经济关系和民族文化关系得到不断加强，此时的经济、政治、司法和宗教信仰等因素加强了各民族的团结，为白俄罗斯民族文化的形成创造了重要条件。14～16 世纪，白俄罗斯民族逐渐形成，并相应形成了自己独特的民族语言（白俄罗斯语）、文化和经济生活。

（二）白俄罗斯归属波兰立陶宛王国

16 世纪中期，俄罗斯莫斯科公国兴起，并向外扩张，对立陶宛和波兰构成威胁。1566 年立陶宛向俄国求和，遭到俄国沙皇伊凡四世的拒绝。为了对抗沙皇俄国入侵，1569 年立陶宛和波兰签订《卢布林条约》，两国合并为波兰立陶宛联合王国。从 1569 年起，白俄罗斯归属波兰立陶宛王国。波兰和立陶宛合并后的波兰立陶宛王国势力强大，1582 年迫使沙俄休战。在波兰立陶宛王国时期，为加强波兰封建主和天主教会的势力，强迫东正教会于 1569 年与天主教会签订《布列斯特合并条约》，强迫东正教徒改信天主教或合并教，加强对白俄罗斯等其他民族的迫害，随着宗教压迫的加深，阶级矛盾日益尖锐，白俄罗斯人民的民族解放运动蓬勃兴起，各地武装起义不断。到 17 世纪末 18 世纪初，波兰立陶宛王国日渐衰落。

四　白俄罗斯并入俄国

1772～1795 年，波兰王国 3 次被俄罗斯、奥地利和普鲁士瓜分，波兰王国作为一个国家就此不复存在。1772 年白俄罗斯东部地区、1793 年白俄罗斯中部地区、1795 年白俄罗斯西部地区先后并入俄国。1830 年，波兰爆发了旨在恢复原波兰国家的武装起义，起义虽波及白俄罗斯，但因其狭隘的政治目的没能得到广大白俄罗斯人民的支持。1831 年起义被镇压后，沙俄政府对白俄罗斯的政策发生了很大的改变，采取一系列措施旨在消灭原波兰王国在白俄罗斯的影响，加紧推行俄罗斯化。自 1772 年起到 1917 年俄国十月革命前的 145 年间，白俄罗斯一直受沙皇俄国的统治，其政治、经济和社会的发展与俄国密不可分，发展速度与俄国趋同。

第三节　近代简史

一　农奴封建制度的瓦解与资本主义制度的确立

19 世纪 40 年代，俄罗斯土地上掀起民主革命的浪潮。1850～1860 年，俄国大地上要求废除封建农奴制度的民主革命形势十分高涨。在这期间，白俄罗斯爆发了 46 起大规模的农民起义，参加者遍及 27 个县的 100 多个村庄。为缓和日益激烈的阶级矛盾和斗争，1861 年 2 月 19 日，俄国沙皇亚历山大二世颁布法令，宣布废除农奴制。虽然农奴获得了人身自由，但土地仍然是贵族地主的财产（可由农奴赎买）。1861 年的农奴制改革，仍保留了土地归地主的所有制，引起白俄罗斯农民的强烈不满。为了反对沙皇的土地政策，白俄罗斯农民仅在 1861 年和 1862 年就分别发动了 379 次和 152 次要求归还土地的起义。与此同时，白俄罗斯民族解放运动兴起，成为俄罗斯民主改革的组成部分。从 1861 年起，白俄罗斯具有民主革命性质的团体"红党"和"白党"十分活跃，其主张以民主的方式解决民族问题，消灭地主土地所有制。同年，白俄罗斯民主革命党建立了武装起义中心。1863 年 1 月，波兰爆发的具有资产阶级民主革命性质的武装起义很快席卷立陶宛和白俄罗斯。同年 5 月，白俄罗斯地区也随之举行起义。在起义的影响下，沙皇政府被迫在白俄罗斯和立陶宛地区取消了农民对地主的临时义务制，将土地赎金降低了 20% ~ 24%，并将改革前被地主夺走的部分土地归还农民。但是，白俄罗斯 55% 的土地仍掌握在地主手中，11.3% 的土地属于教会和国家，农民仅有 33.7% 的土地。虽然农村改革并没有解决农村土地问题，但加快了资本主义发展的进程。其后白俄罗斯还进行了其他一些资产阶级改革，如 1875 年的城市改革、1872 ~ 1882 年的司法改革和 1911 年的地方自治改革等。

通过一系列改革，产生了资本主义社会的两个阶级——资产阶级和无产阶级，资本主义制度开始在白俄罗斯确立。19 世纪初，白俄罗斯已出现手工工场。19 世纪末，农业大多采用资本主义经营制度，农村庄园已开始广泛使用农业机器和雇佣劳动。工业中采用机器生产的工厂有很大的发展，工厂和工人数量显著增加。1900 年白俄罗斯工业企业由 1860 年的 12 家增至 750 家，同期工人由 975 人增至 2.6 万人。这一时期白俄罗斯修筑了连接整个国家和通往西欧国家的铁路，铁路的迅速修建大大促进了白俄罗斯内外贸易的发展，种种迹象显示，资本主义生产关系在白俄罗斯开始确立。

二 白俄罗斯人民革命运动

白俄罗斯最早的工人运动是 1864 ~ 1865 年的基那布尔克斯克—维捷布斯克铁路工人运动。19 世纪 70 年代末在白俄罗斯工人中宣传革命思想的有"人民自由小组"、"重分黑土社"和波兰工人党的"无产者"组织。19 世纪 80 年代末 90 年代初，明斯克、格罗德诺、维捷布斯克、戈梅利等城市建立了马克思主义小组。1894 年年初，明斯克冶金厂和铁路修配厂的工人成为第一批马克思主义小组成员。1895 年列宁在彼得堡创

建"工人阶级解放斗争协会"后，俄国无产阶级的革命运动进入一个新
阶段。1895~1900年间，随着白俄罗斯大工业的发展，工人运动逐渐兴
起，白俄罗斯城镇中罢工运动频繁，戈梅利和明斯克的铁路工人、格罗德
诺的纺织工人纷纷举行罢工，从主要出于经济目的发展到提出一些政治要
求。1895年，明斯克工人首次庆祝了"五一"国际劳动节。在农村，阶
级矛盾也日益尖锐，1880~1900年共发生了230多次农民骚乱。1898年，
俄国社会民主工党第一次代表大会在明斯克召开后，白俄罗斯出现最早的
社会民主组织俄国社会民主工党戈梅利委员会。1904年建立了波列西耶
委员会和西北委员会。1906年成立了俄国社会民主工党白俄罗斯及拉脱
维亚省际联盟。

随着资本主义经济的发展，白俄罗斯广大劳动者的社会经济处境愈加
艰难。工人农民不但在经济上受到残酷的剥削，在政治上也毫无权利可
言，再加上日益深重的民族压迫，资本主义社会阶级矛盾空前激化。无产
阶级的阶级意识逐步加强，开始形成了自己的革命先锋队。白俄罗斯参加
了1903年召开的俄国社会民主工党第二次代表大会，会上创立了马克思
主义政党——布尔什维克党，在白俄罗斯明斯克等城市也建起布尔什维克
党的分支，白俄罗斯人民革命运动进入一个新时期。

三　俄国第一次革命、二月革命及第一次世界大战时期
的白俄罗斯

1905年1月，为抗议沙皇军队在彼得堡枪杀工人的暴行，包括白俄
罗斯在内的全俄工人掀起了大规模革命运动，爆发了俄国第一次革命
（1905~1907年）。在俄国第一次革命期间，1905年1月，白俄罗斯有20
多个城镇都展开了政治运动，5月、6月出现大规模的工人运动。在工人
革命运动的影响和布尔什维克党的宣传鼓动下，农民逐步成为无产阶级的
同盟军。1905年4~8月，白俄罗斯32个县共发生了380次农民运动，农
民要求得到地主的土地和民主自由的权利。白俄罗斯参加俄国第一次革命
斗争的还包括民主知识分子、青年学生和士兵。在俄国第一次革命期间，
白俄罗斯明斯克、维捷布斯克、戈梅利等许多城市都建立了工人代表苏维

埃。1905 年 12 月的武装起义中，政治罢工席卷了白俄罗斯所有的大型工业中心。虽然白俄罗斯参加的俄国第一次革命遭到沙皇的镇压，但极大地打击了沙皇反动专制的独裁政权。

在第一次世界大战期间（1914～1918 年），白俄罗斯成为战场，1915 年白俄罗斯的西部被德国占领。1918 年 2～11 月，几乎整个白俄罗斯被德国占领。战争给白俄罗斯造成巨大损失，导致白俄罗斯工业、交通运输业、农业崩溃，人民生活状态严重恶化，阶级矛盾日益激化。

1917 年白俄罗斯参加俄国二月革命，推翻了沙皇专制政权，结束了俄国罗曼诺夫王朝长达 300 年的统治。二月革命后出现了双重政权的政治局面：一个是由国会代表委员会建立的资产阶级临时政府，另一个是彼得格勒工兵代表苏维埃。由于资产阶级临时政府刻意延迟一些基本的政治、社会变革（如停止战争、土地改革、少数民族独立等），反对根本的政治和社会变革，不关心普通公民的需求，激起了广大士兵、工人和农民的不满。而工兵代表苏维埃却被视为代表广大群众利益的政权实体。二月革命后不久，白俄罗斯全国各地的苏维埃如雨后春笋般涌现。在二月革命后的短短两个月中，白俄罗斯各地共建立了 37 个工人、农民、士兵苏维埃。6月，白俄罗斯参加全俄工农兵苏维埃代表大会，选举产生全俄执行委员会。这使苏维埃不但在数量上更具代表性，而且实际上比资产阶级临时政府更强大。眼看苏维埃革命力量日益强大，资产阶级临时政府决定，对布尔什维克党和革命力量进行镇压。1917 年 8 月，俄军总司令科尔尼洛夫发动右翼政变，但最终失败。科尔尼洛夫政变失败后，布尔什维克的政治力量更得到增强，在各地的苏维埃中都获得了多数支持。9 月，布尔什维克获得了明斯克苏维埃 337 个席位中的 184 席，在白俄罗斯戈梅利等地的苏维埃中也占据了牢固的地位。同月，俄国社会民主工党（布）召开第一次西北地区代表大会，将明斯克、莫吉廖夫、维捷布斯克等省的党组织联合在一起，并选举出领导中心——俄罗斯社会民主工党（布）西北地区委员会。到 10 月，整个白俄罗斯地区和西线官兵中共有 28591 名社会民主工党（布）党员和 27856 名革命同情者。此时的布尔什维克革命力量十分强大，而临时政府日趋衰退。

第四节 现代简史

一 十月革命与白俄罗斯苏维埃政权的建立

1917 年白俄罗斯参加十月社会主义革命。1917 年 3 月，明斯克苏维埃会议通过决议，动员白俄罗斯革命力量支援彼得格勒工人和士兵。11月 7 日，列宁领导的布尔什维克武装攻克冬宫，宣布临时政府被推翻，并立即建立革命的苏维埃政权。在彼得格勒武装起义胜利的影响下，明斯克苏维埃执委会也组织工人、士兵起事，并宣布将政权移交工兵代表苏维埃。11 月 9 日，根据俄罗斯社会民主工党（布）西北地区委员会的决定，明斯克苏维埃建立了革命委员会，以帮助在白俄罗斯各地建立苏维埃政权。但政权的移交遭到孟什维克、社会革命党、白俄罗斯资产阶级、犹太资产阶级以及小资产阶级党派团体的反对。他们拒绝承认以列宁为首的革命政府，联合起来反抗革命。11 月 9 日，白俄罗斯各派反革命势力组建了"拯救革命委员会"，纠集 2 万多名官兵利用军事力量企图迫使明斯克苏维埃向其妥协，将政权移交给"拯救革命委员会"。与此同时，布尔什维克也在西线部队中动员士兵支持革命，并成功地将部分军队调往明斯克支持苏维埃。11 月中旬，"拯救革命委员会"被解散，革命在明斯克宣告完成。翌日，明斯克苏维埃大会正式宣布建立苏维埃政权。11 月，白俄罗斯地区召开了西部地区工兵代表苏维埃会议、明斯克省第三届农民代表大会和维尔诺省第二届西线军队代表大会，会上代表们都表示支持苏维埃政权并时刻准备捍卫革命的胜利果实。12 月初，代表大会选出的执行委员会和前线委员会与工会代表一起组成苏维埃执行机构——西部地区和前线工兵农代表苏维埃地区执委会，该委员会掌握了白俄罗斯地区和西部前线的全部政权。1917 年 12 初，白俄罗斯所有未被德国占领的地区均建立起了苏维埃政权。新政权的建立引起了已被推翻的剥削阶级的强烈反抗。1917 年 11 月，全俄反革命势力集中在莫吉廖夫，企图调派前线军队镇压彼得格勒和莫斯科的革命，组建以社会革命党人为首的反革命政府。为了

阻止反革命的行动，苏维埃政府从彼得格勒调来军队进行镇压，白俄罗斯各地的革命武装力量也赶赴莫吉廖夫支援革命，最终迫使反革命势力承认了苏维埃政权。白俄罗斯社会革命党和资产阶级、小资产阶级党派团体又打着"民族自决"的旗号反对苏维埃政权，企图将白俄罗斯从苏俄中分裂出去。1917 年 12 月，白俄罗斯民族主义者在明斯克召开白俄罗斯全体会议，宣布建立白俄罗斯中央机关，掌握白俄罗斯地区的全部政权，并通过决议，以资产阶级议会制代替苏维埃政权。为此，白俄罗斯前线人民委员会通过决议解散了这次会议，挫败了其企图颠覆苏维埃政权的阴谋。

二 白俄罗斯苏维埃社会主义共和国的成立及加入苏联

十月革命胜利后，苏俄仍处于第一次世界大战的环境中，苏俄政府为结束战争以恢复经济，决定单独与德国议和。1917 年 11 月 22 日，双方签订了临时停战协议，但其后继续在布列斯特进行和谈，由于苏俄拒绝在德国提出的不平等条约上签字，谈判陷入僵局。1918 年 2 月 18 日，德国以此为借口再次发动战争。战争一开始，德军很快就占领了白俄罗斯的明斯克、波洛茨克、奥尔沙等地城市，并直逼彼得格勒。3 月，在德军强大攻势下，苏俄政府为保存实力，在布列斯特与德国签订了割地赔款的不平等条约（《布列斯特和约》）。根据这一条约，白俄罗斯大部分地区被德国占据。1918 年 3 月 9 日，在德占区亲德的白俄罗斯全体会议执行委员会宣布成立白俄罗斯人民共和国，并成立拉达伪政府。24 日，拉达政府宣称，与苏俄断绝一切关系。但在当时的德占区，白俄罗斯共产党领导的反抗侵略者的地下斗争十分活跃。整个敌占区共有约 100 个秘密党组织，地下党员有 4400 人，他们组织工人罢工、农民起义，在各地组建游击队，极大地促进了白俄罗斯革命解放运动的开展。1918 年 11 月，德奥爆发资产阶级民主革命，德国被迫向协约国投降。11 月 13 日，苏俄政府废除了布列斯特不平等条约。16 日，德军统帅命令部队撤退。苏俄红军开始解放白俄罗斯。到 1919 年 2 月中旬，红军解放了白俄罗斯几乎所有的被占领区，苏维埃政权在白俄罗斯各地又重建。与此同时，随着德军的撤出，成立不到 1 年的白俄罗斯人民共和国宣告完结。1918 年 12 月 24 日，按照列宁的民族政策，俄共（布）中央委员会通过了建立白俄罗斯苏维埃社会主义共和国的决议，1919 年 1 月 1 日，白俄罗斯临时工农苏维埃政府发布宣言，正式成立白俄罗斯苏维埃社会主义共和国。2 月 2～3 日，召开了白俄罗斯苏维埃第一次代表大会，宣布白俄罗斯独立，并通过了第一部白俄罗斯宪法，选出了第一届白俄罗斯中央执行委员会。1919 年年初，波兰一心想将白俄罗斯、立陶宛和乌克兰纳入自己的势力范围，恢复昔日波兰的疆界，而西方国家为了扼杀新生的苏维埃政权，利用波兰的领土野心，向其提供大量军事物资援助，帮助其扩充军队，以发动侵略战争。为了抗击波兰入侵和国内反革命分子的进攻，1919 年 2～8 月，在西部地区成立了立陶宛—白俄罗斯苏维埃社会主义共和国。1919 年 3 月底，波兰军队开始大规模入侵白俄罗斯和立陶宛。4 月 8 日，立陶宛—白俄罗斯苏维埃社会主义共和国宣布进入战争状态，成立国防委员会。同年 6 月 1 日，出于战争需要，全俄中央执行委员会宣布组成苏维埃共和国联盟，参加的共和国有俄罗斯、乌克兰、白俄罗斯、立陶宛和拉脱维亚。该联盟在反抗外国武装干涉和国内反革命分子的斗争中起了重要作用。1921 年 3 月 18 日，苏俄政府为尽快结束战争，与波兰签订了《里加条约》。据此条约，西白俄罗斯和西乌克兰划归波兰。1922 年 12 月 30 日，白俄罗斯加盟苏联，白俄罗斯与俄罗斯、乌克兰和外高加索联邦共和国四国是苏联的创始成员国。加盟苏联成为苏联加盟共和国后，1927 年白俄罗斯颁布了第二部宪法。

三 东西白俄罗斯合璧及第二次世界大战中的白俄罗斯

（一）东西白俄罗斯的合璧

20 世纪 30 年代末，第二次世界大战的阴云笼罩欧洲，为了赢得时间巩固国防，1939 年 8 月 23 日，苏联与德国签订了《苏德互不侵犯条约》及分割波兰的附加秘密议定书。9 月 1 日，德国法西斯进攻波兰。到 9 月中旬，已逼近西白俄罗斯和西乌克兰边界。当波兰大部分领土被德军侵占后，9 月 17 日，红军越过波苏边境，将西白俄罗斯和西乌克兰置于苏联的保护下。25 日西白俄罗斯获得解放。10 月 28～30 日，

由西白俄罗斯各界选举产生的代表组成的人民会议召开大会，通过了以下宣言：在西白俄罗斯建立苏维埃政权；西白俄罗斯与东白俄罗斯合并，并加入苏联。11 月 2 日，苏联最高苏维埃特别会议通过一项法律，承认东西白俄罗斯统一，以及西白俄罗斯加入苏联。同月 12 日，白俄罗斯最高苏维埃第三次特别会议宣布接受西白俄罗斯加入白俄罗斯苏维埃社会主义共和国。从此日起，西白俄罗斯与东白俄罗斯重新合并。

（二）第二次世界大战时期的白俄罗斯

1941 年 6 月 22 日，德国单方面撕毁《苏德互不侵犯条约》，入侵苏联，苏联卫国战争开始。战争初期，白俄罗斯军区的红军在白俄罗斯与德军进行了两个多月的艰苦战斗，展开了著名的布列斯特要塞保卫战，以及明斯克、莫吉廖夫、维捷布斯克和戈梅利保卫战，挫败了德国法西斯的"闪电战"计划。这年 9 月初，德军侵占了白俄罗斯。在德军占领期间，白俄罗斯人民同德军进行了英勇顽强的斗争，有 110 万人参加红军，全国各地有 1255 个游击队和小组（37.4 万人）奋起抗敌。1943 年秋，苏联红军开始反攻。9 月，开进白俄罗斯。1944 年年初解放了东白俄罗斯。7 月 3 日，白俄罗斯首都明斯克解放。7 月底，白俄罗斯全境解放。1945 年 5 月 8 日，德国宣布无条件投降。在第二次世界大战和卫国战争期间，白俄罗斯蒙受了巨大损失：白俄罗斯有 220 多万人（占全国人口的 1/4）牺牲；209 座城镇、9200 多个乡村被烧毁；几乎全部工厂、集体农庄、国营农场、学校和医院都遭到严重破坏。据统计，经济损失共计 750 亿卢布。从 1945 年 10 月 24 日起，白俄罗斯成为联合国成员国，并且是联合国创始成员国之一。

四 苏联时期白俄罗斯社会经济的发展

卫国战争胜利后，白俄罗斯迅速着手恢复国民经济，并在 1946 年开始实施的第 4 个五年计划（1946～1950 年）期间使遭战争破坏的经济很快恢复。苏联时期经过几十年发展，到 80 年代白俄罗斯已由一个落后的农业国变成工农业皆发达的工业化国家。1980 年工业产值比 1940 年增长

28 倍，比 1913 年增长 234 倍。工业拥有 100 多个部门，形成了比较完整的体系，成为国民经济的主体。1980 年农业产值比 1940 年增长 90%，农业普遍实行大规模机械化生产。1990 年白俄罗斯国内生产总值为 427 亿卢布，占全苏的 3.8%，在全苏各加盟共和国中位居第四。其中，工业、农业产值分别居第三、第四位。白俄罗斯人均国民生产总值、人均国民财富和人均消费水平分别超过全苏平均水平的 6%、3% 和 8%。在全苏各加盟共和国中白俄罗斯经济实力仅次于俄罗斯、乌克兰和哈萨克，位居第四。但到 20 世纪 80 年代，尤其是 80 年代后半期，随着苏联经济陷入困境，经济发展受阻，停滞不前，白俄罗斯经济发展也基本陷入停滞，其计划经济旧体制面临必须彻底改革的局面。

第五节　当代简史

一　从主权宣言到国家独立

1985 年 3 月，戈尔巴乔夫任苏共总书记后，推行全面改革，但他提出的"公开化""民主化"的政治改革路线，很快导致全苏各地各种政治力量纷纷出现。80 年代后半期，白俄罗斯过去曾被掩盖的矛盾暴露出来并不断被激化，其独立倾向日趋增强。1990 年，苏共中央二月全会和 3 月 14 日苏联人民代表大会否定了苏联宪法中对共产党执政地位的规定，苏联迅速形成多党制。在此背景下，白俄罗斯先后成立了人民阵线、民族民主党、民主党、共和党等各种持不同政见的政党，进行公开活动。其中，右翼政党——白俄罗斯人民阵线极力主张白俄罗斯独立，对推进白俄罗斯独立最为积极。

从 1990 年起白俄罗斯开始扩大本国在计划制订及外经和财政等经济领域内的权利。同年 5 月 19 日，尼古拉·杰缅捷伊当选白俄罗斯最高苏维埃主席（国家元首）。7 月 27 日，白俄罗斯最高苏维埃会议通过《关于白俄罗斯苏维埃社会主义共和国主权声明》，并确定此日为国家主权日，即独立日①。这是白俄罗斯向国家独立迈出的重要一步。白俄罗斯是原苏联 15 个加盟共和国中继格鲁吉亚、爱沙尼亚、乌兹别克、摩尔多瓦、乌克兰之后第 6 个发布主权宣言之国。主权宣言确定了共和国宪法和法律在本国境内至高无上，并强调指出，共和国在对外关系上是独立的，共和国有权在全苏财富中占有自己的一份，除共和国最高苏维埃，境外任何政党、社会组织及个人均不可以白俄罗斯全体人民的名义发表声明，同时宣称白俄罗斯以把自己领土变成无核区和把共和国变成中立国作为奋斗目标。

1991 年"八一九"事件后，白俄罗斯最高苏维埃于 8 月 25 日宣布独立。同日，最高苏维埃解除杰缅捷伊最高苏维埃主席的职务，并宣布共产党被中止活动。9 月 18 日，斯坦尼斯拉夫·舒什克维奇当选白俄罗斯最高苏维埃主席（国家元首）。翌日，白俄罗斯最高苏维埃决定将国名由"白俄罗斯苏维埃社会主义共和国"改为"白俄罗斯共和国"。同年 12 月 8 日，白俄罗斯国家元首舒什克维奇和俄罗斯总统叶利钦、乌克兰总统克拉夫丘克在明斯克召开会议，并在白俄罗斯布列斯特市郊别洛韦日签署了关于建立独立国家联合体的协议，宣布建立独联体，称苏联作为国际法的一个主体和一种地缘政治现实已不复存在。同月 21 日，白俄罗斯、俄罗斯等原苏联 11 国领导人在阿拉木图签署关于建立独立国家联合体协议的议定书，并确定独联体协调机关设立在白俄罗斯首都明斯克。

二　独立后的白俄罗斯概况

1991 年 8 月白俄罗斯宣布独立，从此作为一个新的主权国家走上国际舞台，同时也拉开了其当代历史的序幕。白俄罗斯独立后，于 1994 年 3 月颁布首部国家宪法，规定国体为"统一的、民主社会的法治国家"，政体为"总统制"，确立了政治新体制。1994 年 7 月白俄罗斯举行总统选举，А.Г. 卢卡申科成为白俄罗斯历史上的首位总统，之后卢卡申科历经 4 次竞选

① 1996 年，为加强对伟大卫国战争胜利的纪念，白俄罗斯总统卢卡申科提议将独立日改在每年的 7 月 3 日（1944 年 7 月 3 日白首都明斯克从德国法西斯占领下解放），同年 12 月 11 日，白俄罗斯以全民公投的形式通过此项提议，遂将每年 7 月 3 日定为独立日。

（2001 年、2006 年、2010 年和 2015 年），连任至今。在执掌白俄罗斯政权期间，卢卡申科在政治上不断增强总统权力，坚决反对西方国家对白内政的干涉，捍卫白俄罗斯国家独立，确保国内政局稳定。1996 年 11 月，白俄罗斯通过全民公决批准了新宪法，新宪法赋予总统更大的权力，削弱了议会的权力；2004 年 10 月，白俄罗斯再次通过全民公决取消宪法中关于总统连任不得超过两届的规定，修改后的宪法规定，白俄罗斯总统任期 5 年，可以连选连任，没有限制。2004~2005 年，独联体国家相继发生"颜色革命"，白俄罗斯采取多种措施杜绝西方国家对白的颠覆和破坏。

　　首先，利用法律手段防范"颜色革命"发生。2005 年白议会相继通过了对《政党法》、《社会团体法》和《刑法》的修改和补充，并制定了《反极端主义法》和《国家新闻安全法》。新的《政党法》和《社会团体法》规定，白任何政党和社会团体一律不许接受外国的资金或物资援助。《反极端主义法》规定，"破坏国家安全、企图以暴力改变宪制"属于恐怖活动。新《刑法》规定，向外国提供关于白国内形势的虚假情况和损害白俄罗斯信誉的人，将被拘留 6 个月或判处 2 年徒刑；向外国呼吁损害白对外安全、主权、领土完整和国家安全的人，将被拘留 6 个月或判处 3 年徒刑；对严重破坏社会治安者进行培训以及向破坏社会治安者提供资金和物资帮助的人，将被拘留 6 个月或判处 2 年徒刑。其次，加强对国内非政府组织的监督和管理。白俄罗斯政府根据国家法律限制西方非政府组织在白的活动，努力阻塞西方为培养反对派而输送的资金和物资援助渠道。陆续关闭了美国索罗斯基金会、国际研究和交流协会、"国际伙伴"基金会、社会经济和政治研究所驻明斯克的分支机构等非政府组织，对非法举行的示威、游行和集会等活动予以坚决打击。再次，加强对新闻媒体的管理，对新闻媒体进行重新登记注册，取缔一些非法报刊，关闭了若干非法网站。最后，在外交上主动出击，寻求更多的国际帮助，改善本国的国际处境。特别是密切与俄罗斯的合作，争取俄罗斯的支持。通过上述措施，白俄罗斯成功消除了"颜色革命"的影响，保持了国内政局的总体稳定。之后，虽然美国及西方国家不断加重对白制裁，否认卢卡申科政权的合法性，但卢卡申科仍牢牢掌握着白俄罗斯政权，反对派力量弱小，基本没有

能力与卢卡申科抗衡。2010 年 12 月白俄罗斯举行总统选举，卢卡申科再次当选。反对派因对选举结果不满组织示威游行，进而引发骚乱。警察很快平息了此次骚乱，有 600 多名示威民众被捕，多名反对派总统候选人遭到囚禁。从此，反对派势力更趋微弱。

在经济上，卢卡申科坚持奉行符合本国国情的"白俄罗斯发展模式"，即在重点领域保持政府的有效调控，实行高就业、高福利、低工资的社会经济政策，强调以民为主、渐进改革、稳中求进，建立可调控的市场经济体系。自 1996 年起，白俄罗斯开始摆脱 20 世纪 90 年代上半期连年衰退的恶性循环，走上稳定增长的良性发展之路。据白俄罗斯国家统计局的资料，2000～2011 年，白国内生产总值年均增长率约为 7.27%（2009 年受国际金融危机影响仅增长 0.2%，但 2010 年又快速恢复到 7.7%）。2011 年，白国内爆发严重的金融危机，货币大幅贬值，通胀率急剧上升，经济发展进入下降通道，2012～2014 年国内生产总值年均增速降为 1.36%。2014 年，乌克兰危机爆发，俄罗斯因此遭受西方国家制裁，受此牵连，2015 年和 2016 年白国内生产总值出现负增长（-3.8% 和 -2.5%）。白自 2008 年开始实施"西联欧洲，东结俄罗斯"的外交模式，积极寻求外部财政和政策支持。同时，政府采取一系列稳定经济的措施，推动本国消费和投资增长，使汇率保持稳定，并将通胀降至历史低点。2017 年白国内生产总值增速开始回升，比 2016 年增长 2.5%，2018 年继续保持微弱升势，同比增长 3%。长期以来，白社会贫富差距不大，社会保障较完善，人民相对安居乐业。

在外交政策上，1994 年 7 月卢卡申科当选总统后，白俄罗斯在外交上奉行同俄罗斯联盟和一体化的方针政策。1996 年和 1997 年分别同俄罗斯建立了"俄白共同体"和"俄白联盟"；1999 年签订《关于建立俄白联盟国家条约》；2000 年白俄罗斯与俄罗斯正式组建联盟国家，两国在经济、军事、安全、能源等多个领域保持密切合作，成为独联体内最亲密的伙伴。同时，白俄罗斯积极参与俄罗斯主导的独联体地区一体化进程，2000 年同俄、哈、吉、塔 4 国建立欧亚经济共同体；2007 年 10 月俄、白、哈三国签署新的《关税同盟条约》，2011 年 7 月俄、白、哈关税同盟开始实际运行；2012 年 1 月 1 日起，关税同盟提升为统一经济空间，

2014 年 5 月俄、白、哈三国总统签署《欧亚经济联盟条约》，决定将统一经济空间进一步提升为欧亚经济联盟，2015 年 1 月 1 日欧亚经济联盟正式启动，三国将在 2025 年前实现商品、服务、资本和劳动力的自由流动，形成一个拥有 1.7 亿人口的统一市场。从 2008 年开始，白转向"多元化"外交，在重点发展白俄关系的同时，尝试改善同美国及其他西方国家的关系，并大力发展与第三世界国家的关系。近年，白俄罗斯与美国及其他西方国家的关系出现缓和迹象，美国及其他西方国家相继解除了对白经济制裁，并承认卢卡申科政权的合法性。发展对华合作是白俄罗斯外交的重要优先方向，建交 26 年来，白中两国关系一直保持健康稳定发展。2016 年 9 月，中白两国元首就进一步深化两国关系的发展达成共识，共同宣布致力于建立"相互信任、合作共赢的全面战略伙伴关系"，发展双方全天候友谊，携手打造利益共同体和命运共同体。目前，两国关系处于历史最好水平，高层交往频繁，政治互信不断深化，经贸、投资及人文领域合作成效显著。两国在重要国际问题上看法一致，都主张建立多极世界、不干涉别国内政、和平解决国际冲突和争端，在双边及多边场合相互积极配合。2013 年中国提出"一带一路"倡议后，白俄罗斯积极响应，全力推动该倡议的落实。作为欧亚经济联盟成员，白俄罗斯还将大力推动"丝绸之路经济带"与欧亚经济联盟的对接，将其当作本国的重要任务。白俄罗斯议会上院主席米亚斯尼科维奇在 2018 年接受中国媒体联合采访时表示，中国是白俄罗斯可靠的朋友和战略伙伴，白方珍视两国之间的坦诚友好关系，发展对华合作是白俄罗斯外交的重要优先方向，希望与中国在共建"一带一路"方面继续加强合作，推动两国关系再上新台阶。

第六节 著名历史文化人物

一 宇航之父——加加林

尤里·阿列克谢耶维奇·加加林（Гагарин Юрий Алексеевич）(1934 ~ 1968 年) 白俄罗斯人，苏联首位宇航员，上校，苏联英雄。

1960 年加入苏共。毕业于 H. E. 茹科夫斯基空军工程学院。1961 年 4 月
12 日驾驶"东方 – 1 号"宇宙飞船飞行 108 分钟，完成了人类历史上首
次载人航天飞行，成为进入太空第一人。同年被授予苏联英雄称号，军职
由少校晋升为上校。其后参加了苏联宇宙飞行员机组教学和训练工作。
1962 年起为苏联最高苏维埃代表，1966 年成为国际星际航空学会名誉会
员。1968 年试飞时飞机失事遇难，年仅 34 岁。为纪念这位世界宇航史上
的伟人，国际星际航空学会特将月球背面一座环形山以加加林名字命名。

二 著名作家和诗人

亚历山大·米哈依洛维奇·阿达莫维奇（**Александр Михайлович
Адамович**）（**1927 ~ 1994 年**） 白俄罗斯著名作家、文学家，白俄罗斯
科学院通讯院士。著名作品有两部曲《游击队员》（第 1 ~ 2 卷，1960 ~
1963 年）、多部中篇小说和论述长篇小说的专著。

弗朗齐斯科·斯科林纳（**Франциско Скорина**）（**1490 ~ 1541 年**）
白俄罗斯杰出文学活动家，历史上对白俄罗斯文学和文学语言的发展有重
要贡献。他是最早使用白俄罗斯语进行诗歌创作，也是最早为其出版的图
书题写序言和后记的作家。他曾将《圣经》《赞美诗》等 20 余种著作译
为白俄罗斯文出版，是白俄罗斯印刷事业的奠基人。他出生于商人家庭，
曾在欧洲许多城市生活、工作、学习。1504 年进入波兰克拉科夫大学学
习，并获得哲学学士学位。1512 年获意大利帕多瓦大学医学和自由科学
博士学位。

扬卡·库帕拉（**Янка Купала**）（**1882 ~ 1942 年**） 白俄罗斯著名诗
人。原名伊凡·多米尼科维奇·鲁采维奇。出生在佃农家庭。童年和少年
时为波兰地主劳动。1903 年外出，做过家庭教师、文书、酒厂工人等，
熟悉人民生活。1908 年任白俄罗斯《我们的田地》报编辑，1914 年起任
主编。1905 年开始发表诗作。第一次俄国革命对他的思想和文学观点的
形成有很大影响。诗歌方面接受涅克拉索夫的影响，以富于人民性和淳朴
自然、节奏优美为特色。早期诗集《牧笛》（1908 年）、《古斯里琴》
（1910 年）、《沿着生活的道路》（1913 年），反映了白俄罗斯农民的生活

和希望，并号召他们进行斗争。1905～1907 年革命失败后，他的主要作品如《永恒的歌》（1908 年）、《古墓上的梦》（1910 年）、《狮子的墓》（1913 年）以及剧本《破巢》（1913 年）等，都怀着无限信心描述了人民的斗争。库帕拉的诗作受到高尔基的高度评价。十月革命后，在《儿子来做客》（1935 年）、《阿莱霞》（1935 年）、《孩子和飞行员》（1935 年）以及长诗《奥列莎河畔》（1933 年）、《塔拉斯的命运》（1939 年）中，反映社会主义生活和对自然的改造。诗集《献给获得勋章的白俄罗斯》（1937 年）、《纵情歌唱》（1940 年，此诗集获得 1941 年度斯大林奖金）表达了爱国精神。卫国战争时期曾写诗号召反击德国侵略者。1925 年被授予白俄罗斯"人民诗人"称号，1928 年和 1929 年先后被选为白俄罗斯科学院院士和乌克兰科学院院士。他被认为是苏联社会主义现实主义诗歌的代表人之一，也是白俄罗斯社会主义文学奠基人之一。

雅库布·科拉斯（Якуб Колас）（1882～1956 年）　白俄罗斯杰出诗人。原名康斯坦丁·米哈伊洛维奇·米茨凯维奇。生于贫苦农民家庭。曾任乡村教师，因参加革命活动被判监禁 3 年（1908～1911 年）。1906 年起开始发表作品，1921 年后专事文学工作。早期诗集《奴役的歌》（1908 年）和《悲哀的歌》（1910 年）同情农民艰苦的命运，反对沙皇专制政权。重要作品有长诗《新的大地》（1923 年），反映革命前白俄罗斯农村生活，以内容丰富、诗韵和谐闻名；《音乐师西蒙》（1917～1925 年）写自学成名的乐师西蒙寻求生活真理，但不为富人承认和理解；长诗《林中的审判》（1943 年）和《惩罚》（1945 年），写白俄罗斯游击队反对法西斯侵略者的斗争；长诗《渔夫的茅屋》（1947 年），写白俄罗斯劳动人民在波兰资产阶级、地主压迫下的生活及其解放斗争。此外，还有三部曲《在波列西耶的荒凉地方》（1923 年）、《在波列西耶的深处》（1927 年）和《在十字路口》（1954 年），写革命前白俄罗斯的农民和民主主义知识分子，带有自传性质。1946 年以《五月的日子》等诗获斯大林奖金。1949 年以《渔夫的茅屋》再度获奖。自 1928 年起为白俄罗斯科学院院士，1929 年获白俄罗斯"人民诗人"的称号。1929～1956 年任白俄罗斯最高苏维埃副主席。

弗朗齐斯科·卡济米洛维奇·博古舍维奇（Богушевич Франциск Казимирович）（1840～1900 年） 白俄罗斯著名民主主义诗人。著名作品有诗集《白俄罗斯牧笛》（1891 年）和《白俄罗斯弦音》（1894 年）。他熟悉农民生活，诗中充满对社会的抗议精神，是 19 世纪白俄罗斯现实主义诗人的代表。

斯维特兰娜·亚列山德罗芙娜·阿列克谢耶维奇（Светлана Александровна Алексиевич）（1948～ ） 白俄罗斯作家、记者，出生于乌克兰西部的斯塔尼斯拉夫市（今天的伊万诺－弗兰科夫斯克市），后全家搬迁至白俄罗斯戈梅利州生活。2000 年迁居法国巴黎，2013 年后回到白俄罗斯首都明斯克居住。1972 年毕业于白俄罗斯国立大学新闻系，1973～1976 年在州立报社《农村报》工作，1976 年进入文学杂志社《涅曼》工作，1984 年开始个人写作生涯。主要作品有《战争的非女性面孔》《最后的见证人》《锌皮娃娃兵》《切尔诺贝利的祈祷》《二手时代》等。其作品给予苏联及后苏联时期的社会灾难和个人苦难以极大关注，表现出强烈的人道主义和忧患意识，被翻译成 50 多个国家的文字出版，多次获得苏联和其他国家的重要文学奖项。2015 年获得诺贝尔文学奖，是白俄罗斯历史上首位获得这一荣誉的作家。

三 著名科学家

彼得·伊凡诺维奇·阿利斯米克（Альсмик Пётр Иванович）（1907～1992 年） 白俄罗斯杰出科学家，苏联育种学家。1956 年起任全苏列宁农业科学院通讯院士。1958 年起任白俄罗斯科学院院士。1966 年获苏联社会主义劳动英雄称号。1968 年加入苏共。著有关于马铃薯育种、遗传和良种繁育等科学名著，培育出高产抗病害品种。1951 年和 1974 年两次获苏联国家奖。

尼古拉·亚历山大罗维奇·鲍里谢维奇（Борисевич Николай Алексан－дрович）（1923～2015 年） 白俄罗斯著名科学家，苏联物理学家。1969 年起任白俄罗斯科学院院士和院长。1981 年起任苏联科学院院士。1945 年加入苏共。1978 年获苏联社会主义劳动英雄称号。主要有关于发光、红外线光谱学和量子电子学方面的科学著作。1969 年起为苏联最高苏维埃代表。1973 年获苏联国家奖。1980 年获列宁奖。

四　著名政治活动家

约瑟夫·亚历山大罗维奇·阿达莫维奇（Иосиф Александрович Адамович）（1896～1937 年）　白俄罗斯早期建立苏维埃政权的主要领导人。1916 年加入俄国社会民主工党，1918 年加入俄共。1924～1927 年任白俄罗斯苏维埃社会主义共和国人民委员会主席。1924～1937 年任苏联中央执行委员会委员。

基里尔·特罗菲莫维奇·马祖罗夫（Мазуров Кирилл Трофимович）（1914～1989 年）　白俄罗斯著名国务和党务活动家。1940 年加入苏共。在苏联卫国战争时期，1942～1943 年为白俄罗斯共青团中央书记。1953 年起任白俄罗斯部长会议主席，1956 年起任白共中央第一书记。1965～1978 年任苏联部长会议第一副主席。1956～1981 年为苏共中央委员，1965～1978 年为苏共中央政治局委员。1950～1979 年为苏联最高苏维埃代表，1958～1966 年为苏联最高苏维埃主席团委员。1974 年获苏联社会主义劳动英雄称号。1978 年退休。

齐米亚宁·米哈伊尔·瓦西里耶维奇（Зимянин Михаил Васильевич）（1914～1995 年）　白俄罗斯著名国务活动家和外交家。1939 年毕业于莫吉廖夫师范学院，同年加入苏共。1939～1940 年任白俄罗斯共青团州委书记，1940～1946 年任白俄罗斯共青团中央第一书记。1946～1947 年任白共戈梅利州委第二书记。1953 年在苏联外交部工作。1956～1957 年任苏联驻越南大使。1960～1965 年任苏联驻捷克斯洛伐克大使。1965 年任苏联外交部副部长。1965～1976 年任《真理报》总编辑。1952～1965 年为苏共中央委员。1956～1966 年为苏共中央检查委员会委员。苏联第二、三、七至十届最高苏维埃代表。1974 年获苏联社会主义劳动英雄称号。1976 年 3 月起任苏共中央书记。

基谢廖夫·吉洪·雅柯夫列维奇（Киселев Тихон Яковлевич）（1917～1983 年）　白俄罗斯著名政治活动家。1941 年毕业于白俄罗斯

戈梅利师范学院。1936年起从事教学工作，1944年起做党务工作，1948年起在白共中央机关工作。1952～1955年任白共布列斯特州委第一书记。1955～1956年任白共中央书记，1956～1959年任白共中央第二书记。1959～1978年任白俄罗斯部长会议主席。1978～1980年任苏联部长会议副主席。1961年起任苏共中央委员，苏联第四届至第十届最高苏维埃代表。1977年获苏联社会主义劳动英雄称号。1981年起为苏联最高苏维埃主席团成员。1980年10月起任白共中央第一书记，苏共中央政治局候补委员。

斯坦尼斯拉夫·斯坦尼斯拉耶维奇·舒什克维奇（Шушкевич Станислав Станислаевич）（1934～） 白俄罗斯共和国开国元首。白俄罗斯科学院院士，学者型政治家。1934年12月生于明斯克市。从白俄罗斯国立大学毕业后，曾任白俄罗斯科学院物理研究所助理研究员、工程师、总工程师，明斯克广播技术学院副院长，白俄罗斯国立大学校长等职。1990年弃研从政，当选白俄罗斯最高苏维埃第一副主席。1991年年初退出苏共。同年9月17日当选白俄罗斯最高苏维埃主席（国家元首）。同年12月8日，他同俄罗斯总统叶利钦、乌克兰总统克拉夫丘克一起签订《独立国家联合体协议》（亦称《别洛韦日协议》），宣告苏联作为国际法的一个主体和一种地缘政治现实已不复存在。1994年1月26日，因"滥用职权私建别墅"遭议会弹劾下野。后出任白俄罗斯社会民主大会党主席。

亚历山大·格里戈里耶维奇·卢卡申科（Александр Григорьевич Лукашенко）（1954～） 白俄罗斯现任总统，历史学家、经济学家、白俄罗斯当代著名政治家。卢卡申科1954年8月出生于莫吉廖夫州什克洛夫区，1975年毕业于莫吉廖夫师范学院，1985年毕业于白俄罗斯农业科学院。1975～1977年在西部边防区担任政治部指导员。1977～1978年任莫吉廖夫市贸易局团委书记和十月区执委会指导员。1978～1990年任什克洛夫市"科学协会"行政秘书、部队政治工作方面的副连长、什克洛夫地区"突击手"集体农庄副主席、什克洛夫市建材联合企业副经理、列宁集体农庄党委书记和"城市人"国营农场场长。1990年，卢卡申科当选白俄罗斯最高苏维埃人民代表，并负责主持白俄罗斯共和国最高苏维埃有关研究国家管理机关下设的商业机构活动的委员会的工作。1994 年 3 月，白俄罗斯通过新宪法，开始实行总统制，7 月，时年 40 岁的卢卡申科当选为白俄罗斯首任总统。之后，卢卡申科分别于 2001 年 9 月、2006 年 3 月、2010 年 12 月和 2015 年 10 月四次连任白俄罗斯总统，至今（2018 年）执政时间长达 24 年。同时，任白俄罗斯共和国武装部队总司令，领导白俄罗斯国家安全委员会。1997 年被选为俄白联盟最高委员会主席，从 2000 年 1 月起担任联盟国家最高国务委员会主席。2005～2006 年和 2008 年任欧亚经济共同体跨国委员会主席。

第三章
政　治

第一节　独立前的政治体制

白俄罗斯 1991 年独立前是苏联 15 个加盟共和国中的一员。根据苏联 1977 年颁布的宪法，白俄罗斯作为加盟共和国——全联盟五级行政区划中的二级单位，在不违背苏联宪法的前提下，享有"主权国家"的一系列基本权利，拥有自己的宪法，也有苏联政体的所有组织形式。苏联时期，白俄罗斯实行苏联的政治体制，实行社会主义制度，政治上采用一党制和苏维埃制。

一　一党制

白俄罗斯共产党是白俄罗斯苏维埃社会主义共和国的执政党，但与苏共的关系实际上是上下级关系。白俄罗斯 1978 年的宪法规定，白俄罗斯共产党是"苏维埃社会的领导力量和指导力量，是白俄罗斯政治体制、国家机关和社会组织的核心"。它决定白俄罗斯社会、政治、经济和文化发展的总方针，制定国家政策。

二　立法机构

白俄罗斯独立前的宪法规定，"人民代表苏维埃是共和国的政治基础"，人民通过苏维埃行使国家权力，各级政权机关接受其监督并向苏维埃报告工作。与苏联最高苏维埃相应并隶属其下的白俄罗斯苏维埃社会主义共和国最高苏维埃，是国家政权的最高权力机关和立法机关，实行一院制，通过选举产生。其主要职能是：通过、修改和补充共和国宪法；批准国家经济和社会发展计划；批准国家预算和执行情况报告；颁布共和国其他法律和法令。它的常设机构是共和国最高苏维埃主席团，最高苏维埃主席团向最高苏维埃报告工作并在其休会期间负责日常工作。白俄罗斯地方州、区、市、镇各级代表苏维埃是白俄罗斯地方各级国家权力机关。苏联时期白俄罗斯最高苏维埃每届任期 5 年，地方苏维埃每届任期两年半。

三　执行机构

与苏联部长会议相对应并隶属其下的白俄罗斯共和国部长会议（即政府），是国家权力的最高执行和发布命令的机关，由白俄罗斯最高苏维埃组建。共和国部长会议由主席、副主席和各部委领导人组成。部长会议对共和国最高苏维埃负责并向其报告工作，有权解决共和国权限内的一切管理问题。部长会议负责管理国家、领导国民经济和社会文化及国家安全、外交等工作。白俄罗斯各州、区、市、镇苏维埃执行委员会是白俄罗斯共和国各级地方国家权力执行机关，即地方政府。各级地方苏维埃由主席、副主席、委员和秘书组成。其职责是负责本地的社会经济建设、文化教育、社会保障和卫生保健等工作，对本地区人民代表苏维埃负责并报告工作，接受上级苏维埃执行委员会的领导和监督。

四　司法机构

苏联时期，白俄罗斯的司法机构由法院和检察院组成。共和国的审判权由各级法院行使。与苏联最高法院相对应并受其监督的白俄罗斯最高法院，是共和国最高审判机关，对各级法院的审判活动实行监督。根据独立前白俄罗斯宪法的规定，共和国司法建设的基本原则是：所有审判员均经选举产生；集体审理案件；诉讼活动使用共和国语言；在法律面前人人平等；所有案件都要公开审理；保障被告人的辩护权。白俄罗斯共和国检察院系统由各级检察院组成。共和国检察长是白俄罗斯境内法律遵守和执行情况的最高监督者，由苏联总检察长任命。白俄罗斯地方各级检察长由共和国检察长任命,并报苏联总检察长批准。各级检察机关实行一长制,下级服从上级,并依据法律原则和独立原则进行法律监督工作。

五 独立前的政治体制改革

苏联时期一党制高度集权的政治体制存在许多弊端。在联盟中央和苏共高度集权下联邦制根本不起作用,白俄罗斯共和国作为共和国联盟的一员,一切重大事项都得听命于联盟中央的领导。白俄罗斯共产党由苏共中央领导组建,其领导人由苏共中央委任。长期以来,白共秉承苏共的旨意,实行一党执政,以党代政。在这种制度下,共产党缺少社会监督,导致脱离群众,联盟中央实行的干部委任制使共和国领导干部脱离人民群众。苏联后期,在贯彻联盟中央关于各共和国干部当地民族化政策后,白俄罗斯共和国的各级领导机关的中央领导干部才逐渐基本实现了当地民族化,从而为民族自我意识和民族主义的增强提供了条件。

1988年6月,苏共第十九次代表会议提出要"根本改革严重变形的政治体制"后,苏共不再是决定国家和社会发展问题的主宰力量。翌年5月,苏联召开第一次人民代表大会,国家权力机构发生变化。人民代表大会成为最高国家权力代表机关,最高苏维埃成为常设机构。1990年苏共中央二月会议提出修改苏联宪法中关于苏共领导地位的条文。苏共三月会议提出修改宪法和实行总统制。3月,苏联非常人代会做出决定,修改宪法。修宪后,苏共与其他政党处于平等地位,必须通过竞争方式参加人民代表大会来行使管理国家和社会的职能。会议选举戈尔巴乔夫为苏联首任总统。苏联部长会议由对最高苏维埃负责改为对总统负责。随后,戈尔巴乔夫着手全面改革中央高度集权的联盟国家体制。苏共二十八大开始承认各加盟共和国共产党是独立政党,苏共中央最高领导机构政治局由各共和国共产党领导人组成。1991年8月,新联盟条约草案承认加入联盟的共和国是独立主权国家,在国际社会上享有充分主权,有权同外国建立外交关系、签订国际条约和参加国际组织。联盟中央行使国际、外交等权力时必须在各共和国参加决策和共同管理下才能实施。在戈尔巴乔夫当政时期,随着苏联政治体制进行改革,白俄罗斯共和国对本国政治体制也进行

了改革。其改革的主要内容有：①实行公开性原则；②允许社会主义多元论的存在，在坚持社会主义原则基础上实现舆论多元化；③实行党政职能分开，避免以党代政；④把管理国家的"一切权力归苏维埃"，提高苏维埃作为国家最高权力机构的地位；⑤改革干部制度，用选举制代替委任制；⑥改组监督系统，建立统一的党和国家监督机构，对法律的遵守情况进行监督；⑦进行法制建设，强调建设法制国家；⑧精简党和国家臃肿的机构；等等。但作为苏联的一个加盟共和国，白俄罗斯无法改变本国的国体和政体，直到1991年8月取得独立后才能变革国家政治体制。

第二节　独立后的宪法及其确立的政治体制

一　宪法的基本内容和基本原则

（一）宪法的基本内容

1994年3月15日，白俄罗斯最高苏维埃通过并颁布独立后的第一部宪法《白俄罗斯共和国宪法》，后分别于1996年和2004年经过两次修订。白俄罗斯现行宪法分9个部分，共146条。第一部分是"宪法制度的原则"，有20条，主要包括国家性质、国家主权、国家权力、政党、宗教、三权分立、对外政策、国语、国旗、国徽、国歌等；第二部分是"个人、社会、国家"，有43条，主要包括个人和公民的基本权利、自由和义务，社会政策，社会保障以及教育、科学、文化、卫生等；第三部分是"选举制度和全民公决"，有15条，规定了选举制度的基本原则以及进行国家和地方公民投票的程序；第四部分是"总统、议会、政府和法院"，有38条，确定了总统的权力和地位，规定了国家权力机关的组建过程、组织结构及其活动方式和方法，确定了司法原则和司法机关的结构；第五部分是"地方管理和地方自治"，有8条，规定公民通过哪些机构进行地方管理和地方自治，以及这些机构的权力和地位；第六部分是"检察院和国家监察委员会"，有7条，规定了检察院和国家监察委员会的活动规则；第七部分是"白俄罗斯共和国金融信贷系统"，有5条，规定在白俄罗斯境内实行统一的财政、税收、货币和外汇政策，国家预算和预算外资金的编制、审批和执行；第八部分是"白俄罗斯共和国宪法的作用及其修改程序"，有 4 条，确定了宪法的地位和作用以及修改宪法的程序；第九部为"结语和过渡性条款"，共 6 条。

（二）宪法的基本原则

《白俄罗斯共和国宪法》确定的国家政权制度的基本原则主要如下。

1. 国家性质和国家主权

宪法第 1 条规定，"白俄罗斯共和国是统一的、民主社会的法治国家"，共和国"在自己的国土上具有至高无上和充分的权力，独立自主地实施内外政策"，共和国"维护自己的独立和领土完整"。

2. 三权分立原则

宪法第 6 条规定，"国家政权建立在立法权、执行权和司法权分立的基础上。国家机关在自己的权力范围内是独立自主的。它们之间互相影响、约束和制衡"。根据宪法规定，议会行使立法权，总统、政府和地方行政机关行使执行权，宪法法院、法院和检察院行使司法权。这三权——立法权、执行权和司法权在相互约束和制衡的条件下独立自主地行使。

3. 人民至上原则

宪法第 2 条和第 3 条规定，"人民是白俄罗斯共和国国家权力的唯一源泉"，"人民对于社会和国家具有至高无上的价值"，人民按宪法规定"直接或通过代表机关行使自己的权利"。

4. 多元化原则

宪法第 4 条规定，"白俄罗斯共和国的民主是在政治制度、意识形态和意见多样性的基础上实现的"。

5. 所有制多样性原则

宪法第 13 条规定，"国家保障各种所有制形式的发展受到同样的保护和具有同等的条件"，国家"给予从事除法律禁止的活动以外各种经济活动的所有人同等的权利"。

6. 对外政策原则

宪法第 1 条规定，白俄罗斯共和国"独立自主地实施对外政策"。宪法第 18 条规定，"白俄罗斯共和国对外政策遵循国家一律平等、不使用武力或以武力相威胁、边界不可侵犯、和平解决争端、不干涉内政的原则和其他普遍公认的国际法原则和准则"。

7. 民族、宗教平等原则

宪法第 14 条规定，"国家依据法律面前平等的原则，调整社会共同体、民族共同体以及其他共同体之间的关系，尊重它们各自的权利和利益"。宪法第 16 条规定，"一切民族、宗教和信仰在法律面前一律平等"。宪法强调保障"公民团结"，"禁止旨在破坏白俄罗斯共和国主权、宪法制度和公民团结，损害公民权利和自由，以及阻碍公民履行国家、社会和家庭义务或有害其身心健康的宗教组织及其机构和代表的活动"。

二 宪法确立的政治体制

1994 年 3 月白俄罗斯共和国第一部宪法出台后，同年 7 月全民选出独立后的第一任总统 А. Г. 卢卡申科。在随后的两年多时间里，白俄罗斯政坛在总统和议会之间围绕国家政体实行总统制还是议会制问题争执和斗争不断。在这种情况下，1996 年 8 月卢卡申科总统和议长沙列茨基分别提出各自的修宪草案，并于 9 月交全民讨论。同年 11 月 24 日就总统和议会提出的两个修宪案举行全民公决。公决结果，总统的修宪案以 70.45% 的赞成票获胜，议会的修宪案只获得 9.93% 的赞成票。公决表明人民赞成总统提出的新宪法草案。11 月 27 日，经过修订的新宪法草案生效。2004 年 10 月 17 日，白俄罗斯再次以全民公决的形式对宪法进行修订，结果是取消了原宪法第 81 条关于总统任期不得连续超过两届的限制。根据白俄罗斯中央选举委员会的资料，当时有 89.3% 的选民参加了对这一修宪案的投票，74.3% 的选民投票赞成该提案。经过这两次宪法修订，白俄罗斯总统权力得到强化，议会权力弱化。总统有权解散议会，而议会则无法对总统进行弹劾。

因此，白俄罗斯现行宪法所确定的政治体制可概括为：国家性质（国体）是"统一的、民主社会的法治国家"，政体是总统制，并在政治上实行三权分立制。根据宪法规定，总统为国家元首和最高行政首脑，是武装力量的最高统帅,由全民直接选举产生。原有的立法机关最高苏维埃改为两院制议会,由共和国院(上院)和代表院(下院)组成。政府——部长会议是国家权力执行机关,是国家中央行政机关。司法权归法院,法院系统由宪法法院和普通法院组成。通过地方执行管理机关、地方自治机构、全民公决、集会和其他社会活动方式实行地方管理和地方自治。

第三节 总统

一 总统职位的设立及其地位

白俄罗斯共和国独立后最初几年未设立总统职位。国家元首是白俄罗斯最高苏维埃主席,首任国家元首是舒什克维奇。1994 年 3 月颁布了《白俄罗斯共和国宪法》,在白俄罗斯第一次设立总统职位。随后分别经过 1996 年和 2004 年两次修宪,总统权力得到极大的强化,总统地位显著提高。现行宪法第 79 条规定,"总统是国家元首,是白俄罗斯共和国宪法、个人和公民的权利和自由的保证。总统是民族统一的化身,确保内外政策主要方针的实施,在与其他国家和国际组织的交往中代表白俄罗斯共和国。总统采取措施维护国家主权、国家安全和领土完整,确保政治和经济的稳定、国家政权机构的连续性和相互作用,在国家政权机关间进行调节。总统享有不可侵犯权,其荣誉和尊严受到法律保护"。

二 总统的选举

《白俄罗斯共和国宪法》第 80 条规定,"凡年龄不小于 35 岁,享有选举权并在白俄罗斯共和国居住期不少于 10 年的白俄罗斯共和国公民,都可被选为总统"。总统由白俄罗斯人民在自由、平等、直接的原则上以无记名投票方式选举产生,任期 5 年。总统职位候选人须得到不少于 10 万选民的签名支持。总统选举由代表院(下院)在上任总统任期届满前不迟于 5 个月内作出决定,并在上任总统任期届满前不迟于两个月内进行。如果总统职位空缺,选举在自出现空缺之日起不早于 30 天和不迟于

70天内举行。如果被列入选民名单半数以上的白俄罗斯共和国公民参加了投票，总统选举则视为有效。如能获得参加投票的半数以上白俄罗斯共和国公民的赞成票，总统则被认为已选出。如果总统候选人中无一人获半数以上的票，则在两周内对获得选民票数最多的两名候选人进行第二轮投票。在第二轮投票中，获得参加投票选民半数以上选票的候选人，被确认为当选总统。新总统当选后，按照宪法第83条的规定，须做如下庄严宣誓："在就任白俄罗斯共和国总统时，我郑重宣誓，要为白俄罗斯共和国人民服务，遵守和维护白俄罗斯共和国宪法和法律，诚挚地履行赋予我的崇高职责。"宣誓仪式要在选出总统之日起不迟于两个月内，在共和国院议员和代表院议员、最高法院和宪法法院法官出席的庄严场合举行。上届总统的权力自新当选总统宣誓之时起终止。

三 总统的职权

《白俄罗斯共和国宪法》赋予总统很大的权力。宪法规定：白俄罗斯实行总统制和三权分立；总统为国家元首和武装力量总司令，由选民直接选举产生，任期5年，可以连选连任，没有限制；总统有权确定全民公决、解散议会、确定各级议会选举、任命政府总理（须经议会下院批准）、任免所有副总理以下政府成员、任免所有司法机构、中央选举和全民公决委员会领导人、决定政府辞职等；在总统出缺或不能履行职务时，由总理暂行总统职权。现行宪法对总统职权的规定如下。

1. 决定共和国全民公决；
2. 决定共和国院、代表院和地方代表机构的例行选举和非例行选举；
3. 在宪法认定的情况和程序下解散议会；
4. 任命6名中央选举和全民公决委员会的成员；
5. 组成、撤销和改组白俄罗斯共和国总统办公厅、其他国家管理机构以及总统管辖下的咨询协商机构和其他机构；
6. 征得代表院的同意，任命白俄罗斯共和国总理；
7. 确定白俄罗斯共和国政府组成，任命和解除副总理、部长和政府其他成员的职务，接受政府或其他成员辞职；

8. 征得共和国院同意，任命宪法法院院长、最高法院院长和最高经济法院院长；

9. 征得共和国院同意，任命最高法院法官、最高经济法院法官、中央选举和全民公决委员会主席、总检察长、国家银行董事会主席及其成员；

10. 任命6名宪法法院法官和共和国其他法官；

11. 根据法律认定的理由解除宪法法院院长和法官、最高法院院长和法官、最高经济法院院长和法官、总检察长、国家银行董事会主席及其成员、中央选举和全民公决委员会主席及其成员的职务，并通报共和国院；

12. 任命和解除国家监督委员会主任一职；

13. 向白俄罗斯人民发表有关国情和内外政策基本方针的咨文；

14. 向议会发布在上下两院会议上不做讨论的年度咨文；有权参与议会及其机构的工作，在任何时候向他们发表演说和通报；

15. 有权主持白俄罗斯共和国政府会议；

16. 任命国家管理机构的领导人并决定他们的地位；在议会中任命总统代表和其他官员，其职务根据法律确定，除非宪法另有规定；

17. 决定给予白俄罗斯共和国国籍、终止国籍和给予避难的问题；

18. 确定国家庆典、节日，颁发国家奖章、授予高级官衔和称号；

19. 赦免被判有罪之人；

20. 进行谈判并签订国际条约，任命和召回白俄罗斯共和国派驻国外和国际组织的外交代表；

21. 接受外国驻白俄罗斯外交代表的到任和离任国书；

22. 在由于天灾人祸以及因一小群人和组织使用武力或以武力相威胁制造混乱危及人们的生命和健康、国家的领土完整和存在时，可在白俄罗斯共和国境内或某些地区实行紧急状态，并须在三天内将通过的决定提交共和国院批准；

23. 在法律规定的情况下，有权使罢工延期举行或取消，但不超过三个月；

24. 签署法律；有权按照宪法规定程序将法律或某些条款附上自己的

不同意见退回代表院;

25. 有权取消政府法令;

26. 直接或通过建立的机构对地方管理自治机构遵守法律的情况实行监督,如果地方的决定不符合法律,有权中止地方代表会议的决定和取消地方执行和管理机构的决定;

27. 组建和领导白俄罗斯共和国安全会议;任命和免除安全会议国务秘书的职务;

28. 担任白俄罗斯共和国武装力量总司令,任命和解除武装部队最高指挥人员的职务;

29. 在遭受军事威胁或入侵的情况下,宣布白俄罗斯共和国境内进入军事状态,宣布总动员或部分动员,并在三天内将通过的决定提交共和国院批准;

30. 行使宪法和法律赋予总统的其他权力。

宪法第 85 条还规定,总统可依据宪法发布在白俄罗斯境内具有约束力的命令和决议,在宪法允许的范围内发布具有法律效力的法令,总统可直接或通过其所组建的机构保证法令、命令和决议的执行。宪法规定,总统在整个任期内暂时停止其在追求政治目的的政党和其他社会团体中的成员资格。总统不能担任其他职务,除了工资外不能获取其他货币报酬,但科学、文学和艺术作品的稿酬除外。

四　总统的解职和罢免

宪法第 87~89 条规定,总统可在任何时候提出辞职,代表院接受总统辞职;总统因健康原因不能继续履行其职责时,可以提前解除其职务,提前解除总统职务的决定须在代表院组建的特别委员会所做结论的基础上由不少于上、下两院全体议员的 2/3 多数通过作出;总统因叛国或犯有其他重罪可以被罢免,在不少于 1/3 的代表院议员投票赞成的情况下可通过对总统提起公诉和调查的决定,共和国院安排公诉调查,如果有不少于 2/3 的共和国院议员以及 2/3 的代表院议员投票赞成此项决定,总统即被罢免;自提出公诉之日起的一个月内,如共和国院和代表院没有通过罢免总统的决定，则表示撤诉，在根据宪法审议提前中止议会权力问题的时期，不能提出罢免总统的提案；在总统职务空缺或总统不能履行职责时，在新选出的总统宣誓前，总统的权力移交给白俄罗斯共和国总理。

五　现任总统简介

亚历山大·格里戈里耶维奇·卢卡申科（Александр Григорьевич Лукашенко）　白俄罗斯独立后首任总统。1954 年 8 月 30 日生于白俄罗斯莫吉廖夫州什克洛夫区一个农民家庭，白俄罗斯族。1971～1975 年就读于莫吉廖夫师范学院，后又考入戈列茨克农学院学习，受过历史学、社会学和经济学多种专业的高等教育。1975～1977 年在苏联西部边防军服役，任教官。1979 年加入苏共。参加工作后长期从事农业领导工作，曾先后担任莫吉廖夫州什克洛夫区团委书记、什克洛夫建筑材料厂副厂长（1983～1985 年）、列宁集体农庄党委书记（1985～1987 年）、国营农场场长（1987～1990 年）。1990 年因在农业上颇有成绩，当选为白俄罗斯最高苏维埃人民代表，步入政坛。在 1991 年苏联解体时，卢卡申科是白俄罗斯议会中唯一投票反对批准导致苏联解体的《别洛韦日协定》的议员。1993 年 6 月，担任白俄罗斯最高苏维埃反腐败临时委员会主席。正是他指控国家元首舒什克维奇"滥用职权，假公济私"，使舒什克维奇遭议会弹劾下台。由此在国民中享有"反贪斗士"之誉。在 1994 年 7 月白俄罗斯首次总统大选中，以 80.1% 的得票率当选白俄罗斯历史上首任总统。卢卡申科任总统后，在内政上立足优先解决经济和社会问题，遏制通货膨胀，使居民不再贫困，加强对农业的投入，大力反腐倡廉。在经济改革和向社会市场经济转轨中采取渐进和注重社会保障，并辅以国家宏观调控的政策。对外奉行以俄罗斯为重点、多方位、以国家安全和经济利益为中心的务实外交政策。截至 2017 年，卢卡申科已连续执政 23 年，尚未出现过最高权力在不同候选人之间的更迭，足见其拥有较高的民意支持度和对政权的控制力。卢卡申科已婚，育有二子，酷爱运动，很重视发展对华关系，曾于 1995 年 1 月、1997 年 4 月、2001 年 4 月、2005 年 12 月、2013 年 7 月及 2016 年 9 月六次对中国进行国事访问，并于 2008 年和

2010 年先后出席北京奥运会和上海世博会白俄罗斯国家馆日。在 2016 年 9 月访华期间，中白两国元首决定建立相互信任、合作共赢的中白全面战略伙伴关系，发展双方全天候友谊，携手打造利益共同体和命运共同体。

第四节　议会

一　议会的演变

苏联时期白俄罗斯国家政权最高机构是共和国最高苏维埃。最高苏维埃主席是国家元首。白俄罗斯独立初期（1991 年 8 月至 1994 年 3 月），最高苏维埃仍然是国家政权最高代表机构，国家元首仍是最高苏维埃主席。根据 1994 年 3 月 15 日白俄罗斯颁布的独立后的第一部宪法，议会仍称作"最高苏维埃"，实行一院制。由于宪法设立总统一职，总统取代最高苏维埃主席担任国家元首。自此，白俄罗斯最高苏维埃不再是国家政权最高代表机构，只是共和国的立法机关。根据 1996 年 11 月 27 日生效的经修订的第 2 部宪法，议会由最高苏维埃改为国民会议，由共和国院（上院）和代表院（下院）组成。每届任期由过去的 5 年改为 4 年。经 1996 年和 2004 年两次修宪后，议会的权力明显削弱。

二　议会的产生和构成

在白俄罗斯现行宪法中议会称国民会议，是白俄罗斯共和国的立法机构。国民会议由共和国院和代表院上下两院组成。国民会议每届任期 4 年，根据宪法只有在战争期间其任期才可以延长。与修宪前不同的是，国民会议所有议员均不代表党派，国民会议选举不按党派，而按选区原则分配名额。共和国院（上院）共 64 名代表，其中 56 名由全国 6 州 1 市（明斯克）的地方议会会议以无记名投票方式各选举产生 8 名，其余 8 名共和国院议员则由总统任命。凡年满 30 岁、在 6 个州或明斯克市居住不少于 5 年的白俄罗斯共和国公民均可成为共和国院议员。宪法规定，共和国院议员不能同时是政府成员。代表院（下院）由 110 名代表组成，以无记名投票方式由选民直接普选产生。凡年满 21 岁的白俄罗斯共和国公民均可成为代表院议员。代表院议员可以同时是政府成员，但不能同时是地方议会的议员。宪法规定，同一人不能同时是两院的成员，不允许代表院和共和国院议员同时担任总统或法官职务。代表院和共和国院从其成员中选出主席和副主席，两院正副主席从其成员中组建常设委员会和其他机构，用于制定法律草案、预先审议属于两院管理范围的问题。

三 议会的活动和选举

宪法规定，国民会议代表院和共和国院一年召开两次例会。第一次会议在 10 月 2 日召开，会期不能超过 80 天。第二次会议在次年 4 月 2 日召开，会期不能超过 90 天。在特殊情况下，可以根据总统或不少于 2/3 代表院和共和国院全体成员多数的要求，按规定日期召开非常会议。1996～2015 年年初，白俄罗斯共进行了 6 届共和国院选举和 5 届代表院选举。两院历任主席如下。

共和国院主席：

巴维尔·弗拉基米罗维奇·施普克（1997 年 1 月 13 日至 2000 年 12 月 19 日）

亚历山大·帕夫洛维奇·沃伊托维奇（2000 年 12 月 19 日至 2003 年 7 月 25 日）

根纳季·瓦西里耶维奇·诺维茨基（2003 年 7 月 28 日至 2008 年 10 月 31 日）

鲍里斯·瓦西里耶维奇·巴图拉（2008 年 10 月 31 日至 2010 年 5 月 24 日）

安纳托利·尼古拉耶维奇·鲁宾诺夫（2010 年 5 月 24 日至 2015 年 1 月 16 日）

米哈伊尔·弗拉基米罗维奇·米亚斯尼科维奇（2016 年 10 当选）

代表院主席：

阿纳托利·亚历山大罗维奇·马洛费耶夫（1996 年 11 月 28 日至

2000 年 11 月 21 日）

瓦季姆·亚历山大罗维奇·波波夫（2000 年 11 月 21 日至 2004 年 11 月 16 日；2007 年 10 月 2 日至 2008 年 10 月 27 日）

弗拉基米尔·尼古拉耶维奇·科诺普廖夫（2004 年 11 月 16 日至 2007 年 10 月 2 日）

弗拉基米尔·帕夫洛维奇·安德烈琴科（2008 年 10 月 27 日至 2012 年 10 月 18 日）

2012 年 10 月 18 日，弗拉基米尔·帕夫洛维奇·安德烈琴科连任第 5 届代表院主席。

根据宪法，总统有权决定共和国院、代表院和地方代表机构的例行选举和非例行选举，并有权按宪法规定的情况和程序解散代表院。

四　议会两院的职能

（一）代表院的职能

宪法第 97 条规定，国民会议代表院的职能主要有以下几项。

1. 根据总统的提议或不少于 15 万名享有选举权的白俄罗斯共和国公民的倡议，审议关于宪法的修改补充和解释的法律草案。

2. 审议法律草案，包括：批准白俄罗斯共和国内外政策的基本方针；军事学说；国际条约的批准和废止；实现公民的权利、自由和义务的基本内容和原则；外国人和无国籍人士的国籍和地位；少数民族的权利；批准共和国预算和执行情况的报告；确定共和国税收；所有制关系原则；社会保障基础；劳动和就业的调节原则；婚姻、家庭、儿童、母亲、父亲、培养、教育、文化和保健；保护生态环境和合理利用自然资源；确定国家行政区划设置问题的程序；地方自治；司法系统、诉讼程序和法官的地位；刑事责任；大赦；宣战和缔结和平条约；战争状态和紧急状态下的法律制度；设立国家奖项；解释法律。

3. 决定总统选举。

4. 同意总统对总理的任命。

5. 听取总理的政府工作报告，批准或否决报告，二次否决报告即表示对政府的不信任。

6. 根据总理的倡议审议对政府的信任问题。

7. 根据不少于代表院 1/3 议员的倡议，对政府不信任案进行表决；政府责任问题不能在赞成政府工作报告后的一年里提出。

8. 接受总统的辞职。

9. 代表院全体成员的多数可以提出对总统叛国或犯有重罪的诉讼；根据共和国院的相应决定，由不少于共和国院 2/3 议员的多数通过罢免总统职务的决定。

10. 取消代表院主席的命令；在宪法有规定的情况下代表院可以通过对其他问题的决定。

（二）共和国院的职能

根据新宪法第 98 条的规定，国民会议共和国院的职能主要有以下几项。

1. 批准或否决代表院通过的宪法修正和补充、解释的法律草案或其他法律草案。

2. 同意总统对宪法法院院长、最高法院院长及法官、最高经济法院院长及法官、中央选举和全民公决委员会主席、总检察长、国家银行行长的任命。

3. 选举 6 名宪法法院法官、6 名中央选举和全民公决委员会成员。

4. 在获得不少于 2/3 共和国院全体议员的票数的情况下做出罢免总统的决定。

5. 审议总统关于实行紧急状态的命令和在总统命令列入议程后的 3 天时间里做出相应的决定。

6. 取消地方议会不符合法律的决定。

7. 在地方议会经常严重违反法律和法律规定的情况下，通过解散地方议会和规定新的选举的决定。

新宪法规定，代表院通过的法律草案，在 5 天时间内提交共和国院审议，共和国院可以用不超过 20 天的时间审议。代表院通过并征求共和国院同意的法律，在 10 天时间里呈交总统签署。如果总统同意法律文本就签署；如果总统在法律文本呈交他以后两周内没有退回法律文本，该法律就被认为已经签署。宪法还规定，在代表院和共和国院的议员们行使自己的权力期间，在事先征得代表院和共和国院同意的情况下，其方可被逮捕或剥夺自由，但叛国或犯有重罪以及在犯罪时当场被拘留的情况除外。

第五节　政府（部长会议）

一　政府的产生及地位

白俄罗斯宪法规定，白俄罗斯共和国的执行权由政府行使，共和国政府是中央国家管理机构。白俄罗斯共和国政府由总理、副总理和部长组成。总理由总统征得国民会议代表院同意后任命。在总统提出总理候选人建议之日起不迟于两周内，代表院通过总统对总理的任命，在代表院两次否决总理候选人提名的情况下，总统有权任命代总理，解散代表院并决定新的选举。总统确定政府组成，任免副总理、部长和政府其他成员的职务，做出政府及其成员辞职的决定。政府向白俄罗斯总统报告自己的工作并对白俄罗斯共和国议会负责。

二　政府的职权

宪法第107条规定，白俄罗斯共和国政府的职能主要有以下几项。

1. 政府领导其下属国家管理机构体系和其他执行机构体系；

2. 制定内外政策的基本方针和采取措施加以实施；

3. 制定和向总统报告提交议会的共和国预算草案和预算执行报告；

4. 保证奉行统一的经济、财政、信贷和货币政策以及科学、文化、教育、卫生、生态、社会保障和劳动报酬等国家政策；

5. 采取措施确保公民的权利和自由，保护国家利益、国家安全和防御能力，保护所有制和维持公共秩序，与犯罪作斗争；

6. 组织国家所有财产的管理；

7. 保证履行宪法、法律和总统法令、命令和指示；

8. 撤销各部及其他中央国家管理机构的命令；

9. 颁布在白俄罗斯共和国全境具有约束力的政府法令。

宪法规定，白俄罗斯共和国政府总理直接领导政府的工作，签署在共和国境内具有约束力的政府令。在被任命后的一个月里向议会报告政府纲领，在政府纲领被否决的情况下，在两个月内再次向议会报告政府纲领。总理向总统通报政府工作基本方针和所有最重要的决策。履行其他与政府的组建工作有关的职能。在国民会议代表院表示不信任的情况下，政府向总统提出辞职。

白俄罗斯政府机构设置为：总理 1 名，副总理 5 名，部长会议主席团（11 人，包括政府总理、总统办公厅主任、国家监察委员会主席、5 名副总理、经济部部长、财政部部长和外交部部长），24 个部、7 个国家委员会、7 个隶属于部长会议的国家机构和部长会议机关。现任总理是谢尔盖·鲁马斯（Сергей Румас）。5 名副总理分别为：马丘舍夫斯基·瓦西里·斯塔尼斯拉沃维奇（Матюшевский Василий Станиславович，第一副总理）、扎尔科·瓦西里·伊万诺维奇（Жарко Василий Иванович）、卡利宁·阿纳托利·尼科拉耶维奇（Калинин Анатолий Николаевич）、鲁瑟·米哈伊尔·伊万诺维奇（Русый Михаил Иванович）、谢马什科·弗拉基米尔·伊里奇（Семашко Владимир Ильич）。

24 个部包括：反垄断调节与贸易部、建设部、内务部、住房和公用事业部、卫生部、外交部、信息产业部、文化部、林业部、国防部、教育部、税收部、紧急情况部、自然资源和环境保护部、工业部、通信和信息化部、农业和食品部、体育和旅游部、交通通信部、劳动和社会保障部、财政部、经济部、能源部和司法部。

7 个国家委员会包括：国家安全委员会、军事工业委员会、国家财产委员会、国家科学技术委员会、国家标准化委员会、白俄罗斯共和国边防委员会、国家海关委员会。7 个隶属于部长会议的国家机构包括：白俄罗斯食品工业康采恩（Белорусский государственный концерн пищевой промышленности "Белгоспищепром"），白俄罗斯石油化工康采恩（Белорусский государственный концерн по нефти и химии），白俄罗斯

轻工业品生产和销售康采恩（Белорусский государственный концерн по производству и реализации товаров легкой промышленности），白俄罗斯林业、木材加工和纸张生产贸易康采恩（Белорусский производственно-торговый концерн лесной, деревообрабатывающей и целлюлозно-бумажной промышленности），白俄罗斯消费合作联盟（Белорусский республиканский союз потребительских обществ），共和国居民健康和疗养治疗中心（Республиканский центр по оздоровлению и санаторно-курортному лечению населения）以及宗教和民族事务专员（Уполномоченный по делам религий и национальностей）及其下设机构。

部长会议机关包括管理活动保障局、农工综合体管理总局、国际合作和贸易总局、对外经济活动局、国际合作局、反垄断调节和贸易局、国家机关事务总局、干部工作局、地区发展局、公民和法人沟通工作处、经济总局、财政关系局、经济发展与预测局、信贷投资局、卫生保健和社会保障局、科学和创新发展局、教育和社会文化局、国防和执法管理局、工业综合体管理局、保密活动和信息保护管理局、建设和住房公共事业局、交通和信息通信局、能源和石化综合体管理局、司法局、政府决议执行监督处、组织保障处以及拨款、核算和会计处。

第六节　司法机关

白俄罗斯共和国的司法机关包括各级法院和检察院。

一　法院

《白俄罗斯共和国宪法》规定，司法权独立，司法权属于法院。司法权的使命是捍卫公民的权利和自由以及受法律保护的国家、社会利益。白俄罗斯的司法体制由法律确定，根据地域和专业原则建立，由宪法法院和普通法院组成，禁止组建特别法庭。宪法强调，法官独立，只服从法律、依法行事，不允许任何方面干预法官的活动，法官的独立地位受宪法保障。

（一）宪法法院

白俄罗斯共和国宪法法院是对任何权力机关和领导人的施政行为是否违反国家宪法进行监督、审议和裁决的最高护宪机关。凡正式裁定有违宪行为时，宪法法院有权予以改正。宪法第 116 条规定："白俄罗斯共和国宪法法院对各项法规的合宪性实行监督。"

根据宪法，宪法法院由 12 名法官——在法律方面有经验的高级法学专家组成，其中 6 名由总统任命，另外 6 名由共和国院选举产生。宪法法院法官任期为 11 年，最高任职年龄为 70 岁。依照宪法，宪法法院行使下列权力：对标准法律、国际条约和其他国际义务以及白俄罗斯加入的跨国组织法律的合宪性进行监督并做出结论；对国民会议系统或严重违反宪法的事实提出意见；对国民会议通过，但未经总统签发的法律（与白俄罗斯缔结、执行、中止和终止国际条约有关的法律除外）进行必要的优先监督，并对其合宪性做出结论；做出白俄罗斯签署的尚未生效的国际条约与宪法相符的决定；对地方议会系统或严重违反立法要求的事实通过决议；对有关公民宪法权利、自由和义务的法令和总统令做出官方解释；对外国、国际组织和（或）其机构通过（发布）的、涉及白国家利益的文件表明自己的立场，包括这些文件是否符合国际法准则；对法院、执法机构和其他国家机构制定法律规范的行为和执法实践的合宪性进行检查；就消除规范法律文件中的漏洞，排除其中的矛盾和法律上的不确定性做出决定；每年听取总统的国情咨文和国民会议关于宪法状况的汇报。宪法法院院长经共和国院同意由总统任命。现任白俄罗斯共和国宪法法院院长为皮奥特尔·彼得洛维奇·米克拉舍维奇（Миклашевич Петр Петрович）。

（二）普通法院

白俄罗斯普通法院归最高法院领导，包括最高法院、州（明斯克市）法院、州（明斯克市）经济法院和区法院。最高法院是民事、刑事、行政和经济事务最高司法机关，对普通法院的司法活动进行审批和监督，内设民事司法委员会、刑事司法委员会、知识产权司法委员会、经济事务司法委员会以及最高法院主席团。最高法院院长由总统经国民会议共和国院

同意后任命，现任院长为苏卡洛·瓦连京·奥列戈维奇（Сукало Валентин Олегович）；副院长 5 名，分别为卡林科维奇·瓦列里·列奥尼多维奇（Калинкович Валерий Леонидович，第一副院长）、阿尼斯克维奇·鲁斯兰·格尼阿季耶维奇（Анискевич Руслан Гениадьевич，领导刑事司法委员会）、扎巴尔·安德烈·阿列克桑德洛维奇（Забар Андрей Александрович，领导民事司法委员会）、什库尔久克·让娜·鲍丽索芙娜（Шкурдюк Жанна Борисовна，领导知识产权司法委员会）、杰米多维奇·瓦西里·尼科拉耶维奇（Демидович Василий Николаевич，领导经济事务司法委员会）。

2014 年前，白俄罗斯最高经济法院是与白俄罗斯最高法院并列的最高审判机构，专门审理经济案件和经济纠纷，分两级设置：最高经济法院以及州（明斯克市）经济法院。最高经济法院院长同样由总统经国民会议共和国院同意后任命。2013 年 11 月 29 日，白俄罗斯通过"关于完善白俄罗斯共和国司法体系"的第 6 号总统令，宣布自 2014 年 1 月 1 日起白俄罗斯共和国最高法院与最高经济法院合并，建立具有一般管辖权的法院体系。2014 年 7 月 1 日，撤销白俄罗斯军事法院和最高法院中的军事司法委员会，原先属于军事法院的审判权归属相应的州（明斯克市）法院和地区（市）法院。因此，目前白俄罗斯实行的是以最高法院为首的一般管辖权法院体系，

二　检察机关

白俄罗斯检察机关是一个统一的中央集权制的独立机关，在组织机构上分三级设置，即总检察院、州级检察院和区级检察院，其中区级检察院是基层检察院，级别最低。检察机关是对全国法律执行情况进行监督的国家机关，其任务是维护法治和法律秩序，维护公民、组织的权利和合法利益，维护公众和国家的利益。白宪法第 125～128 条规定，"白俄罗斯总检察长及其下属检察官对各部和隶属政府的其他机关、地方代表机关和执行机关、企业、组织和机关团体、官兵和公民是否准确和统一地执行法律进行监督"。检察机关对侦查工作是否符合法律进行监督，在法律规定的情

况下进行预审，支持法院的公诉；监督有关民事、刑事和行政违法案件的司法诉讼是否符合法律规定。根据宪法，白俄罗斯共和国总检察长领导整个检察机关。下级检察长由总检察长任命，并且只服从法律。总检察长对总统负责并向总统报告自己的活动情况。检察机关的权限、制度和活动程序由法律确定。现任白俄罗斯共和国总检察长为阿列克桑德尔·弗拉基米洛维奇·科钮克（Конюк Александр Владимирович）。

第七节 地方管理和地方自治

根据《白俄罗斯共和国宪法》第117条的规定，"公民通过地方代表会议、执行管理机关、地区社会自治机关、地方全民公决、会议以及其他直接参与国家事务和社会事务的形式实行地方管理和地方自治"。

一 地方自治

地方自治是公民根据地区居民利益和地区发展特点，直接或通过其选举出的机构自主解决地方社会、经济、政治和文化问题的组织行式和活动方式，其组织系统包括地方代表会议、地区社会自治机构和其他机构（包括个人）。地方代表会议（即地方议会）为白俄罗斯共和国地方代表机关。宪法第118条规定，"地方代表会议由相应的行政区划单位的公民选举产生，任期4年"。宪法第121条规定，地方代表会议的职权主要如下。

1. 审批地方经济和社会发展纲要、地方预算及其执行情况的报告；
2. 根据法律确定地方税费；
3. 在法律确定的范围内规定对市政财产的管理和支配办法；
4. 决定举行地方全民公决。

地方代表会议分三级设置，初级为农村代表会议、乡镇代表会议和市（区级市）代表会议；基础级包括市（州级市）代表会议和区代表会议；州级包括州代表会议。明斯克市代表会议享有基础级和州级代表会议的权力。

宪法还规定，地方代表会议及执行管理机关在现行法律的基础上通过在所辖区域具有约束力的决议，如地方代表会议所作的决议与法律相抵触，由相应的上级代表机构予以废除；如果地方代表机构经常或严重违反立法，则可被国民会议共和国院解散，提前停止地方代表机构权力的其他原则则由法律规定。地方管理和自治机关的权限、设立程序和活动程序由法律确定。

二 地方管理

地方管理是地方执行管理机关根据本地区居民的利益和国家利益解决地区问题的一种组织形式和活动方式。白俄罗斯地方行政管理机关为地方执行机关（即地方政府），地方执行管理机关有统一的组织体系，包括州级、区级、市级、乡镇级地方管理机关以及农村执行委员会和地方政府。宪法第 119 条规定，地方执行管理机关领导人的任免由白俄罗斯总统决定，或在既定程序内由相应的地方代表会议决定。地方执行管理机关的职责主要是基于国家利益和区域内居民的利益解决地方问题并执行上级国家及机关的决议，具体包括：研究并向地方代表会议提交地方经济管理和公共财产管理纲要以及组织维护社会秩序的建议；保证本地区遵守国家宪法、国家法律、总统法令和代表会议及上级国家机关在职权范围内做出的决议；组织地方预算收入，并将其用于预定目的；依照代表会议规定的方式使用行政区域的公共财产；对市政所有的企业、机构的设立、重组和清理做出决定；同意在本行政区安置非市政所有的企业、机构；在国家法律范围内监督所辖地区公共财产的使用情况；在国家法律规定范围内解决土地规划和土地使用问题。

宪法还规定，地方行政管理机关以现行立法为依据，通过其在相应地区具有约束力的决议。地方行政管理机关所作的与立法相抵触的决议，则由相应的地方代表机构、上级行政管理机关以及白俄罗斯共和国总统予以废除。

宪法第 124 条规定，地方管理和地方自治机关的权限、设立程序和活动程序由法律确定。目前，白俄罗斯共和国没有自治共和国和自治州。

第八节 国家选举制度与全民公决

一 国家选举制度

根据白俄罗斯共和国宪法和选举法的规定，如宪法未做特别规定，则由白俄罗斯选举委员会负责保障选举的进行；选举程序由国家法律确定；在紧急状态或战争状态下不进行选举。国家选举制度的原则是：以普遍、平等和直接的选举原则，实行民主、自由和无记名投票选举。凡年满 18 岁的白俄罗斯公民都享有代表选举和其他国家公职人员选举的选举权（宪法第 64 条）。凡年满 35 岁的白俄罗斯共和国公民均可被选举为总统。凡年满 21 岁和 30 岁的白俄罗斯共和国公民均可分别被选举为国民会议代表院议员和共和国院议员。自由选举系指选民自主决定是否参加选举以及把票投给谁，选举的筹备和进行应公开、开放（宪法第 65 条）；选举以无记名投票方式进行，在投票过程中不允许对选民意志的表示进行监督，任何直接或间接限制公民选举权利的行为都是不允许的并要依法惩处。平等选举系指选举是平等的，选民拥有相同的票数，即一人一票；国家公职人员选举的候选人在平等的基础上参加选举。直接选举系指选举采取直接方式，国民会议代表由白俄罗斯公民直接选出（宪法第 67 条）。

二 全民公决

宪法第 73 条规定，"为了解决国家和社会生活中的最重要问题，可举行共和国全民公决和地方全民公决"。

1996 年修订前的宪法规定，共和国全民公决，由白俄罗斯最高苏维埃根据白俄罗斯总统或不少于 45 万名具有选举权的公民的倡议作出决定。现行宪法对此条款进行了补充修改，即共和国全民公决可根据总统自行倡议或两院（代表院和共和国院）倡议，以及不少于 45 万名具有选举权的公民（其中各州和明斯克市不少于 3 万名）的倡议进行（宪法第 74 条）；地方全民公决则由地方有关代表机关，根据其本身的倡议或根据拥有选举

权、居住在相应地区内不少于 10% 公民的提议作出决定（宪法第 75 条）。同时，宪法还规定，全民公决采用普遍、自由、平等和无记名投票方式进行；享有选举权的白俄罗斯共和国公民都可参加全民公决；举行共和国和地方全民公决的程序以及不能提交全民公决的问题清单由白俄罗斯共和国法律规定；全民公决通过的决议只能通过全民公决的方式予以取消或变更；举行全民公决的决定由总统签署。

白俄罗斯独立后进行过两次共和国全民公决。第一次是在 1996 年 11 月 24 日就总统和最高苏维埃提出的两个不同的修正案进行全民公决，白俄罗斯全国共有 89.4% 的选民参加投票，结果总统提交公决的修正案以 70.45% 的赞成票获得通过。同月 27 日修订后的新宪法生效，结束了该国持续 3 个月之久的宪法危机。第二次全民公决是在 1997 年，就白俄罗斯同俄罗斯建立联盟问题举行全民公决，结果白俄罗斯全国 80% 以上的选民赞成白俄罗斯同俄罗斯建立联盟。

第九节　政党和社会团体

一　政党制度的演变

白俄罗斯独立前与苏联其他加盟共和国一样，长期实行一党制。根据白俄罗斯苏维埃社会主义共和国 1978 年宪法的规定，白俄罗斯共产党是"社会的领导和指导力量"，是国家政权的核心，是共和国唯一的政党也是执政党，是决定共和国一切重大问题的主宰力量，其他社会组织必须接受共产党的领导。20 世纪 80 年代末到 90 年代初，由于苏联政治体制和政党制度发生剧变，推行自由民主化和实行多党制，白俄罗斯苏维埃社会主义共和国的政党制度也随之发生变化。1990 年，随着苏共中央作出政治多元化和修改宪法中关于苏共地位的决定，白俄罗斯共产党也相应作出了修改白俄罗斯共产党地位和推行多党制的决定。在这种政治背景下，白俄罗斯苏维埃社会主义共和国国内形形色色的政党如雨后春笋般诞生。1991 年 "八一九" 事件后，面对苏共中央 "自行解散"、苏共不复存在的形势，白共也被迫中止活动。1991 年 8 月 25 日白俄罗斯正式独立后，在政治上推行多党制和意识形态多元化，该国于 1994 年通过的宪法和 1996 年及 2004 年修订后的宪法都有关于意识形态和政治多元化以及公民可自由结社的规定。

二 对政党和社会团体的法律规定

白俄罗斯宪法第 4 条和第 5 条规定，白俄罗斯共和国的民主是在政治制度、意识形态和意见多样性的基础上实现的，各政党、宗教团体或其他社会团体、社会集团的意识形态均不能被规定为公民必须遵循的意识形态；在白俄罗斯共和国宪法和法律范围内活动的政党及其他社会团体可协助体现和表达公民政治意志并可参加选举；各政党和其他社会团体有权按法律规定的程序使用国家媒体；禁止建立目的在于用暴力手段改变宪法制度或宣传战争，煽动社会、民族、宗教和种族仇恨的政党或其他社会团体，并禁止其活动。关于宗教组织，宪法规定，宗教和信仰在法律面前一律平等；国家与宗教组织的关系由法律加以协调，要考虑其对白俄罗斯人民的精神、文化和国家传统形成的影响；禁止旨在反对白俄罗斯共和国主权及其宪法制度和公民和睦或带有损害公民权利和自由以及阻碍公民履行国家、社会和家庭义务或有害其身心的宗教组织及其机构和代表的活动。宪法第 36 条规定，每个人都享有结社自由的权利；法官，检察官，内务部、国家监察委员会和安全机关的工作人员以及军人均不能成为追求政治目标的政党和其他社会团体的成员。根据宪法规定，总统在其整个任期内应暂时中止其在追求政治目的的政党和其他社会团体中的成员资格。国家公务员在履行公务时只能依法行事，不能根据政党的决定行事。该国政党的登记注册工作由司法部负责。

三 政党

白俄罗斯独立后，苏联时期的一党制被多党制取代。1991 年全国获准登记注册了多个政党，包括白俄罗斯联合民主党、社会民主党、人民阵线等右翼党派。之后几年，白俄罗斯政党数量持续增长：1994 年 17 个、

1995 年 29 个、1996 年 36 个、1998 年 41 个。这些政党按其政治主张划分，基本可分为左、中、右三大类。第一类左翼党，系指基本坚持社会主义方向的政党，其中以白俄罗斯共产党和白俄罗斯共产党人党为代表。第二类右翼党，系指持极端民族主义立场的政党，其中以白俄罗斯民族阵线党和联合公民党为代表。第三类中派党，系指政治主张介于左翼和右翼之间的政党，其中以自由民主党为代表。在首任国家元首、最高苏维埃主席舒什克维奇当政时期（1991～1994 年），政党在国家社会政治生活中的影响相对较大。1996 年后，白俄罗斯政党发展进入一个新阶段。根据 1996 年修订后的宪法，议会由最高苏维埃一院制改为国民会议上下两院制，国民会议选举不按党派而按选区原则分配名额，因而在白俄罗斯的议会中没有固定的议会党团，再加上国家对各党派的活动限制增多，政党在社会政治生活中的影响明显减弱。根据 1999 年的总统令，经司法部对国内政党组织进行重新登记注册后获合法地位的政党由 1998 年的 41 个减至 17 个（1999 年年初为 27 个），截至 2019 年 1 月 1 日，白俄罗斯境内登记注册的政党共计 15 个，分别是：自由民主党、白俄罗斯社会体育运动党、白俄罗斯绿党、白俄罗斯社会民主党（人民大会）、白俄罗斯农业党、共和国党、白俄罗斯人民阵线基督保守党、白俄罗斯人民阵线党、共和国劳动正义党、白俄罗斯左翼"正义的世界"党、联合公民党、白俄罗斯爱国党、白俄罗斯社会民主大会党、白俄罗斯共产党和白俄罗斯人民协商社会民主党，其中较大政党有以下 5 个。

白俄罗斯共产党（Коммунистическая партия Белоруссии）1996 年 11 月 2 日由白俄罗斯共产党人党内支持总统的成员成立，目前有成员 6000 多人。该党宣布其为苏共时期的白俄罗斯共产党的继承者，基本纲领是通过合法途径恢复社会主义制度，建立公正的无阶级社会，在前苏联各国人民自愿的基础上重建统一国家。在 2016 年的议会选举中获得代表院的 6 个席位。目前党的第一书记是尼古拉耶维奇·阿列克谢·萨科尔（Сокол Алексей Николаевич）。

白俄罗斯人民阵线党（Партия Белорусского Народного Фронта）1988 年成立。1999 年 10 月，白俄罗斯人民阵线党因内部权力斗争发生分

裂。原主席波兹尼亚克率部分成员另建新党——白俄罗斯人民阵线基督保
守党。白俄罗斯人民阵线改名为白俄罗斯人民阵线党，2008 年有成员
1300 多人。该党是白主要的右翼政党之一，自称现政权"不妥协的反对
派"。主席是阿烈克谢·安东诺维奇·杨乌克维奇（Янукевич Алексей
Атонович）。

联合公民党（Объединенная гражданская партия）1995 年 10 月 1
日成立，2011 年有成员 4000 多人。白主要的右翼政党之一。主席是阿纳
托利 · 弗拉基米罗维奇 · 列别季科（Анатолий Владимирович
Лебедько）。

自由民主党（Либерально-демократическая партия）1994 年 2 月 5
日成立，截至 2013 年有注册党员 4.5 万多人。主席是谢尔盖·瓦西里耶
维奇·盖杜克维奇（Сергей Васильевич Гайдукевич）。

**白俄罗斯左翼"正义的世界"党（Белорусской партией левых
"Справедливый мир"）**1991 年在白俄罗斯共产党和苏联共产党活动被
暂停时成立，2009 年成为欧洲左翼党成员，现任党主席是 К.С. 伊万诺维
奇（Калякин Сергей Иванович）。2009 年成员人数为 1250 人。

四　社会团体

社会团体是公民参加社会事务管理的一个主要渠道。白俄罗斯宪法规
定，公民有权加入社会团体，以提高政治积极性和独立活动能力，满足公
民的多种需要。白俄罗斯的社会团体是在 1994 年 10 月 4 日通过的《社会
团体法》基础上运行的。该法保证公民有创立社会团体的权利，并有权
加入任何不危害国家宪法体制，不破坏国家完整和国家安全，不宣扬战
争、暴力以及不煽动民族、种族和宗教仇恨的社会团体。该法还规定了社
会团体的创立原则、社会团体的地位和权利及其活动方向和方式。白俄罗
斯社会团体的主要任务是促进国家建设，发展文化、科学、技术和体育等
事业。所有社会团体都是在自愿基础上按照民主集中制原则建立起来的。
白俄罗斯社会团体众多，包括工会、妇女团体、青年团体、体育团体和文
化、科学、技术等各类协会。截至 2019 年 1 月 1 日，白国内共注册有 28

个工会和 2900 多个其他社会组织。在近 3000 个社会组织中，有 221 个国际性组织、730 个国家性组织和 1780 个地方性组织，此外，还包括 36 个社会组织联盟（协会）、172 个基金（16 个国际基金、6 个国家基金和 150 个地方基金）和 7 个共和国的国家社团。从活动类型看，体育运动组织有 745 个、慈善组织有 389 个、青年组织有 320 个（包括 26 个儿童组织）、教育及文化休闲类组织有 232 个、少数民族公民组织有 113 个、因战争和劳动致残的残疾人团体和老兵协会有 93 个、科技组织有 85 个、环境和历史文化保护组织有 80 个、创作团体有 53 个、妇女组织有 32 个。该国主要社会团体有以下几个。

白俄罗斯工会联合会（Федерация профсоюзов Беларуси，ФПБ） 白俄罗斯工会联合会是该国规模最大、最具影响力的基层群众组织。它的主要活动是保护公民的劳动、社会经济权利及其他合法权益；主要任务是促进解决就业问题，在有关职工社会保障问题上加强集体谈判的作用，完善社会伙伴关系体系（системы социального партнерства）以及加强对雇主遵守劳动法和环境保护法情况的监督。目前，白俄罗斯工会联合会包括 28 个行业工会、6 个州工会组织和 1 个明斯克市工会组织，会员超过 400 万人。

白俄罗斯公共协会（Республиканское общественное объелинение "Белая русь") 白俄罗斯公共协会是白规模最大的社会团体之一，创建于 2007 年 11 月，包括各州协会（6 个）、明斯克市协会和 115 个地区（市）协会，共有 7000 多个基层组织，成员约 13.2 万人。该社会团体的目标是联合社会进步力量，建设一个繁荣强大的白俄罗斯及一个以爱国主义和道德价值为基础的公平社会。

白俄罗斯慈善与健康基金会（Белорусский фонд милосердия и здоровья) 该基金会是白近 400 个慈善组织中威望最高的一个慈善团体，主要向贫困人口、孤寡人群、老年人、残疾人和难民提供帮助，目前是国际慈善与健康基金会和欧盟慈善协会的成员。总部设在明斯克市，在戈梅利、格罗德诺、维捷布斯克和莫吉廖夫四州设有分支机构。

白俄罗斯共和国青年联盟（Белорусский республиканский союз молодежи，БРСМ) 白俄罗斯共和国青年联盟是白俄罗斯共青团、白俄罗斯青年联盟、白俄罗斯青年爱国联盟的继任者，创建于 2002 年 9 月 6 日，成员年龄为 14～31 岁。该组织是一个自愿的、独立的、非意识形态的代表青年利益的社会团体，其活动宗旨是为青少年的全面发展创造条件，激发青少年的创造潜力，促进白俄罗斯以爱国和道德价值观为基础的公民社会的发展。目前，该联盟共有成员 48 万多人。同时，白俄罗斯共和国少先队组织（Белорусская республиканская пионерская организация）也被纳入青年联盟框架内，它是白国内最大的儿童组织，现有成员超过 58 万人。

白俄罗斯妇女联合会（Общественное объединение "Белорусский союз женщин"）创建于 1991 年 9 月 14 日，由各州、地区、城市以及许多劳动集体的妇女委员会以自愿原则联合而成。目前，参加联合会的妇女超过 18.3 万人，有 4 万多个基层组织。白俄罗斯妇女联合会的最高机构是代表大会，代表大会每 5 年至少召开一次。休会期间的常设领导机构是妇女联合会管理委员会，执行机构是妇女联合会主席团，主席团主席为纳·安·叶尔马科娃（Ермакова Надеждая Андреевна）。白俄罗斯妇女联合会的任务和目标包括：提高妇女的社会地位及其在国家各领域的作用；实现社会和谐与民族和睦，消除一切形式的暴力及歧视；组织教育和咨询活动；保护和改善妇女健康状况，提高国家所有公民的生活质量；开展慈善活动；保护妇女儿童的权利，强化家庭功能；利用妇女外交的方式开展国际交往。

白俄罗斯对外友好和文化协会（Белорусское общество дружбы и культурной связи с зарубежными странами）白俄罗斯对外友好和文化协会成立于 1926 年，是旨在发展和巩固白俄罗斯同外国人民友好、谅解、信任和文化合作的社会团体。现阶段协会的主要活动目标是增进白俄罗斯与世界其他国家人民的友谊及合作，促进国际文化在白俄罗斯的传播，推动白俄罗斯文化走向世界；在白俄罗斯文化组织与国外社会团体之间建立多边联系。目前，白俄罗斯对外友好和文化协会有 37 个面向不同国家的友好协会。这些协会与欧洲、亚洲和美洲国家均保持着联系，经常举办传统的友好月、友好周、文化日、科学日等活动，庆祝其他国家人民生活中的重大事件、纪念日和重大节日。白俄罗斯对外友好和文化协会在各州和

明斯克市设有办事处。白俄罗斯独立后，白俄罗斯对外友好和文化协会同
500多个国外团体和130多个国家的社会活动家、科学文化界人士保持着
友好联系。

在白俄罗斯，政党、社会组织和工会的活动受白俄罗斯《政党法》、
《社会组织法》和《工会法》调节，其活动不能违背宪法和其他国家
法律。

第四章

经　济

第一节　概况

一　经济发展政策及发展战略

独立后白俄罗斯实行的经济改革政策是由以公有制为基础的社会主义计划经济向社会市场经济过渡和转轨。白俄罗斯领导人将经济改革的原则方针概括为：走"向有社会保障的市场经济过渡的道路"，但同时"考虑自身特点"，对经济改革持"循序渐进"态度，"既不走波兰那种休克疗法式的改革道路，又不像俄罗斯那样如此激进并使人民做出很大牺牲"，而是"谨慎从事"，对"改革进程实行控制"，在实行经济改革时，"注意对人民的社会保障"。可见其经济改革和转轨方式是渐进式而非激进式的，经济改革速度相对较慢，经济改革的目标是最终要建立"有社会保障的市场经济"。

卢卡申科总统当政后，曾于1995年9月宣布，今后白俄罗斯将建设"市场社会主义"。他认为，"市场社会主义能对人进行高水平的社会保护，使劳动具有高度的物质和精神动机，不会出现赤字，没有排队现象。在这样的社会，市场法则不是自发地发挥作用，而是在有效地保障生产和分配的范围内发挥作用"。同年11月22日，他又进一步阐述说，"市场社会主义既不把市场经济看作包治百病的灵丹妙药，也不把计划经济看得一无是处，在过渡时期，使这两种经济和谐统一是很重要的"。在独联体

各国领导人中，卢卡申科总统是第一个提出经济改革以建设市场社会主义为目标的，但此后的理论与实践，均未见"社会主义"这一提法。2002年3月，卢卡申科提出"白俄罗斯发展模式"，奉行以扩大出口、增加住房建设和粮食生产、重视社会保障为重点的经济方针；强调以民为本、渐进改革、稳中求进，摒弃全盘私有化和休克疗法，建立强有力的国家政权和可调控的面向社会的市场经济体系。这种面向社会的市场经济模式实际上保留了苏联时代的经济特征，带有较浓的计划经济色彩，国家对经济的干预能力较强。近年来，为了提振国家经济，白政府实施了一些实际改革措施，包括延长居民退休年龄、提高公共住宅事业费用、实行价格自由化等，但根本性的经济结构改革还谈不上。2016年白俄罗斯总统助理、白办公厅经济事务管理局局长鲁德表示，白社会经济发展模式中出现了一些问题，但这显然不是限制白发展的唯一因素，白的集中计划经济体制在某种程度上来讲甚至对白社会经济发展起到了促进作用。

由于白俄罗斯实行渐进式而非激进式的改革政策，因而其经济改革和转轨进展与邻国波罗的海三国、俄罗斯等持激进式改革的国家相比较为缓慢。长期以来，白俄罗斯经济发展模式是建立在石油产品、原油再出口及钾肥出口基础上的原料型经济发展模式。其经济特点是试图将计划经济体制的某些元素与市场机制联系起来，在国有制的基础上保护工业基地，限制私有经济部门发展，强调国家对经济活动的干预。因此，在白俄罗斯经济结构中，工业生产长期占据着统治地位，其中国有大型企业又是工业生产的主力，私人企业在国内生产总值中所占的份额仅为30%（2011年），小型商业组织在国家经济结构中只占约20%。对此，白经济部部长于2011年10月表示，国家对私有经济的政策存在失误，今后的经济政策将向发展私有经济倾斜，使之成为经济稳定发展的基础。白总统卢卡申科在其2014年的国情咨文中表示，未来相当长时期白经济的三个主要发展方向是：大力发展国内市场、完善经济管理体制、全面推进市场竞争。

白俄罗斯经济具有很强的计划性。根据1998年5月5日颁布的《白俄罗斯共和国社会经济发展计划和国家预测法》，国家机构会根据当前的社会经济、人口和生态状况，国家的科技和生产潜力，外部环境，自然资源状况及其变化趋势定期制定社会经济发展预测，预测指标由有关规范法令批准。例如，2011 年 4 月 11 日白俄罗斯第 136 号总统令批准的《2011~2015 年白俄罗斯共和国社会经济发展计划》规定，2011~2015 年国家的经济政策旨在提高经济效率和经济质量。为完成这一目标制定的任务是，提高劳动生产率和企业的盈利能力、提高固定资产投资在国内生产总值中的份额、提高创新产品比重以及降低能源和原材料消耗。在对 2011~2015 年计划实施结果做出评价的基础上，2016 年 12 月 15 日白俄罗斯总统卢卡申科批准了《2016~2020 年白俄罗斯共和国社会经济发展计划》。该计划规定，在保持白发展模式和政策连续性的基础上，在经济政策的实施中利用一些新方法和新机制，如激发企业创新、完善产权关系以及为改善企业行为创造实际条件等，以提高人民生活水平、增强白经济竞争力、吸引投资和进行创新性发展。预计 5 年内国内生产总值增长 12%~15%，到 2020 年通货膨胀率不超过 5%，从 2017 年起对外贸易呈持续顺差状态，同时，到 2020 年居民实际可支配收入比 2015 年增长 9.5%~11.6%。

除了上述中期发展计划，白俄罗斯还制定了长期发展战略，即《至 2030 年白俄罗斯共和国经济社会可持续发展战略》。该战略确定了国家向后工业化社会和发展创新经济转变的目标、阶段和方向，要求未来的经济管理模式从以行政计划为主向指导性机制转变，拉平国有和私有财产对国内生产总值的贡献率，在生产中坚持绿色经济原则，扶持高科技产业以及加速发展服务行业等。该战略分两个阶段实施。第一阶段是 2016~2020 年，这个阶段的主要目标是参照绿色经济和优先发展高科技产业的原则，在经济体制、结构改革的基础上实现经济平衡增长。第二阶段是 2021~2030 年，主要目标是支持社会经济稳定地可持续发展，并在此基础上提高居民的精神道德素质；加速发展高科技制造业和服务业，进一步形成绿色经济。为实现上述目标，该战略分别在人的发展、社会政策、经济及生态方面确定了相应的任务。其中经济方面的任务包括：形成高效、以社会为导向、具有竞争力的新型经济——具有发达的市场机制和基础设施的知识经济；加速发展高科技制造业、工业创新集群和加强经济基础设施建设；依靠对可再生能源及不可再生能源进行有效管理、减少生产和消费过程中产生的废物量以及对消费者负责，促进可持续生产和消费；提高以市场调节为主的国家管理系统的效率，增强地方的创新精神，建立高效的所有制结构。

二 经济发展概况及特点

白俄罗斯独立至今（1991～2018 年），经济进程基本可分为三个阶段，即 1991～1995 年经济衰退困难阶段、1996～2011 年的经济复苏稳步增长阶段和 2012～2018 年的低迷发展阶段。

1. 经济衰退困难阶段（1991～1995 年）

独立后白俄罗斯经济与俄罗斯等独联体各国一样，陷入连年衰退的困难时期。但独立后头 3 年（1991～1993 年），白俄罗斯经济发展状况比邻国俄罗斯、乌克兰等独联体大多数国家要好。独立头 3 年其国内生产总值仅分别下降 1.2%、5.3% 和 7.6%，3 年年平均下降 4.7%，降幅均在一位数内，大大低于独联体国家平均下降水平（独联体头 3 年分别下降 7.9%、17.8% 和 11.59%，3 年年平均下降 11.5%），比独联体平均降幅低一半多。该国政府曾称，白俄罗斯是独联体中经济下降速度最慢的国家之一。但到 1994 年，由于外来的能源和原材料价格猛涨，而且供应量大减，农业遭受严重旱灾以及军工业订货锐减等内外多方面的原因，其经济骤然严重恶化，这年白俄罗斯国内生产总值、工业产值和农业产值下降率分别为 12.6%、17.1% 和 14.1%，降幅均升至两位数，白俄罗斯步入独联体经济最差国家之行列。1995 年经济虽有所好转，但仍然严峻，这年国内生产总值比上年下降 10%，降幅仍为两位数，仍超过同年独联体国家平均降幅（8.6%）。独立初期头 5 年白俄罗斯经济困难主要表现为主要经济指标连年下降，主要工农业产品大幅度减产，财政状况恶化，物价飞速上涨，通货膨胀严重，人民生活水平显著下降。如，在财政方面，由 1991 年财政盈余 15 亿卢布到 1994 年财政最高赤字占国内生产总值的 3.4%。通货膨胀率由 1991 年的 83.5% 升至 1994 年的 2059%。

2. 经济复苏稳步增长阶段（1996～2011年）

在经历了独立后头5年经济衰退困难阶段后，从1996年起，由于4月该国同俄罗斯结成共同体，有俄方提供能源和原材料保障，得以发挥其加工业优势以及农业丰收等内外因素，经济首次止降复增，1996年国内生产总值、工业产值和农业产值分别比上年增长28%、4%和24%。外贸总额比上年增长21.4%，年通货膨胀率由1995年的344%降为33.6%，官方称经济有"转折性变化"。1997年该国同俄罗斯结成联盟后，经济开始大幅度增长。这年国内生产总值和工业产值分别比上年增长11.4%和19%，外贸额增长27%，其中出口和进口分别增长29.1%和25.2%。官方称这年是其经济发展最佳年，白俄罗斯进入独联体经济发展最佳国家之行列。此后，白俄罗斯经济连年以中速稳步增长，特别是2003～2008年，白经济进入快速发展轨道，GDP年均增长率达到9.4%；工业生产总值年均增长约11.1%；农业生产总值年均增长约6.7%；固定资产投资年均增长约22.2%；对外贸易总额年均增长约27.4%，其中出口总额年均增长约26.4%，进口总额年均增长约28.3%；商品零售贸易额年均增长约15.7%。2008年国际金融危机爆发，世界能源市场行情急转直下，经济危机蔓延到世界各国，白俄罗斯经济也受到一定影响：2009年国内生产总值仅微弱增长0.2%，农业生产总值增长1%，工业生产总值和对外贸易总额均呈负增长，前者为 -3.1%，后者为 -30.6%。但由于白俄罗斯与西方国家联系不太密切，受来自西方的经济冲击较小，加之该国的扩张性财政、货币和信贷政策扩大了内需，2010年白俄罗斯经济逆势上扬，国内生产总值同比增长7.7%，工业生产总值和对外贸易总额也实现正增长，分别为11.7%和18.6%。据白国家统计局的数据，2011年白国内生产总值为307.2万亿白卢布，比2010年增长5.5%。据世界银行的统计数据，2011年在以美元计算的国内生产总值方面，白俄罗斯在世界192个国家中排第73名，对世界GDP的贡献率为0.08%。[①] 世界银行负责欧洲和中亚地区事务的副总裁菲普·乐·韦鲁在2011年曾表示："在过去

---

① Экономика Республики Беларусь в цифрах. http：//belstat. gov. by/.

10 年，白俄罗斯经济发展显著，经济增长率接近中国，贫困人口急剧减少。"

3. 低迷发展阶段（2012～2018 年）

2011 年白俄罗斯国内爆发金融危机，一年内白俄罗斯卢布对美元的汇率从 3000∶1 跌至 8500∶1，全年通货膨胀率为 108.7%（食品价格上涨 125%），消费贷款利率上升至 120%，居民月均工资从 500 美元降至 250～450 美元。这次金融危机遏制了白俄罗斯持续 10 多年的经济快速增长势头，各主要宏观经济指标均大幅回落，呈现低速增长的态势。2013 年乌克兰危机爆发，乌克兰因政治动荡而经济衰退，俄罗斯也因此受到美国等西方国家制裁，加上世界石油价格下跌，俄经济面临困难，这给高度依赖外部市场的白俄罗斯经济造成巨大的负面影响。2012～2016 年，白国内生产总值增速分别降至 1.7%、1%、1.7%、-3.8% 和 -2.5%；工业生产总值增速分别为 6%、-5%、2%、-7% 和 0%；农业生产总值增速分别为 6%、-4%、3.1%、-2.5% 和 3.3%。为应对经济衰退，白政府采取了一系列稳定经济的措施，推动本国消费和投资增长，使汇率保持稳定，并将通胀降率至历史低点，再加上外部经济条件的改善，2017 年和 2018 年白经济出现复苏迹象，国内生产总值同比分别增长 2.5% 和 3%（见表 4-1），工业生产总值同比分别增长 6.1% 和 5.7%，农业生产总值同比分别增长 4.2% 和 -3.4%，通胀率分别为 4.6% 和 5.6%，大大低于 2016 年 10.6% 的水平。根据世界银行 2018 年发布的《白俄罗斯经济展望报告》，2018～2020 年白经济将呈现加速增长态势，但仍面临外部融资需求及内部结构性问题。

表 4-1 2011～2018 年白俄罗斯国内生产总值

年份	2011	2012	2013	2014	2015	2016	2017	2018
国内生产总值*	307.25	547.61	670.69	805.79	899.10	949.49	1057.48	1215.68
与前一年相比**（%）	105.5	101.7	101.0	101.7	96.2	97.5	102.5	103.0
人均国内生产总值***	3243.3	5786.0	7085.2	8504.8	9474.5	9993	11133	12819

注：* 现行价格，万亿白卢布，2016 年起为亿白卢布；** 以可比价格计算；*** 万白卢布；2016 年起为卢布。

资料来源：白俄罗斯统计局网站，http://www.belstat.gov.by/。

第二节 主要经济行业

一 工业

(一) 概况

独立至今,工业一直是白俄罗斯最主要的支柱产业,其发展状况在很大程度上决定了白俄罗斯的经济走向。白俄罗斯工业领域创造了1/4的国内生产总值,集中了国家约37%的固定资产,工业从业人员占经济从业人员总数的23%。在世界工业竞争力排名中白俄罗斯列第47位,远远超过除俄罗斯以外的其他独联体国家。

独立初期(1991～1996年),白俄罗斯工业产值约占国民生产总值的一半以上。之后,随着产业结构的调整,工业产值在国民生产总值中的占比有所下降,2005年降至31.1%,随后几年工业产值在国民生产总值中所占的份额一直保持在30%左右,2010年为26%,2015年为24.9%,2018年为26.1%。尽管工业产值在国民生产总值中的份额呈下降趋势,但工业部门始终在国民经济中占主导地位,其所生产的产品超过一半用于出口(2012～2018年工业产品出口比重分别为62.6%、54.5%、54.6%、57.2%、57.1%、60.0%和62.5%),是国家外汇收入的重要来源。工业领域固定资产投资居各经济领域首位,2015～2018年分别为38.2%、37.6%、39.2%和38.4%。截至2018年1月1日,白俄罗斯约有工业企业1.6万家,其中大中型企业多为国有企业,隶属于各部门的综合体或康采恩,如机器制造综合体、冶金综合体、燃料动力综合体、国家石油化学康采恩、国家食品工业康采恩、白俄罗斯轻工业康采恩及国家电力生产协会等。在工业生产结构中,加工制造业长期居于主导地位,是白工业生产的基础。2015年加工制造业产值占工业总产值的87.1%,2018年占88.6%。加工制造业主要生产部门包括:食品、饮料和烟草生产,占加工业产值的25.8%;焦炭和石油产品生产,占17.6%;化学品生产,占10.8%;机器设备制造,占8%。居第二位

的是电力、天然气、蒸汽、热水和空调供应（2015 年占工业生产总值
的 10%，2018 年占 8.5%）。

独立后头 3 年，即 1991 年、1992 年和 1993 年，由于受苏联解体后传
统经济联系严重破坏，从独联体国家输入的能源和原材料价格猛涨等因素
的影响，白工业产值连年下降，分别同比下降 1.5%、9.4% 和 7.4%。
1994 年和 1995 年工业产值降幅升至两位数，分别同比下降 17.1% 和
11.5%。到 1996 年工业产值止跌回升，首获 4% 的增长。此后，工业产
值连年稳步增长。据该国公布的数据，1997 年工业产值增幅最大，高达
19%，居独联体各国的前列。1998 年和 1999 年工业产值增长率均为两位
数，分别为 12.4% 和 10.3%。进入 21 世纪，2000 年、2001 年和 2002 年
工业生产增长速度较头 3 年有所放慢，增长率分别为 8%、6% 和 4.3%。
2003 年工业产值增速又有所提高，比上年增长 6.8%。2004～2011 年工
业产值总体保持强劲增长势头，除 2009 年受国际金融危机影响出现负增
长外，其余各年增长率均在 8% 以上，最高的 2004 年为 15.3%，最低的
2007 年为 8.6%，8 年年均增速为 9.26%，其中 2004～2008 年年均增速
为 11.28%。受 2011 年白国内金融危机的影响，2012 年工业产值增速
大幅下降，从 2011 年的 9.1% 降至 5.8%，2013 年更出现 4.9% 的负增
长。2013 年乌克兰危机爆发，俄罗斯遭受美国及其他西方国家制裁，
经济衰退。受此影响，白经济发展继续处于低迷状态，2014 年工业产
值微弱增长 1.9%，2015 年下降 6.6%，2016 年下降 0.4%，2017 年
随着国内经济的复苏及外部环境的好转，工业产值恢复增长，当年同
比增长 6%，2018 年同比增长 5.7%。未来，白俄罗斯计划投入 200 亿
美元，集中对汽车制造、冶金、石油化工、皮革和纺织等行业进行全
面的现代化改造。

（二）主要工业品产量

1991 年白俄罗斯主要工业品产量为：电力 387 亿千瓦时，石油
210 万吨，天然气 3 亿立方米，黑色金属轧材 70 万吨，金属加工机床
1.62 万台，汽车 3.82 万辆，拖拉机 9.55 万台，化肥 520 万吨，水泥
240 万吨，织物 4.66 亿平方米，鞋 4530 万双，化纤 44.3 万吨，电视

机 110.3 万台，电冰箱 74.3 万台，洗衣机 5.67 万台，收音机 93.2 万台，录音机 24.2 万台，肉制品 79.2 万吨，奶制品 165.2 万吨，砂糖 33.5 万吨，动物油 13.7 万吨，植物油 2.49 万吨。独立 10 年后 2001 年主要工业品产量为：电力 250 亿千瓦时，石油 189.1 万吨，石油加工品 1334.6 万吨，黑色金属轧材 147.6 万吨，金属加工机床 5704 台，载重汽车 1.65 万辆，拖拉机 2.27 万辆，化肥 437.9 万吨，水泥 180.3 万吨，化纤 5.1 万吨，织物 22.11 亿平方米，电冰箱 83.7 万台，彩电 62.4 万台，洗衣机 8.1 万台，摩托车 1.97 万辆，自行车 76.6 万辆，收音机 522.8 万台。

目前，随着工业的不断发展，白有 10 类工业品在全球工业生产中占有较大份额（0.6% ~ 30%）。这 10 类工业品包括：卡车（包括矿用卡车）、装卸机，拖拉机、联合收割机和饲料收割机，电冰箱、微波炉、电炉和煤气炉，家具，化肥，燃料，亚麻纤维，化学纤维和纱线，肉制品，奶制品。其中，拖拉机产量约占欧亚经济联盟总产量的 80%，钾肥产量占 45%（世界产量的 1/6）、氮肥产量占 11%，载重汽车产量占 5%。近 10 年白俄罗斯主要工业品产量见表 4 - 2。

表 4 - 2 2009 ~ 2018 年白俄罗斯主要工业品产量

年份	2009	2010	2011	2012	2013	2014	2015	2016	2017	2018*
电力（10 亿千瓦时）	30.4	34.9	32.2	30.8	31.5	34.7	34.1	33.6	34.5	38.5
汽油（千吨）	3271.6	3158.0	3135.4	3729.5	3683.2	3945.2	3970.7	3620.9	3610.6	3502.6
柴油（包括生物柴油，千吨）	7105.8	6136.6	8841.9	11470.7	7809.2	7989.4	8213.2	6813.3	6687.2	6600.6
矿物或化学肥料（千吨）	3390	6176	6288	5859	5279	7368	7508	7198	8157	8427
化纤（千吨）	200.4	233.1	231.0	239.4	216.1	190.6	184.3	198.1	198.0	198.2
轮胎（千个）	5073	4820	5169	5732	5569	5012	3910	3611	3710	3932
金属加工机床（千台）	2.7	3.9	5.3	4.5	4.5	2.8	1.9	2.6	3.0	1.6

白俄罗斯

续表

年份	2009	2010	2011	2012	2013	2014	2015	2016	2017	2018
农业和林业用拖拉机（千台）	51.0	50.9	66.8	71.0	62.6	52.2	34.3	34.4	38.2	40.8
卡车（包括自卸卡车,千台）	11.5	13.5	23.3	26.2	19.3	12.7	6.4	6.6	9.6	11.1
大客车（辆）	1520	2089	2162	2277	2341	1672	900	1316	1261	1373
刨花板（千立方米）	308	300	248	278	990	1197	1430	2141	2641	2745
木质纤维板（千平方米）	36.4	39.8	50.4	44.1	36.9	54.8	90.8	118.1	169.3	190.2
纸和纸板（千吨）	272.5	341.9	357.3	381.7	331.7	336.6	296.1	264.0	297.0	353.2
水泥（不包括水泥熟料,千吨）	4350	4531	4604	4906	5057	5617	4638	4503	4490	4519
钢筋混凝土枕木（千立方米）	52.5	65.8	60.7	64.8	66.5	61.0	66.8	69.4	79.3	78.3
家用冰箱和冷冻设备（千台）	1007	1106	1197	1263	1200	979	899	988	779	858
电视机（千台）	352	446	404	594	245	92	22	169	359	597
家用洗衣机（千台）	236.4	273.8	310.8	323.5	324.3	151.6	203.6	219.7	152.2	185.6
自行车（千辆）	130	134	176	184	194	107	68	65	59	55
布匹（百万平方米）	137.2	147.0	177.2	183.9	181.0	166.5	154.7	160.0	167.2	159.4
针织品（百万件）	55	64	64	63	61	51	43	46	45	42
袜子（百万双）	111	119	130	134	137	140	139	155	171	156

续表

年份	2009	2010	2011	2012	2013	2014	2015	2016	2017	2018
鞋（百万双）	15.8	17.8	17.1	16.2	15.9	14.0	10.7	10.0	10.7	10.3
肉及其副产品（千吨）	699.2	745.5	830.4	906.8	998.5	947.4	1020.7	1059.4	1105.5	1135.1**
香肠制品（千吨）	295.1	316.6	289.8	296.1	291.7	288.8	266.0	275.5	279.5	278.8
奶油（千吨）	116.1	98.6	104.3	112.9	99.2	106.7	113.6	117.9	120.0	115.0
奶制品（千吨）	1306	1495	1643	1779	1858	1935	1963	1972	2002	1996
奶酪（千吨）	134.1	146.1	141.9	147.8	134.3	168.3	180.8	191.4	193.4	202.0
人造黄油及类似食用油脂（千吨）	17.0	19.5	22.4	17.4	14.6	22.6	21.7	16.4	16.5	12.9
植物黄油（千吨）	127.0	160.8	181.7	189.0	257.2	277.4	262.1	149.2	169.9	385.7
巧克力、巧克力糖果和糖（千吨）	70.8	73.1	71.5	69.2	62.8	62.0	60.0	63.4	71.4	65.5
不含酒精的饮料（百万加仑）	32.2	39.0	46.1	43.3	47.9	48.2	43.5	40.5	41.7	44.7
蒸馏酒精饮料（百万加仑）	14.7	15.2	18.1	19.6	16.8	14.9	11.5	14.2	15.6	15.5
啤酒（百万加仑）	33.7	39.9	47.2	43.0	42.3	43.3	40.7	43.2	47.2	47.3

注：* 2018 年数据为大中型企业数据；** 该数据包括禽肉数据。

资料来源：http://www.belstat.gov.by/ofitsialnaya - statistika/realny - sector - ekonomiki/promyshlennost/godovye_ dannwe_ prom/proizvodstvo - otd_ vid_ prom_ produ/。

（三）主要工业部门

1. 加工制造业

（1）食品加工业

白食品加工业是加工业的主力军，主要包括食品、饮料和烟草生产，其产值占加工业产值的 1/4 强。2018 年，食品加工业有 820 家企业（单位），从业人员接近 14 万人，约占整个工业从业人员总数的 15.86%；行业固定资产投资额为 9.24 亿白卢布（实际价格），占工业固定资产投资总额的 9.7%，占加工业固定资产投资额的 16.4%；行业产值为 251.3 亿白卢布，按可比价格计算比 2017 年增长 3.7%，占加工业产值的 25.7%，占工业总产值的 22.8%（见表 4 - 3）。①

表 4 - 3　2011～2018 年食品加工业主要指标

年份	2011	2012	2013	2014	2015	2016	2017	2018
组织（机构）数量（家）	807	805	857	858	774	759	804	820
产值（万亿白卢布，2016～2018 年为亿白卢布）	61.6	114.0	136.2	161.0	176.7	207.2	231.8	251.3
与 2010 年相比（%）	108.7	—	—	114.2	112.8	115.6	119.6	124.0
占工业产值的比重（%）	17.7	18.5	22.4	23.9	23.9	25.3	24.6	22.8

资料来源：http：//www. belstat. gov. by/upload/iblock/885/885bdb65fe7077005c7c47d 2748bfad0. pdf。

白食品加工业主要有肉类加工、奶类加工、面粉加工、鱼类加工、食用油加工、糖加工、酒精类加工等 20 多个门类，目前已成为一个现代化的、快速发展的产业部门，能够基本满足国内的食品需求。该产业主要的发展方向是奶制品、肉及肉制品生产（占食品、饮料、烟草产量的 50% 以上），此外，还进行糖及糖果生产，鱼及鱼产品、水果、蔬菜的加工和保存。目前，白食品加工企业可生产约 2000 种肉奶制品。肉制品包括熟香肠、灌肠、半熏肠、熏肠（生或熟）、风干肠（生或熟）、猪肉和牛肉制品、半成品和罐头食品。肉及肉制品可满足国内市场 99% 以上的需求，如

① Промышленность Республики Беларусь. Статистический сборник，2019 г.，Минск. http：//www. belstat. gov. by/upload/iblock/6ad/6adbd1842122a7110048d2280522976c. pdf.

肉类和禽类（99.7%）、肉制品（99.8%）、肉罐头（99.1%）。奶制品生产是白食品加工业的一张"名片"，可生产1500多种产品，主要包括奶油、乳酪和纯奶制品。近年来白已成为世界五大乳制品出口国之一，主要出口国为俄罗斯和哈萨克斯坦。制糖原料主要是甜菜，糖果生产企业可生产约700种糖果，包括巧克力、酥糖和其他糖果等。面粉和谷物产品有170多种，面包厂可生产2000多种面包和2000多种糕点。酿酒业以啤酒为主，啤酒的市场规模和酿造规模逐年扩大，且出口率高（大部分出口独联体国家），除啤酒外，白还生产格瓦斯、低度苹果酒、含酒精的鸡尾酒和非酒精饮料等。目前可口可乐等几家大公司非酒精饮料的产量占全部产量的77%。在烟草生产方面，近年白俄罗斯本国烟草企业纷纷与国际烟草公司合资、合作，推动国际品牌烟草在白实现本地化生产，如白俄罗斯"Tabak Invest"公司与欧美烟草公司合作，在明斯克工厂生产包括"Winston""West""Magna"等品牌在内的多种国际品牌烟草，在格罗德诺工厂生产箭牌、总督、希尔顿等品牌香烟。近年来白俄罗斯食品加工业主要产品产量见表4-4。

表4-4 2010~2018年食品加工业主要产品产量

单位：万吨，百万加仑

年份	2010	2011	2012	2013	2014	2015	2016	2017	2018
肉及其副产品	74.55	83.04	90.68	99.85	94.74	102.07	105.94	110.55	113.51
香肠制品	31.66	28.98	29.61	29.17	28.88	26.60	27.55	27.95	27.88
肉类半成品及肉制品（包括禽肉）	16.36	16.81	18.73	16.39	17.18	15.62	15.61	17.74	21.77
鱼和海产品（包括鱼罐头）	7.11	7.08	7.17	8.49	9.79	9.85	9.20	10.10	11.40
植物黄油	16.08	18.17	18.90	25.72	27.74	26.21	14.92	16.99	38.60
人造黄油和类似的食用油(脂)	1.95	2.24	1.74	1.46	2.26	2.17	1.64	1.65	1.29

续表

年份	2010	2011	2012	2013	2014	2015	2016	2017	2018
纯奶制品	149.5	164.3	177.9	185.8	193.5	196.3	197.2	200.0	202.7
黄油和牛奶酱	9.86	10.43	11.29	9.92	10.67	11.36	11.79	12.00	11.50
低脂乳制品	9.47	9.08	9.94	9.17	9.45	11.96	15.43	17.70	11.10
奶酪（加工奶酪除外）	14.61	14.19	14.78	13.43	16.83	18.08	19.14	19.34	20.32
炼乳和非固体奶油	11.43	12.44	12.53	10.95	9.97	9.19	9.25	11.56	7.89
谷物粉、蔬菜粉、其他植物粉及其混合物	64.33	73.73	77.25	73.84	62.89	61.74	80.16	71.48	60.88
通心粉	2.60	3.80	3.97	4.18	3.77	3.92	4.40	4.13	3.90
食用盐	41.56	42.47	43.52	44.86	42.94	40.68	40.01	43.95	44.32
糖	81.60	98.55	86.28	85.31	74.39	65.41	84.69	73.79	63.79
其他不含酒精饮料	39.0	46.1	43.3	47.9	48.2	43.5	40.5	41.0	48.4
蒸馏酒精饮料	15.19	18.08	19.56	16.81	14.86	11.51	14.15	15.65	16.35
其他发酵饮料、含酒精混合饮料	20.1	18.4	14.6	14.1	13.3	10.6	8.4	7.8	7.7
啤酒	39.9	47.2	43.0	42.3	43.2	40.7	43.2	47.2	47.6

资料来源：http://www.belstat.gov.by/upload/iblock/885/885bdb65fe7077005c7c47d2748bfad0.pdf。

　　白目前有 4 家糖厂、约 10 家糖果厂、7 家甜酒厂和 9 家啤酒厂。食品加工业中大部分企业从事肉类和牛奶加工，共有 100 多家大型技术装备企业，其中包括 44 家奶制品厂、20 家肉类加工企业。粮食加工部门共有 20 家谷物制品厂、12 家饲料厂、8 家粮食收购企业和 6 家共和国面包制造企业。著名的肉类加工企业包括布列斯特肉类联合加工厂、戈梅利肉类联合加工厂、格罗德诺肉类联合加工厂、维捷布斯克肉制品公司、明斯克肉类联合加工厂和鲍里索夫肉类联合加工厂等。奶制品企业主要包括"乳品世界"有限公司、"Слуцкий"奶酪厂、"савушкин"食品股份公司、"кобринский"奶酪厂、"奶奶的奶罐"莫吉廖夫奶制品公司、明斯克奶制品厂等。

（2）化学和石化工业

白俄罗斯的化学和石化工业是独立后发展较快的工业部门，主要包括：矿业化工、钾肥生产；基础化学、化学纤维和纱线生产；石化产业，包括石油开采、初次加工、炼化和化工板块。主要产品包括：石油加工产品；矿物肥料（钾、氮、磷肥）；轮胎（超过 200 个品种规格）；化学纤维和纱线；聚酯纤维和聚酰胺纤维；高密度聚乙烯；合成橡胶、树脂；玻璃纤维及其制品；洗涤材料、染料；清漆、油漆和塑料制品；药物制剂；等等。在独联体国家中，白化学纤维和纱线的产量仅次于俄罗斯居第二位，占独联体总产量的 25%，其生产的聚酯纤维和涤纶纱主要销往俄罗斯和独联体其他国家；高压聚乙烯在中国、土耳其、印度和伊朗有稳定的需求；合成树脂和塑料生产可满足国内 85% 的需求；轮胎产业在独联体国家中的销售份额占同类产品的 70% 以上；在矿物肥料中，钾肥产量占 84.5%、氮肥占 12.8%、磷肥占 2.7%，氯化钾产量占世界的 15.7%。目前，在白加工制造业中，焦炭和石油产品生产以及化学产品生产是仅次于食品、饮料及烟草生产的第二大工业部门。2018 年，焦炭和石油产品产值共计 171.7 亿白卢布，占加工制造业产值的 17.6%，占工业总产值的 15.6%；化学产品产值为 103 亿白卢布，占加工制造业产值的 10.5%，占工业总产值的 9.3%。两者合计占加工制造业产值的 28.1%，占工业总产值的 24.9%。

白俄罗斯化学工业主要分布在戈梅利、格罗德诺等地。石化工业主要分布在莫吉廖夫、新波洛茨克、莫济里等地。该领域的龙头是白俄罗斯国家石化康采恩，它是白最大的工业综合体之一，联合了国内 60 多家企业（单位），员工总数超过 12 万人。在白俄罗斯国家石化康采恩中，化工企

业占 55%，生产的石化产品占国内总产量的 1/3，产品超过一半供出口，其中超过 45% 出口非独联体国家，年外贸额超过 30 亿美元（15 亿美元为出口额）；企业总产值占白工业总产值的 15% 强，占白出口总额的 25%。白俄罗斯化学和石化工业的代表性企业有：莫吉廖夫化纤生产股份公司——欧洲最大的聚酯纤维和纱线生产企业，产品销往欧洲、北美、近东等国家；白俄罗斯钾肥公司——世界最大的钾肥生产企业之一，在独联体国家中排第二位，钾肥产量占世界总产量的 1/6，产品 90% 用于出口，销往欧洲、亚洲、非洲等 89 个国家，2015 年在世界钾肥销售市场上的份额升至 19.3%；纳夫坦和莫吉利炼油厂——白俄罗斯炼油业的代表，前者为欧洲最大的炼油厂，每年初级原油加工能力为 2400 万吨，可生产包括车用汽油、各等级柴油和润滑油在内的 70 多种化工产品，70% 的产品出口欧盟，后者设计加工能力约为每年 1200 万吨原油；白俄罗斯轮胎股份有限公司——欧洲最大的轮胎生产企业，可生产 300 多个型号的各类车辆轮胎，产品销往 70 多个国家，主要市场是俄罗斯。此外，白化学和石化领域的主要企业还包括斯韦特洛戈尔斯克化纤厂、格罗德诺化纤厂、波洛茨克玻璃纤维厂、格罗德诺氮肥厂、戈梅利化工厂等。

（3）冶金业

白俄罗斯冶金业包括黑色冶金和有色冶金，黑色冶金发展强于有色冶金。白黑色冶金业主要从事钢铁冶炼以及钢管、铁管、金属线、五金和其他金属产品的制造。由于本国缺少原材料，白黑色冶金以进口国外原材料和回收废旧金属进行二次加工为主。2003 年后，白冶金业总体保持着高速增长势头，2005～2012 年行业产值年均增长 7.3%，并且是白盈利最高的经济部门，盈利率为 20%～24%，仅次于石化工业。从 2013 年开始，受国内整体经济环境的影响，冶金业发展速度放缓，2013 年和 2015 年行业产值甚至出现负增长，其他年份仅为小幅增长。2017 年产值为 61.32 亿卢布，同比增长 4.1%。2018 年行业产值为 74.19 亿白卢布，同比增长 1.5%。2018 年冶金业产值占加工制造业产值的 7.6%，占工业总产值的 6.7%。截至 2018 年，白从事冶金生产的企业共计 1361 家，白俄罗斯冶金综合体在该行业居统领地位，它包括 8 家以生产电焊接圆形管、钢铸坯、长材、各类线材、金属、螺钉、螺栓、螺母、钉子、成型材料和采暖设备为主的企业，20多家生产钢管、金属管线和各类线材的组织，100多家生产预制件、各类五金工具、金属储存器、储油罐、锅炉、散热器、紧固件等金属制品的组织。白国内冶金产品的最大生产者是白俄罗斯冶金控股公司领导下的白俄罗斯冶金厂。该厂是白俄罗斯五大企业之一，也是欧洲黑色冶金领域最大的企业，专业生产铸钢坯、异型材、型材、钢筋、管材、金属帘线、镀铜线材和其他各类线材。其中金属帘线生产已进入世界前列，拥有金属帘线110多个小类，可生产20种胎圈钢丝和40余种不同强度直径范围在0.15～0.80毫米的各类镀铜金属线材，并可生产Saw Wire线材，为世界领先的轮胎生产商批量供应超强度金属帘线。该厂生产的黑色冶金产品占国内黑色冶金产品生产总量的80%，且产品有80%销往世界100多个国家和地区，俄罗斯和欧洲其他国家与地区是最主要的销售市场。该领域其他的大型企业还有"Речицкий"五金厂、莫吉廖夫冶金厂等。有色冶金企业主要生产硬合金、熔性和耐热性金属，以位于明斯克、戈梅利和莫济里的铸造厂为代表。

（4）轻工业

白俄罗斯轻工业较发达，在国家经济中起重要作用。轻工业主要包括纺织和小家电生产等行业，产品有亚麻、棉、麻、丝、毛等各种面料，地毯，针织服装和针织品，鞋帽，照相机以及冰箱、电视机、洗衣机、吸尘器等。白轻工业以纺织业为主，而纺织业又以麻纺最为突出（奥尔沙亚麻纺织厂是白俄罗斯最大同时也是独联体和欧洲最大的麻纺厂）。白拥有发展纺织工业的优势，如拥有原料基地（亚麻、化学纤维和丝线、纱线、织物、皮革和毛皮原料）和高技能人才，与其他行业相比所需投资不多等。2013年前纺织工业一直处于稳定发展态势，在加工业中所占比重保持在4%以上，占工业产值的比重在4%上下浮动。近年，纺织业生产呈下降态势，2013～2017年其产值比2010年分别增长5.7%、1.6%、-13.6%、-9.5%和-4.9%。2018年行业产值为39.85亿白卢布，相当于2010年的98.9%，占加工制造业产值的4%，占工业总产值的3.6%。截至2018年年底，白纺织、针织、服装生产、皮革和制鞋等

轻工生产企业（组织）有 1615 家，从业人员计 8.5 万人，产品品种达 5000 多种。白纺织工业的龙头是白俄罗斯轻工业康采恩，截至 2017 年，康采恩联合了国内 350 多家纺织、针织、服装生产、皮革和鞋类生产领域的大型企业，其产值占行业总产值的 87%。在轻工生产中，纺织和服装生产约占 77%，皮革、皮革制品和鞋生产约占 23%。2013~2017 年，在纺织、缝纫以及皮革和制鞋业的生产中，除毛毡（地毯）及其制品外，其他的产品产量均呈下降之势。

白家用电器、钟表、录音机、照相机等消费品生产在独联体国家中占重要地位，品牌较有名。2011~2018 年，电视机、收音机、钟表等家用电子产品产量整体呈增长态势，2018 年产量均高于 2011 年，其中钟表产量增长 131%；而电冰箱（冰柜）、洗衣机、吸尘器及家用厨房电器等的产量则下降明显，只有微波炉产量逐年上升，从 2011 年的 30.6 万台增至 2018 年的 85 万台。白家用电器生产企业约有 20 家，其中最有名的是阿特兰封闭型股份公司。该公司可生产多种类的家用冰箱、新一代冰柜、缝纫机及其他家用电器，相当一部分产品出口到国外。中白合资公司"美的－地平线"是白最大的微波炉生产企业，2017 年，公司日生产微波炉 5500 台，年产量可达 100 万台，在白俄罗斯国内微波炉市场占有 23% 的份额。

（5）机器制造业

白俄罗斯机器制造业包括电气设备、计算机和电子光学设备、车辆设备以及其他机器设备的生产，在白制造业中的生产份额约为 15%。2005~2013 年，机器制造业产值平均占加工制造业总产值的 20% 左右；2014~2017 年这一数字有所下降，但总体维持在 15% 左右。2017 年完成产值 128.67 亿白卢布，约占加工制造业产值的 15.5%，占工业总产值的 13.6%。2018 年产值略有增长，为 158 亿白卢布，约占加工制造业产值的 16.1%，占工业总产值的 14.3%。截至 2018 年，白俄罗斯机器制造业企业共计 1229 家，涉及计算机和光学设备生产、电气设备制造、机床制造、汽车制造，农用机械、道路工程和市政建设设备制造，食品、轻工及冶金设备制造等。机器制造业是白重要的出口创汇行业，其中三个重要的生产部门——机械设备制造、车辆及其设备制造和电气设备制造在白外贸总额中的比重为 11.4%。白俄罗斯机器制造业产品的出口市场主要集中在独联体国家，其中俄罗斯占主要地位，俄罗斯是白机器制造产品的传统市场。

白俄罗斯机器制造工业具有较先进的设备和工艺技术，其中汽车和农业机械生产是重要部门，每年约生产 6 万台拖拉机、2 万多辆载重汽车、2000 多辆客车和 2000 多台谷物收割机。该国生产的"白俄罗斯"牌拖拉机、"玛兹"载重汽车、"别拉兹"自卸卡车、"戈梅利"农机以及其他机器制造产品享誉世界。汽车及其设备生产在机器制造业中占的比重最大，约占该行业产品总产值的 24.2%，所生产的载重汽车、客车和特种用途车辆具有很高的专业化水平，重要企业有明斯克汽车制造厂和白俄罗斯汽车制造厂（位于若基诺市），其中白俄罗斯汽车制造厂是世界主要的矿用汽车专业生产商之一，生产的自卸卡车占世界市场份额的 1/3。农业机械制造部门约有 80 家企业，员工超过 5.5 万人，主要生产拖拉机、联合收割机、播种机和农业技术装备，农机备件和配套设备，加工和贸易部门的设备，道路、土壤改良建筑技术设备，供暖设备，工艺装备和工具，通用技术产品。大型农业机械厂有 20 多家，最著名的是明斯克拖拉机厂（全球轮式拖拉机的八大生产商之一，其产品占全球轮式拖拉机销售量的 96%）和戈梅利农机厂。机床制造业也是白俄罗斯机器制造工业的骨干，其代表是白俄罗斯机床工业公司（Белстанкоинстументр），该公司联合了白 25 家机床生产企业和研发机构，生产的机床种类包括机床分类表中的 9 大类机床产品，主要生产切削和组合机床、自动和半自动机床、自动流水线、机器人、锻造机等。其中"MZOR"（明斯克十月机床厂）是白最大的生产大型金属加工机床和重工业用数控中心的制造商。除技术产品外，机床制造厂还制造日用品生产机械、厨房机械、木材加工车床、高性能安全锁、刀具和汽车配件等。仪器仪表制造业主要分布在明斯克、布列斯特、维捷布斯克、戈梅利等市，目前约有 5 家企业，主要生产电子测量和分析仪器、称重设备、电钻、电风扇、汽车吸尘器和其他消费品。

电子和光学设备制造从前是国防综合体的一部分，现在这个行业越来越多地面向市场。该行业约有 10 家企业，产品包括光学观测设备，幻灯机，日间和夜间瞄准器，用于光学生产的零件加工机床，用于光学仪器、陶瓷、金属和冰箱压缩机涂层的真空装置，激光医疗器械，煤气表，汽车和拖拉机配件及其他民用消费品。该领域的知名企业是白俄罗斯 "OMO" 控股公司，专业生产激光、光电和光学机械设备及系统，还生产望远镜、夜视装置等产品，公司近年的创新项目是生产国产热像仪。

白俄罗斯在电子特别是在微电子领域有着强大的研发能力和世界领先的集成电路生产能力，长期为俄罗斯提供尖端配套设备，并向中国提供了多套集成电路生产设备。该国电子行业有上百家企业（其中电气行业 15 家），主要生产电缆导线制品、非同步电动机、强功率和小功率变压器、低压设备、电子照明器材、电梯、电子起动调节器、气体放电灯触发器、接近开关、强功率半导体和整流器件、电动机控制系统等产品。为适应市场需求并提高企业竞争力，白电子及电工器材企业均进行了转型，研发制造科技含量高的新型产品，如检测和诊断设备、新生儿保温箱、人工心脏瓣膜等医疗器械。该行业主要企业包括：白俄罗斯集成电路公司 "Integral"，它是白俄罗斯最大的集生产研发于一体的企业，也是中东欧最大的生产半导体电子元器件和集成电路的企业，保证了世界时钟集成电路需求的 60%，所生产的产品广泛用于民用、军事领域。世界上 50% 的手表芯片使用的是该厂的产品。"磐石" 电子生产联合企业是白最大的陶器电容器、电子技术工艺设备和电子日用品生产厂家。"普拉纳尔" 电子科学生产联合企业，是世界上使用所有种类微电子组装设备的研究和制造者。在无线电技术领域，白有 60 多家科学生产联合企业、工厂、科学研究所和工艺设计研究所，生产规模占独联体国家的 1/3，产品不仅在独联体市场销售，也在独联体以外的市场销售。主要产品有通用软件和硬件、专业和家用电脑、电子自动电话交换台、各种自动工作台、电信和电子产品、车用电子设备、电子柜员机、测量仪器、家用电子产品、医疗设备等。该领域的龙头企业是生产彩色和黑白电视机、DVD、收音机、电缆电视系统、音响系统、家庭影院等产品的 "地平线" 公司与生产彩色和黑白电视机、卫星接收系统、家具、医用产品和消防技术产品的"勇士"公司。这两家企业目前生产的彩色电视机质量较高，工业品艺术设计和使用功效均具有国际水平。电工器材领域的主要企业包括：以科兹洛夫命名的明斯克电工厂，该厂可生产具有国际水平的电工设备，是白最大的电力变压器生产厂家，其产品出口 16 个国家，在行业中处于国际领先地位；莫吉廖夫电梯厂是在独联体地区和其他国家拥有较高声誉的电梯生产厂家，可生产 130 多种型号的高品质电梯，研发生产了残疾人升降平台和节能电梯，计划研发生产用于购物中心、火车站等公共场所的自动扶梯；白俄罗斯电缆有限公司是一家现代化企业，生产销售电线电缆产品，其产品被广泛应用于无线电电子、航空技术设备、仪器仪表、建筑、通信、电气工程以及天然气、石油产品加工领域；布列斯特无线电设备厂，主要生产分层开关、个人电脑、电加热器具等产品。

（6）木材加工和造纸业（包括印刷业和记录媒体复制）

白俄罗斯森林资源丰富，为森林、木材加工和纸浆造纸业的发展提供了雄厚的物质资源基础，再加上优越的地理位置和良好的交通运输条件，白木材加工和造纸业近年发展势头良好，除 2015 年行业产值出现负增长外，其他年份的产值均为正增长，在工业总产值中的比重也逐年提高。2018 年，该行业共有生产企业 2340 家，完成产值 51.12 亿白卢布，同比增长 13.8%，占加工业产值的 5.2%，占工业总产值的 4.6%（2011 年为2.7%）。该行业主要包括森林采伐、木材加工、造纸和印刷品生产。森林采伐是整个行业发展的基础，主要任务是采伐木材、初级加工及运材。目前，白每年采伐木材和薪材约 1000 万立方米，可满足国内 80%～85% 的需求。木材加工业是林业中的重要生产部门，主要包括锯材、胶合板、火柴及家具生产，以及标准房屋和木质建筑部件制造，其产值约占木材加工和造纸业产值的 62%，占加工制造业产值的 2%。纸浆造纸业主要从事纸浆、各类纸品生产以及杂志、画册和各类纸质办公用品生产，其产值约占木材加工和造纸业产值的 35%。目前，白木材加工和造纸业的大部分生产任务由白国家木材纸业康采恩承担。该康采恩联合了国内 50 多家企业组织，主要有三大生产领域，即木材加工、家具制造、造纸及林化工，其中家具制造约占该康采恩产值的 40%，造纸及林化工约占 35%。

2. 采矿业

白境内已发现 30 种矿产，近 5000 处矿体，主要矿产有钾盐、泥炭、岩盐、石油、油页岩、石灰石、白云石、磁灰石、耐火黏土、砾土，以及褐煤、铁矿和铜、镍、铝、锌、钼等一系列有色金属矿。白俄罗斯矿产资源的主要特点是：非金属矿较丰富，自给有余；黑色金属和有色金属矿缺乏；石油、天然气等燃料 - 能源矿藏远不能满足本国需要。目前，白已探明碳氢化合物矿床 83 处，其中有 60 处正在开采；1200 处固体燃料、金属和非金属矿床，其中 415 处处于开采状态。白燃料 - 能源矿产资源包括石油、天然气、泥炭、褐煤和油页岩。石油和天然气的开采量只能满足本国一小部分需求，并且这种状况以后也不会有太大改变；泥炭储量丰富，据 1995 年白政府公布的数据，白泥炭主要分布在南部和中部，分布面积达 250 万公顷，占国土面积的 12.3%，储量为 50 亿吨，占独联体的 36%，但由于近年白经济发展消耗了大量泥炭资源，目前泥炭估计总储量减为 30 亿吨，其中可用于工业开采的只有 2.4 亿吨，大部分不能开采的都位于自然保护区内或属于国家土地储备（基金）的一部分；油页岩主要集中于南部地区，面积超过 2 万平方公里，储量约为 110 亿吨，它被认为是发展能源、化工和建筑材料生产的潜在能源基础；褐煤矿 3 个，储量 10 亿多吨。白境内的黑色和有色金属矿有一定的发展前景，发现有两处级别为 A + B + C1 类的铁矿，储量为 3.4 亿吨（预测储量为 15 亿吨）。在非金属矿藏中，化学和农业化学原料较为丰富，主要包括钾盐、岩盐、磷矿、腐泥等。其中钾盐是白最具价值的矿产，其工业储量排名欧洲第一位。岩盐储量极为丰富，已勘探出的 3 处矿床储量就已超过 220 亿吨。用于建筑材料生产的矿产原料也很丰富，储量最大的有水泥原料、白云石、建筑和装饰石材、黏土、硅酸盐和砂石等，但缺乏用于生产高质量砖块的玻璃砂和黏土。

白采矿业主要开采泥炭、石油、天然气、铁矿、有色金属和稀有金

属、钾盐和岩盐等,在白工业生产中所占份额不大。2011 年采矿业企业
共有 30 家,2017 年增至 35 家,2018 年减至 28 家。2011～2018 年,采矿
业产值整体呈增长态势,占工业总产值的比重保持在 1.3% 左右。2018 年
产值为 14.9 亿白卢布,同比增长 3.1%,比 2010 年增长 54.9%,占工业
总产值的 1.3%。在矿业开采领域,钾盐开采在白占有重要地位。截至
2018 年,白钾盐储量超过 70 亿吨,约占世界总储量的 8%,年开采能力
为 4000 万吨①,实际开采量约为 2500 万吨(2017 年)。据国际肥料工业
协会的资料,白俄罗斯企业生产的钾肥占世界钾肥产量的 1/7,其中白俄
罗斯钾肥公司是世界最大的钾肥生产企业之一,也是独联体第二大钾肥生
产企业,其产品销往欧洲、亚洲、非洲和南北美洲的 90 个国家。白俄罗
斯钾肥公司旗下有 4 个矿区,每个矿区的开采能力为每年 600 万吨。该
公司在世界钾肥销售市场上所占的份额达 19.3%,是白最盈利的企业。
因本国石油储量不多,因此白石油开采量一直不大,2005～2017 年整
体呈递减态势,从 178.5 万吨降至 165 万吨,只能满足本国需求的
12%～13%。天然气开采量每年约为 2 亿立方米,需从俄罗斯大量进
口天然气。2014 年前泥炭开采量每年均在 200 万吨以上,之后开采量
出现大幅下降,2017 年又增至 200 万吨以上,2018 年达 263.3 万吨
(见表 4 - 5)。

表 4 - 5　2011～2018 年主要矿物资源开采量

年份	2011	2012	2013	2014	2015	2016	2017	2018
原油(千吨)	1681	1660	1645	1645	1645	1645	1650	1670
天然气(百万立方米)	222	218	228	222	225	215	205	211
泥炭(千吨)	3126	2949	2433	1648	1264	1628	2192	2633
燃料泥炭	2704	2679	2269	1433	1000	1457	2034	2354
农用泥炭	422	267	164	216	237	164	151	269

---

① Минприроды. Калийной соли Беларуси хватит еще на 175 лет при текущих уровнях
добычи. https：//naviny. by/new/20180328/1522238345 - minprirody - kaliynoy - soli -
belarusi - hvatit - eshche - na - 175 - let - pri - tekushchih.

续表

年份	2011	2012	2013	2014	2015	2016	2017	2018
盐（不包括食用盐，千吨）	2193	1741	2177	1391	1647	2076	2628	2903
饲料盐	79	72	79	71	68	71	77	77
工业盐	2114	1669	2098	1321	1579	2004	2551	2826

注：本表数据为原资料数据，可能存在四舍五入的情况。

资料来源：Промышленность Республики Беларусь. Статистический сборник，2017 – 2019 гг.，Минск. http：//www. belstat. gov. by/ofitsialnaya – statistika/publications/izdania/public _ compilation/。

目前，白钾盐、岩盐、白云石、泥灰岩、硅酸盐砂、建筑石材、黏土原料、腐泥和泥炭等矿藏尚未得到充分开发，政府将在已探明矿床的基础上投资 35 亿美元实施开发项目。

3. 能源动力工业

白俄罗斯能源动力工业是国民经济中的一个重要行业，它包括主要能源（天然气、石油及石油产品、固体燃料、电力和热能）的开采、运输、储存、生产和分配。其管理部门是白俄罗斯能源部，负责制定和实施国家能源政策。能源动力工业划分为燃料工业（石油、天然气和泥炭）及电力工业，拥有先进的生产基础设施（包括石油和天然气管道及高压电网），生产全国 24% 的工业产品，占用了工业固定资产投资的 1/4（白工业固定资产投资集中了 22.8% 的工业生产固定基金），从业人员占整个工业就业人数的 5.3%。电力工业是白能源动力工业的核心行业，负责生产、输送及分配电能和热能，其产值约占工业总产值的 10%。白电力工业是一个不断发展的、高度现代化的综合体，实行共同的运作模式和统一的集中管理。该行业发展较快，拥有传统工程技术潜力，以 22 座大型电站和 25 座地区锅炉站为主，还包括 7000 公里左右的高压输电主干线和 25 万公里左右的高压配电线路以及 2000 多公里的供热管网。2010～2018 年，白年发电量保持在 330 亿～390 亿千瓦时，其中热电站的发电量占 99.9%。2018 年白全国发电量为 389.3 亿千瓦时，其中 98.6%（383.9 亿千瓦时）为热电、水力发电 3.24 亿千瓦时、风力发电 9900 万千瓦时、太阳能发电为 1.18 亿千瓦时（见表 4 – 6）。

表 4 - 6　2010～2018 年白俄罗斯电力情况

年份	2010	2011	2012	2013	2014	2015	2016	2017	2018
发电量（亿千瓦时）	348.9	322.0	307.9	315.0	347.4	342.3	335.7	345.2	389.3
热电（亿千瓦时）	348.4	321.6	307.2	313.5	346.1	340.7	333.3	339.3	383.9
水力发电（亿千瓦时）	0.45	0.42	0.72	1.38	1.21	1.11	1.42	4.06	3.24
风力发电（百万千瓦时）	1	4	6	8	9	39	73	97	99
太阳能发电（百万千瓦时）	—	—	—	0.4	2	9	26	89	118
电力进口（亿千瓦时）	29.7	57.4	79.0	67.2	38.3	28.2	31.8	27.3	0.5
电力出口（亿千瓦时）	2.7	1.5	3.0	3.5	5.1	1.9	1.6	1.5	10.4

资料来源：http://www.belstat.gov.by/upload/iblock/838/83833f3a814d4e45f4e7d178a 3432b69.pdf。

　　白俄罗斯电站分为热电站和水电站。热电站主要有两种类型——冷凝电站（火电厂）和热力电站（热电联产）。截至 2019 年年初，白热电站总装机容量约为 1 万兆瓦，包括全国排名前两位的卢克莫里冷凝电站（装机容量为 2889.5 兆瓦，发电量占全国的 40%）和别列佐夫冷凝电站（装机容量为 1255.12 兆瓦）；10 个高压热力电站——明斯克 4 号（1035 兆瓦）、3 号（442 兆瓦）、5 号（719.6 兆瓦）热电站，戈梅利 2 号热电站（544 兆瓦），莫吉廖夫 2 号热电站（347.3 兆瓦），新波洛茨克热电站（270 兆瓦），斯韦特洛戈尔斯克热电站（155 兆瓦），莫济里热电站（205 兆瓦），博布鲁伊斯克 2 号热电站（182.6 兆瓦），格罗德诺 2 号电站（302.45 兆瓦）[①]；29 个小型热电站。此外，白电力系统中还运行着 49 个总装机容量超过 30 兆瓦的小型水电站、14 个功率为 6.5 兆瓦的风力发电以及装机容量约为 715 兆瓦的工业企业电站联盟（блок-станция промышленных предриятий）。在电力系统的总装机容量中，冷凝电站占 42.9%，高压热力电站占 43.7%，小型热力电站占 6%，其他占 7.4%。

　　白各类能源基础设施（电站、油气管道等）大多建于 20 世纪 60～70 年代，由于年代久远造成目前设备老化、能效利用率低的现象，再加上本国燃料资源、水资源和核能发电站储备严重匮乏，白俄罗斯电力能源中进

————————

① http://www.energo.by/.

口的天然气份额高达90%。为了加强能源安全、减少进口能源需求量和有效利用资源，白俄罗斯逐步在电力能源领域进行现代化改造。为此政府颁布了一系列优先发展能源产业的国家级纲领性文件，同时确定走燃料能源平衡多样化道路，最大限度地合理利用各类原产地燃料，优先使用非传统能源和可再生能源，减少对天然气等传统能源的消耗，改革电力价格补贴制度，并于2020年前实现电力系统的非公有化和私有化过程。

未来，核能将在白燃料能源部门中占据重要地位。2008年白决定在本国建造核电站，2013年11月，白首座核电站在格罗德诺州开工建设。该核电站将建造两个发电机组，总装机容量达2400兆瓦，预计分别于2018年夏季和2020年试运行。这座核电站的运行可使白电力生产成本降低20%，同时每年可以减少36亿~37亿立方米的天然气需求。另外，白还将进一步开发国内的生物能、风能、水电等可再生能源，对一些在苏联时期建设的电站进行现代化升级改造，并新建一批燃煤、燃气电站、水电站等。为此，政府计划投资51.67亿美元。

二　农业

（一）概况

1991年独立前白俄罗斯农业就较发达，普遍实现机械化生产。该国地势平坦，土壤肥沃，水资源充足，气候良好，化肥产量和农业机械化程度高，具有发展农业生产的良好条件。独立前该国农业发展速度较快，以只占全苏1.2%的农业用地生产出全苏5.9%的农产品，产量居全苏第5位。1990年该国农业劳动生产率为全苏平均水平的128%，居全苏第4位。独立后头5年（1991~1995年）因受总体经济衰退的影响，农业生产也随之下降。1995年因国家加强对农业的投入，农业形势趋于好转，1996年农业产值开始回升。此后，该国农业生产基本稳定，没有大起大落，升降幅均为一位数。进入21世纪，农业生产大体保持正增长，基本能满足本国的粮食及食品需求。

白俄罗斯农业分为种植业和畜牧业两大生产部门。种植业中以谷物、豆类作物和饲料作物为主，畜牧业以养牛、养猪为主。白农业生产基本能保证本国的粮食需求，进口量不超过总需求量的10%。人均农产品产量已达到发达国家水平，并且在很多方面（土豆、甜菜、肉、奶）领先于独联体其他国家。近年，白对农业的固定资产投资占固定资产总投资的比重呈波动减少态势，从 2010 年的 16.7% 降至 2018 年的 9.8%。同时，农业产值占国内生产总值的比重也呈现类似发展态势，2010 年农业产值为 35.5 万亿白卢布，占国内生产总值的 20.8%，2018 年为 188.4 亿白卢布，占国内生产总值的 15.5%（见表 4-7）。2012~2018 年，农村居民数量持续减少，从 224.29 万人减至 204.6 万人，农村人口占全国总人口的比重从 23.7% 降至 21.6%；农村劳动力人口从 118 万人减至 104 万人，减少 11.86%。截至 2018 年，白农业用地为 850.2 万公顷，约占国土总面积的 41%，其中耕地面积为 572.7 万公顷、草场面积为 265.3 万公顷。农业从业人员为 43.4 万人，占经济就业人口的 9.7%。农业生产领域共有 1389 家农业组织、2700 个农场以及约 100 万块个人农副业用地，三者对农业产值的贡献率分别为 79.1%、2.2% 和 18.7%。农业组织和农场大部分为国有制及集体所有制，两者占用的农业用地占农业用地总面积的 89.4%（两者分别占 87.4% 和 2%），农产品产量合计占总产量的 81%（两者分别占 79.1% 和 1.9%）。

表 4-7 2010~2018 年农业产值

年份	2010	2011	2012	2013	2014	2015	2016	2017	2018
农业产值（万亿白卢布，2016 年开始为亿白卢布）	35.5	54.2	94.8	103.8	129.0	135.4	155.1	180.4	188.4
种植业产值	19.6	27.8	42.6	47.1	61.4	60.6	71.8	84.6	85.3
畜牧业产值	15.9	26.4	52.2	56.7	67.6	74.8	83.3	95.8	103.1
农业产值（与上年相比，%）	102.5	107.5	106.0	96.0	103.1	97.5	103.3	104.2	96.7
种植业产值（与上年相比）	101.3	111.4	106.2	91.5	109.6	90.3	105.9	106.2	93.9
畜牧业产值（与上年相比）	103.8	102.8	105.8	99.5	97.1	104.8	101.0	102.4	99.2

注：各类产值数据根据现行价格计算，同比数据根据可比价格计算。

资料来源：Сельское хозяйство Республики Беларусь. Статистический сборник, 2019 г., Минск. http：//www.belstat.gov.by/upload/iblock/429/429ae6b65d2b59e6e9f9e108ce690fbf.pdf。

（二）种植业

白俄罗斯土壤肥沃，雨量充沛，土地和气候条件较适宜发展农业生产。2011～2018年，虽然该国农业用地面积逐年微弱递减（共减少39.59万公顷），但耕地面积却保持增长态势，2018年达572.73万公顷，7年增加21.68万公顷。农业组织占用的耕地面积最大，占87.4%，其次是个人农副业用地，约占9.8%，家庭农场仅占2.4%。白种植业以种植温带传统农作物为主，如大麦、黑麦、小麦等谷物，糖用甜菜、亚麻等经济作物，以及土豆和饲料作物。2018年，谷物和豆类作物、饲料作物、经济作物的播种面积分别占播种总面积的40.4%、44.4%和9.4%。在谷物种植中，居前三位的是小麦、大麦和小黑麦；经济作物则以种植油菜、甜菜和亚麻为主（见表4-8）。水果和浆果种植近年发展较快，虽然种植面积从2010年的10.75万公顷降至2018年的9.71万公顷，但产量增长较快，2013年为45.61万吨，2018年增至95.38万吨（见表4-9）。

表4-8 2010～2018年白农作物种植结构

单位：万公顷

年份	2010	2011	2012	2013	2014	2015	2016	2017	2018
播种总面积	559.9	573.8	582.7	573.9	586.1	586.9	584.5	583.4	581.5
谷物和豆类作物	257.7	263.2	272.3	262.7	263.9	240.6	238.6	243.0	234.8
黑麦	35.2	33.5	39.9	33.3	32.3	25.2	24.2	25.8	25.4
小麦	61.1	65.3	72.0	69.7	74.5	73.7	71.4	72.1	66.9
小黑麦	44.4	41.9	49.3	45.1	52.8	51.2	50.2	49.3	43.6
大麦	69.1	68.6	56.4	58.7	55.2	50.7	45.5	45.5	44.3
燕麦	18.4	16.6	13.4	13.7	15.2	15.4	14.8	16.2	15.6
谷物玉米	11.3	18.6	19.4	20.4	11.7	5.3	12.6	13.4	17.5
荞麦	3.1	4.2	4.4	3.3	2.0	1.4	1.4	1.8	1.9
豆类作物	13.8	12.1	15.6	16.5	18.5	16.0	16.4	17.0	17.4
经济作物	49.9	50.0	65.2	60.6	58.9	42.1	39.0	51.8	54.7
亚麻	6.2	6.8	6.4	5.7	4.8	4.5	4.6	4.7	5.0
甜菜	9.7	10.1	10.0	10.2	10.6	10.3	9.7	10.1	10.2

续表

年份	2010	2011	2012	2013	2014	2015	2016	2017	2018
油菜	32.6	31.8	43.9	41.7	41.4	25.9	22.9	33.9	35.9
土豆	37.1	34.5	33.5	30.9	31.0	31.4	29.5	27.7	*27.4
蔬菜	8.6	7.3	6.5	6.6	6.9	6.6	6.6	6.3	6.2
饲料作物	206.6	218.8	205.1	213.1	225.3	266.3	270.9	254.6	258.3

资料来源：Сельское хозяйство Республики Беларусь. Статистический сборник. , 2019 г. , Минск. http：//www. belstat. gov. by/upload/iblock/429/429ae6b65d2b59e6e9f9e108ce690fbf. pdf。

表 4 - 9　2010 ~ 2018 年白主要农作物产量

单位：万吨

年份	2010	2011	2012	2013	2014	2015	2016	2017	2018
谷物和豆类作物	698.8	827.3	922.6	760.0	956.4	865.7	746.1	799.3	615.1
黑麦	73.5	80.1	108.2	64.8	86.7	75.3	65.1	67.0	50.3
小麦	173.9	213.2	255.4	210.1	292.5	289.6	234.0	262.0	181.5
小黑麦	125.4	131.1	181.8	127.3	207.6	192.9	164.2	160.7	101.5
大麦	196.6	197.9	191.7	167.3	198.8	184.9	125.3	142.0	94.4
燕麦	44.2	44.8	42.2	35.1	52.2	49.2	39.0	46.0	34.2
荞麦	1.8	4.5	3.9	3.0	1.8	1.2	1.3	1.8	1.8
谷物玉米	55.1	121.3	95.4	112.0	59.9	22.3	74.1	69.4	113.8
黍米	1.9	2.6	1.8	2.0	1.0	1.0	2.8	1.8	2.0
豆类作物	26.2	29.2	39.8	36.7	53.0	47.0	38.6	46.4	33.7
亚麻纤维	4.6	4.6	5.2	4.5	4.8	4.1	4.1	4.2	4.0
甜菜	377.3	448.7	477.2	434.3	480.3	330.0	427.9	498.9	480.6
油菜	37.5	37.9	70.4	67.6	73.0	38.2	26.0	60.2	45.6
土豆	783.1	714.8	691.1	591.4	628.0	599.5	598.6	641.5	586.5
蔬菜	233.5	181.6	158.1	162.8	173.4	168.6	189.1	195.9	174.6
水果和浆果	—	—	63.04	45.61	62.87	55.28	70.50	47.31	95.38
饲料玉米	1784.9	2522.4	2275.5	2368.9	2002.5	1734.8	2328.1	2180.8	2006.9
饲料作物和根茎类作物	—	—	123.2	84.9	70.0	40.4	29.3	27.9	27.8

资料来源：Сельское хозяйство Республики Беларусь. Статистический сборник, 2018 г. , Минск. http：//www. belstat. gov. by/upload/iblock/414/414e12ffeef25173cde661891ff60df5. pdf。

在各类农作物中，土豆和亚麻品质优良，是驰名独联体乃至世界的两大传统农产品，其中亚麻种植面积占世界亚麻种植面积的21.2%，产量居世界第3位，在世界22大亚麻生产企业中，白俄罗斯企业占据了前5位。其他农作物产量的世界排名分别为：蔓越莓——第7位、黑麦——第5位、甜菜和草莓——第15位。

（三）畜牧业

白俄罗斯畜牧业较发达，自动化水平较高。独立初期产值约占农业总产值的3/4，之后随着种植业的发展，其产值在农业总产值中的占比逐渐下降，近年稳定在50%左右。2018年畜牧业产值为103.1亿白卢布，占农业总产值的54.7%。该国畜牧业以养牛和猪为主，此外还饲养羊、马和各种家禽。养兽业（饲养褐狐、水貂和大水鼠等）和养蜂业也在不断发展中。独立前该国牲畜存栏数的人均占有量在全苏名列第1，而且超过许多西方发达国家，是全苏肉、奶的主要产区之一。独立后由于本国饲料以及其他原加盟共和国提供的饲料减少，畜牧业发展连年衰退，牲畜存栏数逐年下降，2007年后恢复增长，但整体水平仍不及1995年：1996~2018年，牛的存栏数从505.4万头减至434.1万头，其中奶牛数量从213.7万头减至149.8万头，猪的存栏数从389.5万头减至284.1万头，羊的数量从26.2万只减至15.1万只，马的数量从22.9万匹减至4.3万匹；家禽数量一直呈逐年递增态势，从2640万只增至5116.5万只（见表4-10）。1990年禽畜产品产量（屠宰重）、奶产量分别为118.11万吨和745.7万吨，占全苏产量的6%和7%，在全苏各加盟共和国中分别居第4位和第3位。之后产量持续下降，2000年分别减至59.8万吨和449万吨。进入21世纪禽畜产品产量恢复增长，2008年禽畜毛重增加120.9万吨，略超1990年水平，至2018年已达172.9万吨；奶产量则在波动中逐步增长，2018年增至734.5万吨，接近1990年水平（见表4-11）。

表4-10　1995~2018年家禽、家畜存栏数

年份	1995	2000	2005	2006	2007	2008	2009	2010	2011	2012
牛（万头）	505.4	422.1	398.0	398.9	400.7	413.1	415.1	415.1	424.7	436.7
奶牛（万头）	213.7	184.5	156.5	150.6	145.9	145.2	144.5	147.8	147.7	151.9
猪（万头）	389.5	343.1	354.5	364.2	359.8	370.4	378.2	388.7	398.9	424.3

续表

年份	1995	2000	2005	2006	2007	2008	2009	2010	2011	2012
羊(万只)	26.2	15.4	12.1	12.2	12.4	12.6	12.7	12.4	12.5	13.3
马(万匹)	22.9	21.7	16.8	15.6	14.7	13.7	12.5	11.3	10.0	9.2
家禽(百万只)	26.4	27.4	28.5	28.7	29.4	31.2	34.1	37.5	39.9	42.4

年份	2013	2014	2015	2016	2017	2018
牛(万头)	432.2	436.4	435.6	429.9	436.2	434.1
奶牛(万头)	152.5	153.3	151.2	150.2	150.0	149.8
猪(万头)	326.7	292.5	320.5	314.5	315.6	284.1
羊(万只)	13.1	14.1	15.3	15.8	15.5	15.1
马(万匹)	8.2	7.3	6.4	5.5	4.9	4.3
家禽(百万只)	45.7	48.2	48.5	49.5	50.7	51.2

资料来源：http：//www. belstat. gov. by/ofitsialnaya – statistika/realny – sector – ekonomiki/ selskoe – hozyaistvo/selskoe – khozyaystvo/godovye – dannye/pogolove – skota – i – ptitsy/。

表 4 – 11　1995 ~ 2018 年主要禽畜产品产量

单位：万吨，亿只

年份	1995	2000	2005	2006	2007	2008	2009	2010
禽畜毛重	99.5	85.4	102.4	112.1	117.6	120.9	133.5	140.0
禽畜屠宰重	65.7	59.8	69.7	76.7	81.6	84.2	92.1	97.1
奶	507.0	449.0	567.6	589.6	590.4	622.5	657.7	662.4
蛋	33.7	32.9	31.0	33.4	32.3	33.1	34.3	35.4
年份	2011	2012	2013	2014	2015	2016	2017	2018
禽畜毛重	146.4	155.7	166.9	154.8	166.1	167.8	167.6	172.9
禽畜屠宰重	102.0	109.2	117.2	107.3	114.9	117.2	120.8	122.6
奶	650.0	676.6	663.3	670.3	704.7	714.0	732.1	734.5
蛋	36.6	37.8	38.5	38.6	37.5	36.2	35.6	33.6

资料来源：http：//www. belstat. gov. by/ofitsialnaya – statistika/realny – sector – ekonomiki/selskoe – hozyaistvo/osnovnye – pokazateli – za – period – s – _ _ – po – _ _ _ _ gody_ 6/proizvodstvo – osnovnyh – vidov – produktsii – zhivotno_ 2/。

目前，白牛奶产量占世界总产量的 0.9%，在独联体国家中居第 4 位。人均牛奶产量达 775 公斤，在独联体国家列第 1 位，居世界前列，领先于美国、中国等国家。肉类产量占世界总产量的 0.4%，人均屠宰量为 129 公斤，超过俄罗斯、乌克兰、哈萨克斯坦和中国，且人均肉产量是这几国的两倍。因此，白肉、蛋、奶产品不仅可以满足国内需求，部分优质产品还出口独联体及欧洲其他国家。白是世界 15 大奶制品出口国之一，其中黄油出口排名世界第 7 位，乳酪、酸奶、乳酸饮料出口排名世界第 8 位，奶油出口排名世界第 7 位，牛奶、浓缩凝乳和干凝乳排名世界第 13 位，乳清出口排名世界第 15 位。同时，白还进入世界肉类出口排名前 30 的国家之列，其中牛肉出口排名世界第 18 位，禽肉出口排名世界第 17 位。

（四）水产业

白俄罗斯境内共有 2.08 万条河流、1.08 万个湖泊和 9000 多个沼泽。江河湖泊众多，水域纵横遍布全国，丰富的水资源为该国水产业发展提供了良好的条件。由于白是内陆国家，所以其水产业的特点是以内陆水域天然捕捞为主，以人工饲养为辅。该国水产业的缺陷是无出海口，因而无海产品，所需海产品须从俄罗斯、乌克兰、波罗的海国家等邻国进口。白水库和河流中生活着 56 种鱼，其中具有捕捞价值的有 20 多种。主要水产品种类为：鱼科主要有鲤科、鲱科和鳟科等各种鱼类；甲壳纲主要有河虾、淡水蟹和各种螺类水产品。根据近年来对湖泊、河流和水库鱼类捕捞的统计，75% 的捕捞鱼种为鲤鱼、鳊鱼和鲫鱼三类鱼。此外，白鲑鱼不超过 0.2%，鳗鱼 1.9%，大型鱼类（梭鱼、鲇鱼、鲈鱼和鲢鱼）4.4%。目前白国内有 281 个承租人（包括国有渔场）经营着 600 多个湖泊和水库（水域面积约为 1200 平方公里），水产业从业人员共计 2100 人。①

据该国公布的数据，独立前的 1990 年捕鱼量（系指国家捕鱼数，不包括私人捕鱼）为 1.96 万吨。独立初期水产业衰退。1991 年捕鱼量降为 1.55 万吨，到 1995 年降为 5100 吨，只相当于独立前 1990 年

---

① http：//belmelio. prosite. by/index_ f. php？id = 443.

的 26%。自 1996 年起，水产业恢复正常发展。2012 年捕鱼量接近 1990 年水平，为 1.78 万吨。之后几年略有下降，2018 年捕鱼量约为 1.17 万吨，其中大部分为人工水体捕捞（1.1 万吨）；排在前三位的鱼种分别为鲤鱼（8163.5 吨）、白鲢鱼（476.1 吨）和鲑鱼（459.3 吨）（见表 4 - 12）。

表 4 - 12　2013 ~ 2018 年白俄罗斯捕鱼量

单位：吨

年份	2013	2014	2015	2016	2017	2018
捕鱼总量	15001.9	11923.6	10410.9	11251.3	10370.2	11716.9
其中：						
天然水域	823.4	760.6	870.7	639.8	725.6	731.0
人工水域	14178.5	11163.0	9540.2	10611.5	9644.6	10985.9
鲤鱼	9879.1	7210.9	6454.8	7888.4	7343.1	8163.5
白鲢鱼	1869.9	1876.9	1271.0	541.0	329.3	476.1
草鱼	625.0	402.8	256.9	314.0	255.9	210.6
鲑鱼	54.7	78.6	79.1	338.6	284.4	459.3
鲟鱼	73.1	90.9	80.0	94.4	141.0	97.7
鲇鱼	68.8	20.6	24.0	14.0	13.1	15.7
其他*	929.8	909.0	904.2	1113.4	952.9	1020.9

注：* 此处其他是除鱼之外的水产品，不在捕鱼总量之列。

资料来源：http://www.belstat.gov.by/ofitsialnaya - statistika/realny - sector - ekonomiki/selskoe - hozyaistvo/rybnoe - khozyaystvo/godovye - dannye/promyslovyy - ulov - ryby/。

（五）林业

白俄罗斯森林资源丰富。截至 2018 年 1 月 1 日，森林总面积为 958.2 万公顷，森林覆盖率达 39.8%，木材蓄积量为 17.96 亿立方米。从人均方面看，白人均占有林木面积约 0.9 公顷，人均木材蓄积量为 180 立方米，比欧洲平均水平高出 1 倍。白森林资源包括自然林和人工林。自然林中松树占 50.6%、桦树占 23.2%、云杉占 9.3%、赤杨占 8.6%、橡树占 3.4%，其他树种占 4.9%。人工林面积约占森林总面积的 23%，每年人工造林面积为 2 万 ~ 2.5 万公顷。在白俄罗斯广袤的森林中生存着大量野

111

生动植物，其中不乏稀有和濒临灭绝的品种。珍稀动物包括哺乳类、鸟类、爬行类、两栖类和鱼类，它们在白野生动物中的占比分别为 24.1%、21.1%、28.6%、15.4% 和 13.2%。而珍稀植物包括维管植物（4.7%）、苔藓类植物（7.8%）、地衣（3.7%）、藻类植物（0.9%）、菌类植物（0.8%）。

为保护森林资源，白对森林砍伐进行严格限制，近年砍伐面积逐年减少，从 2011 年的 57.83 万公顷减至 2017 年的 45.1 万公顷。在砍伐森林后会进行大面积的森林恢复和更新，包括植树以及促进森林的自然再生和幼林保护，2017 年恢复和更新森林面积约 4 万公顷；同时对珍贵树种进行保护，每年培植相当数量的珍贵树种，2017 年珍贵树种种植面积也近 4 万公顷。在防止森林病虫害和森林火灾方面，主要用生物方法防治病虫害，用航空方法防治火灾。2011～2017 年，平均每年用生物方法防治病虫害 2 万公顷以上，用航空方法防治火灾每年保持在 950 万公顷左右（见表 4 -13）。

表 4 -13　2011～2018 年森林保护活动

单位：万公顷

年份	2011	2012	2013	2014	2015	2016	2017	2018
森林更新和造林	3.05	3.11	3.03	3.23	3.31	3.72	4.04	4.34
促进森林自然再生及幼林保护	0.52	0.64	0.65	0.61	0.66	0.56	0.62	0.69
植树造林	2.53	2.47	2.38	2.62	2.65	3.16	3.42	3.65
珍贵树种种植	5.17	5.23	5.84	5.92	5.40	4.46	3.99	3.73
森林砍伐	57.83	54.50	53.53	52.39	46.69	48.75	45.10	49.91
病虫害防治								
生物方法	2.28	2.37	3.51	2.39	2.25	2.16	2.35	4.73
化学方法	0.17	0.07	0.06	0.04	0.04	0.14	0.11	0.07
利用航空方法进行森林防火	936.40	937.50	941.0	942.0	946.10	952.60	956.00	957.00

资料来源：Охрана окружающей среды в Республике Беларусь. 2019 г. http：//www. belstat. gov. by/upload/iblock/966/96612b440315a66a33f44632486cc959. pdf。

三 交通通信业

交通通信业主要包括交通运输、仓储物流和邮政通信。近年该行业在白俄罗斯发展较快，行业产值逐年快速增长。2009 年其行业产值为 10.47 万亿白卢布，占国内生产总值的 7.4%，2018 年行业产值为 137.37 亿白卢布，占国内生产总值的 11.3%。交通运输是白国民经济的传统重要部门之一，通信（信息通信）则是国家近年优先发展的经济部门。

（一）交通运输

白俄罗斯是独联体交通运输业较发达的国家，是欧洲交通走廊和欧亚大陆桥的重要组成部分。该国铁路、公路、航空、河运等各种运输网四通八达，拥有较齐全的交通运输基础设施，具有交通运输的优势。近年，白连接东西欧及连接欧亚与亚太地区的交通枢纽地位日益凸显，交通运输业成为白服务业中最重要的行业之一。2017 年，从事交通运输业的单位组织共计 1.18 万家，其中陆路交通和管道运输单位 9988 家、水运单位 7 家、空运单位 19 家、仓储及辅助运输单位 1799 家；就业人数为 23.97 万人，约占经济就业人口总数的 6%，其中约 79% 的人员从事陆路交通和管道运输、20% 从事仓储及辅助运输；行业固定资产投资额为 21.1 亿白卢布，约占国内固定资产投资总额的 10%，其中对陆路和管道运输与仓储及辅助运输的投资额平分秋色，两者合计占该行业固定资产投资额的 98%。白交通运输业的运作管理以及交通发展政策和计划由白俄罗斯交通通信部负责，该部下设白俄罗斯铁路司、航空司、公路管理局、公路和城市交通管理局、海运和内河运输管理局、运输和物流发展局等机构，分管铁路运输、民航运输、公路运输、城市交通运输、河流运输和物流等诸项工作。

白俄罗斯交通运输整体构架由铁路运输、公路运输、河流运输、空中运输、城市电动运输和管道运输（主要运送石油、天然气）组成。铁路运输在国家运输体系中一度占据主导地位，但近几年由于私人经营者的加入，公路运输逐渐超越铁路运输，成为白交通运输中的主力。1991 年铁路运输占全国货运的 88%，占全国客运的 38.3%（货运总量为 5.356 亿吨，客运总量为 35.39 亿人次）。2018 年白货运总量为 4.6 亿吨，其中公

路运输占 37.0% 、铁路运输占 34.8% 、管道运输占 28.2% （见表 4 -
14）；货物周转量共计 1388.38 亿吨公里，其中管道运输占 41.8% 、铁路
运输占 37.9% 、公路运输占 20.2% 。管道运输虽然在货物周转量上占比
最高，但近几年一直呈下降态势，而公路运输的货物周转量每年都在增
长。铁路运输的货物周转量近年没有太大变化，基本保持在 460 亿吨公
里。在旅客运输方面，汽车运输占绝对优势，2018 年白客运总量为 19.8
亿人次，其中汽车运输占 60% 、铁路运输只占 4%[①]（见表 4 - 15）。

表 4 - 14　2004~2018 年白俄罗斯货物运输结构

年份	2004	2010	2011	2012	2013	2014	2015	2016	2017	2018
货运总量（亿吨）	3.6	4.6	4.9	4.8	4.7	4.7	4.5	4.2	4.4	4.6
管道运输（亿吨）	1.6	1.4	1.4	1.4	1.3	1.3	1.3	1.3	1.2	1.3
铁路运输（亿吨）	1.1	1.4	1.5	1.5	1.4	1.4	1.3	1.3	1.5	1.6
公路运输（亿吨）	0.9	1.7	1.9	1.9	1.9	1.9	1.8	1.6	1.7	1.7
内河运输（万吨）	240.3	616.8	671.1	402.3	448.6	375.8	296.0	214.4	201.9	219.5
航空运输（万吨）	1.2	1.9	0.9	1.4	1.1	4.1	3.9	5.7	5.5	5.2

资料来源：http：//www.belstat.gov.by/ofitsialnaya - statistika/realny - sector - ekonomiki/
transport/godovye。

表 4 - 15　2004~2018 年白俄罗斯客运结构

年份	2004	2010	2011	2012	2013	2014	2015	2016	2017	2018
客运总量（亿人次）	26.2	24.0	24.4	24.5	24.5	22.6	20.9	19.7	19.7	19.8
铁路（亿人次）	1.42	0.84	0.89	1.00	0.99	0.92	0.87	0.82	0.81	0.80
汽车（亿人次）	15.3	14.1	14.4	14.4	14.2	13.0	12.2	11.6	11.7	11.9
有轨电车（亿人次）	0.91	0.84	0.85	0.89	0.84	0.79	0.67	0.62	0.61	0.60

---

① http：//www.belstat.gov.by/ofitsialnaya - statistika/realny - sector - ekonomiki/transport/
graficheskii - material - grafiki - diagrammy_3/struktura - passazhirooborota - po - vidam -
transporta/。

续表

年份	2004	2010	2011	2012	2013	2014	2015	2016	2017	2018
无轨电车（亿人次）	5.93	5.35	5.46	5.36	5.08	4.47	4.04	3.61	3.51	3.49
地铁（亿人次）	2.61	2.74	2.68	2.81	3.28	3.19	3.05	2.91	2.84	2.83
航空（万人次）	50	100	100	130	160	200	210	250	300	340
内河（万人次）	20	20	30	30	30	30	20	20	20	20

资料来源：http：//www. belstat. gov. by/ofitsialnaya – statistika/realny – sector – ekonomiki/prochie – uslugi/godovye – dannye/struktura – platnykh – uslug – naseleniyu – 2000 – 2014 – gg/。

1. 铁路运输

每年白铁路货运量约为 1.4 亿吨，客运量约为 9000 万人次，在货物周转量和旅客流转量中的占比都在 30% 以上。白俄罗斯铁路轨距分为 1520 毫米和 1524 毫米两种。1995 年铁路运营线总长 5600 公里（其中双轨 1600 公里，占 28.5%），铁路平均密度为每千平方公里 60 公里，为独联体国家铁路平均密度的 10 倍，电气化铁路线长 900 公里，占铁路线总长的 16%。2017 年年底，铁路运营线长度为 5480 公里，其中电气化铁路线长度为 1215 公里（2011 年为 899 公里），约占全国铁路线总长的 22.2%，铁路线密度为 26.4 公里/千平方公里。2018 年，铁路货运量为 1.6 亿吨，占全国货运总量的 34.8%，货物周转量为 525.74 亿吨公里，占全国货物周转总量的 37.9%；铁路客运量为 7990 万人次，仅占全国客运量的 4%。[1] 白铁路网的主要运营商是白俄罗斯铁路公司。该公司是国有企业，隶属白俄罗斯交通通信部，下辖 29 家国有单一制企业、7 家独立的分公司和 3 家国外代表处。它承担了全国 75% 的货物运输和 50% 的旅客运输。[2]

白全国有明斯克、布列斯特、奥尔沙、莫吉廖夫、戈梅利、维捷布斯克、格罗德诺、巴拉诺维奇等 19 个铁路枢纽站、572 个列车停靠点和 320 个客运站，平均每天运送旅客 20 多万人。此外还有 33 个大吨位和 15 个

① http：//www. belstat. gov. by/ofitsialnaya – statistika/realny.

② https：//www. mintrans. gov. by/ru/activity – r w – structure – ru/.

中吨位的集装箱装卸站。首都明斯克是全国铁路中心，不仅是国内最大的枢纽站，而且是由莫斯科通往东、西欧和欧亚大陆桥必经的国际铁路枢纽。有18条国际铁路干线经过白俄罗斯，其中包括欧洲2号铁路干线（柏林—下诺夫哥罗德）和欧洲9号铁路干线（连接芬兰、立陶宛、白俄罗斯、乌克兰、摩尔多瓦、保加利亚和希腊）。过境运输在白货物运输中的份额约为30%，已形成了一批稳定的铁路过境运输货流，在白俄罗斯经济发展中占有重要地位。每年有超过1亿吨的货物过境白俄罗斯运输，其中90%是俄罗斯与欧盟国家间的货物。近年中国与西欧国家之间的定期集装箱班列数量稳定增长，过境白俄罗斯的集装箱班列主要有：中国—波兰（成都—罗兹）；中国—德国（郑州—汉堡）；中国"新丝绸之路"—德国（重庆—杜伊斯堡）；"宝马"德国—中国（莱比锡—沈阳）；"福特"德国—中国（杜伊斯堡—重庆）；中国—德国（武汉—汉堡）；中国—西班牙（义乌—马德里）。据白俄罗斯铁路公司发布的数据，2017年白俄罗斯过境货物运输量达到1.46亿吨，是近5年来的最高水平。其中，有3000多列中欧集装箱班列过境白俄罗斯，共运输24.54万个集装箱，同比增长74%。白俄罗斯铁路公司预计，2018年过境白俄罗斯的中欧班列集装箱运输量将比2017年增长30%，达到30万个。为进一步提升本国的过境货物运输潜力，白俄罗斯铁路部门计划2018年继续通过铁路电气化改造、购买新的电力机车等方式提高铁路的货运效率和货运能力。

目前，白与巴黎、尼斯、柏林、华沙、布拉格、布加勒斯特、维也纳以及俄罗斯、乌克兰、立陶宛、拉脱维亚、哈萨克斯坦的首都和行政中心有直达旅客列车，与俄罗斯、乌克兰、立陶宛、拉脱维亚、波兰和哈萨克斯坦有34对定期旅客列车。

白俄罗斯铁路公司与独联体国家、波罗的海国家、欧盟和其他国家的铁路管理机构积极发展合作关系，并加入了以下国际运输组织：独联体铁路运输委员会、铁路合作组织、国际铁路联盟、国际旅客运输协调委员会和"跨西伯利亚运输协调委员会"国际协会。

2. 公路运输

白公路网遍布全国，四通八达，各城市和居民点之间几乎都通有公路，十分便利。该国公路运输不断发展，公路线由 1980 年的 4.61 万公里增至 1990 年的 4.89 万公里，1995 年增至 5.15 万公里，2001 年增至 6.6 万公里，到 2017 年达 10.24 万公里。其中硬面公路由 1990 年的 4.63 万公里增至 2017 年的 8.86 万公里，占全国公路线总长度的 86.5%，硬面公路密度为每千平方公里 426.6 公里。截至 2017 年年初，白公路运输领域共有运输车辆 42.33 万台，其中货运车辆 26.89 万台、轻型汽车 12.21 万台、大客车 3.23 万台。

近年，白俄罗斯在东西方过境运输走廊中的作用明显提升，因此，国家不仅关注保持现有道路的良好路况，还修建了新的公路，以提高本国的过境吸引力。目前，白俄罗斯境内有 5 条欧洲国际公路，全长 1841 公里。其中有两条最为重要，一条为 E30 公路（欧洲 2 号交通走廊，白俄罗斯境内称为 M1 公路），连接爱尔兰、英国、荷兰、德国、波兰、白俄罗斯、俄罗斯等七个国家，途经科克、沃特福德、纽波特、伦敦、海牙、汉诺威、柏林、希维博津、华沙、布列斯特、明斯克、奥尔沙、莫斯科、下诺夫哥罗德、车里雅宾斯克、鄂木斯克等重要城市；另一条为 E95 公路（欧洲 9 号交通走廊，白俄罗斯境内称为 M8 公路），连接芬兰、俄罗斯、立陶宛、白俄罗斯、乌克兰、摩尔多瓦、罗马尼亚、保加利亚、希腊等九个国家，途经赫尔辛基、圣彼得堡、普斯科夫、维尔纽斯、维捷布斯克、莫吉廖夫、戈梅利、基辅、敖德萨、基希讷乌、布加勒斯特、普罗夫迪夫、亚历山德鲁波利斯、塞萨洛尼基、雅典等重要城市。根据白俄罗斯政府第 555 号决议，为提高白俄罗斯公路管理效率，白俄罗斯公路控股公司于 2013 年 7 月 2 日正式成立。白俄罗斯公路运输公司、公路技术公司、公路建设工业公司、公路建设公司 3 局等 9 家股份公司的股份将转移至国有单一制企业"白俄罗斯公路"，明斯克中央公路公司、布列斯特公路公司、维捷布斯克公路公司、戈梅利公路公司、格罗德诺公路公司、莫吉廖夫公路公司等 12 家国有企业也将并入该公司。

3. 水路运输

白俄罗斯是内陆国家，水路运输主要靠内陆河流。该国河流众多，有大小河流 2 万余条，为水运创造了便利的条件。1995 年河运线长 2600 公里，至 2017 年年底减至 2136 公里。主要通航河流有第聂伯河、别列津纳河、西德维纳河、普里皮亚季河、索日河、涅曼河、穆哈韦茨河及第聂伯—布格运河等。2017 年白俄罗斯有 7 家从事水路运输的单位，共有运输船只 449 艘，其中常用运输船 230 艘、辅助船只 206 艘、客船 13 艘。主要水运港口有布列斯特、平斯克、米卡舍维奇、莫济里、列奇察、戈梅利、博布鲁伊斯克、莫吉廖夫、维捷布斯克、格罗德诺等 10 个。① 布格河 – 第聂伯—布格运河 – 普里皮亚季河 – 第聂伯河 – 黑海出海口水系流经白俄罗斯，白沿着这条水路出口钾肥。戈梅利、博布鲁伊斯克和莫济里河港连接有铁路专用线，适合对联运货物进行整理，港口还装备有高效的龙门起重船和快速编组船舶的机械化货运线。2011～2017 年，水路客货运输量均呈逐年递减态势，货运量和货物周转量从 671.08 万吨和 1.43 亿吨公里降至 201.93 万吨和 0.32 亿吨公里，客运量和旅客周转量从 29.72 万人次和 391.42 万人次公里降至 17.21 万人次和 237.65 万人次公里。水路客运大部分是国内城市间运输，2017 年占水路客运总量的 84.1% 和旅客周转量的 72%。②

4. 航空运输

白俄罗斯空运较发达。全国有几十条国内和国际航线，国内各大城市间均有航班。首都明斯克是全国航空中心，也是独联体中仅次于莫斯科和基辅的第三大航空港。它与独联体各国，包括波罗的海三国的首都以及圣彼得堡、索契、加里宁格勒、敖得萨、辛菲罗波尔、华沙（波兰）、柏林、法兰克福（德国）、维也纳（奥地利）、苏黎世（瑞士）、华盛顿、波士顿、纽约、芝加哥、迈阿密（美国）、香农（爱尔兰）、伦敦（英国）、特拉维夫（以色列）、拉纳卡（塞浦路斯）都有直达航班。此外，还有飞往意大利、土耳其、荷兰、法国、阿联酋、中国、澳大利亚、西班牙、黎巴嫩、塞尔维亚、芬兰、捷克、瑞典等国的定期航班。国际机场有

---

① Транспорт и связь в Республике Беларусь. 2018 r. http：//www. belstat. gov. by/ofitsialnaya – statistika/realny – sector – ekonomiki/transport/ofitsialnye – publikatsii_ 11/.

② http：//www. belstat. gov/. by/.

7 个，分别是明斯克 1 号机场、明斯克 2 号机场（明斯克国际机场）、戈梅利机场、布列斯特机场、格罗德诺机场、莫吉廖夫机场和维捷布斯克机场。目前仅明斯克 1 号、2 号机场全年承担客货运输，其他的机场主要承担货物运输及季节性和临时性包机客运。地区机场根据其地理位置为从中亚飞往欧洲以及从中东飞往斯堪的纳维亚国家的航班提供加油补给服务。白俄罗斯国内外的航空运输由白俄罗斯交通通信部下设的航空司管理，其下辖的白国家航空公司"白俄罗斯航空"承担了 90% 的旅客运输，该公司为国际航空联盟的成员。其他两家较大的航空公司是戈梅利航空公司和航空外贸运输公司，后者在白航空货运市场上占有主导地位。为扩大空中交通范围，白与 45 个国家签订了政府间航空运输协定。

　　航空运输在白交通运输中的地位逐渐加强，2000 年后，不管是货运量还是客运量都呈逐年增长之势：2000 年航空货运量为 4000 吨、货物周转量为 1800 万吨公里，客运量为 30 万人次、旅客周转量为 5.13 亿人次公里；2008 年航空货运量为 1.9 万吨、货物周转量为 5700 万吨公里，客运量为 80 万人次、旅客周转量为 12.81 亿人次公里；2017 年航空货运量为 5.51 万吨、货物周转量为 8270 万吨公里，客运量为 300.61 万人次、旅客周转量为 39.49 亿人次公里。① 截至 2017 年年初，白共有民用飞机 65 架，其中货机 31 架、客机 34 架。

　　目前，中国国航已开通北京到白俄罗斯首都明斯克的直飞航班。该航班每周 4 班，一、三、五、日执飞。航线为北京—明斯克—布达佩斯。从明斯克飞往北京的航线为明斯克—布达佩斯—北京，需在布达佩斯转机。

　　5. 管道运输

　　由于白俄罗斯是俄罗斯等独联体国家向西欧输送石油、天然气的必经之国，因而其管道运输十分发达。1994 年管道线总长达 7900 公里，其中石油管道线长 2900 公里（占油气管道总长的 36.7%），天然气管道线长 5000 公里（占 63.3%）。截至 2017 年年底管道线总长增至 11728 公里，其中 7901 公里为天然气管道（占 67.4%）、2984 公里为石油管道（占

① http：//www.belstat.gov.by/ofitsialnaya－statistika/realny－sector－ekonomiki/transport/.

25.4%)、843 公里为石油产品运输管道（占 7.2%）。过境白俄罗斯的大型管道主要是"友谊"石油管道和"亚马尔－欧洲"天然气管道。"友谊"石油管道由俄罗斯入境，在白南部分为南北两段，北段经白俄罗斯到达波兰和德国，南段经乌克兰到达斯洛伐克和匈牙利，主要负责将俄罗斯石油运至白俄罗斯、波兰和德国等国的炼油厂；另一条在东北部，由俄罗斯入境，由东向北，经奥尔沙、波洛茨克，通向拉脱维亚的文茨皮尔斯港口。此外，白俄罗斯还修建了与俄罗斯石油产品输送管道相连的可通向乌克兰西部的石油产品输送管道网。"亚马尔－欧洲"天然气管道由俄罗斯入境，穿过白俄罗斯进入波兰，最后到达德国，在白境内长约 575 公里，主要将俄罗斯的天然气运至波兰和德国。此外，白还有多条天然气运输管道，如托尔绕克—明斯克—伊瓦采维奇、明斯克—戈梅利、伊瓦采维奇—多利纳、明斯克—维尔纽斯等天然气运输管道，负责国内天然气运输以及将天然气运至波罗的海国家和加里宁格勒。白管道运输主要用于输送石油和天然气，2005 年前运输量逐年递增，1995 年管道运输量为 9860 万吨（占全国货运量的 42.6%），运输周转量为 399.43 亿吨公里；2005 年管道运输量为 1.65 亿吨，运输周转量为 742.61 亿吨公里。之后整体运量下降，2007 年运输量为 1.57 亿吨，运输周转量为 708.35 亿吨公里；2009 年运输量为 1.47 亿吨，运输周转量为 647.85 亿吨公里；2012 年运输量为 1.37 亿吨，运输周转量为 611.34 亿吨公里；2017 年运输量为 1.24 亿吨，运输周转量为 577.08 亿吨公里。①

6. 城市交通

白俄罗斯城市交通有公共汽车、电车（有轨和无轨）、地铁和出租车。各城市均有公共汽车；7 个城市——明斯克、维捷布斯克、格罗德诺、戈梅利、莫吉廖夫、布列斯特、博布鲁伊斯克有无轨电车；3 个城市有有轨电车——维捷布斯克、明斯克和新波洛茨克；地铁线有两条，均建在首都明斯克。白俄罗斯城市交通以电车和地铁为主。截至 2017

---

① http：//www. belstat. gov. by/ofitsialnaya － statistika/realny － sector － ekonomiki/transport/godovye － dannye_ 12/gruzooborot.

年年底，全国电车运营线路总长 618.3 公里（其中有轨电车 102.1 公里、无轨电车 516.2 公里），地铁线总长 53 公里；无轨电车共计 1536 辆，有轨电车 306 辆，地铁列车 361 列。每天约有 378 万人使用电力交通工具出行，包括无轨电车、有轨电车和地铁，占城市总人口的 56%。① 2018 年，电车和地铁共运送旅客 6.92 亿人次，占客运总量的 34.9%，其中有轨电车运送 0.6 亿人次、无轨电车运送 3.49 亿人次、地铁运送 2.83 亿人次。2017 年，城市电车和地铁的客运周转量共计 40.17 亿人次公里，约占客运周转总量的 17%，其中有轨电车为 2.53 亿人次公里、无轨电车为 14.96 亿人次公里、地铁为 22.68 亿人次公里②。

7. 仓储物流

随着交通运输业的发展，仓储物流近年在白俄罗斯发展迅速。2008 年 8 月 29 日白部长会议通过第 1249 号决议——《2015 年前国家物流发展规划》，确定在国内 50 个地区建设物流中心，其中 18 个为终端物流运输中心。目前该规划仍在实施中，已建成并运营了 20 个现代化的物流中心，仓储总面积约为 40 万平方公里；另外 9 个物流中心项目在继续实施阶段。这 29 个物流中心共吸引投资超过 460 万亿白卢布，其中大部分为私人投资，只有 8 个为国有或带有国家股份。已建成并投入运营的 20 个物流中心大部分在首都明斯克附近（12 个），5 个在布列斯特州，另外 3 个分别建在戈梅利州、格罗德诺州和莫吉廖夫州。9 个在建项目中，4 个计划在 2016 年建成，两个计划在 2017 年建成，两个计划在 2018 年建成，1 个计划在 2021 年建成。2013 年中国"一带一路"倡议提出后，白俄罗斯积极响应，白总统卢卡申科表示，白应抓住这一历史机遇，努力使本国成为"一带一路"的转运、物流、生产和技术环节。2018 年 1 月，白部长会议通过物流系统发展构想，决定大力发展物流运输。根据这一构想，

---

① Транспорт и связь в Республике Беларусь. 2018 г. http：//www.belstat.gov.by/ofitsialnaya – statistika/realny – sector – ekonomiki/transport/ofitsialnye – publikatsii_ 11/.

② http：//www.belstat.gov.by/ofitsialnaya – statistika/realny – sector – ekonomiki/transport/godovye – dannye_ 12/ perevozki – passazhirov – po – vidam – transporta/.

2030 年，白俄罗斯物流运输量和过境运输收入将比 2016 年增加 1 倍。白政府表示，其物流系统有两大发展方向：一是发展有助于实现物流方式多样化的物流服务市场；二是推动物流公司参与国际运输项目，推动物流运输基础设施融入国际物流运输系统，提高过境运输能力。白政府计划整合物流基础设施和技术，参与包括从中国经白俄罗斯到欧洲其他国家的集装箱往返运输在内的国际集装箱运输业务，强化在欧盟和欧亚经济联盟间的物流枢纽作用。

2013~2017 年，白物流中心数量从 12 个增至 35 个。物流中心包括临时仓库、公共仓库、集装箱码头和停车场。其中临时仓库从 20 个增至 67 个，面积扩大 51.9%；公共仓库从 11 个增至 250 个，面积扩大近 5 倍；集装箱码头从 1 个增至 9 个，面积扩大近 24 倍；停车场从 19 个增至 39 个，面积扩大 67.8%。物流服务额也逐年增长，2017 年为 2.97 亿白卢布，同比增长 20.3%。

（二）邮政通信

白俄罗斯邮电通信是其基础设施的重要组成部分，它保证满足居民的福利需求以及为国民经济建设正常运转传递各种必要的信息。该国邮政、电话、电报、电传、电视、无线电等各种邮电通信网络遍布全国各地。独立前的 1990 年全国邮电通信企业总数为 4300 个。1992 年城乡共有电话 192.8 万部，平均 5 人 1 部，城市多数居民家庭拥有电话。1995 年，白俄罗斯颁布《邮电法》，同年该国邮政与电信分开，电信业务获得快速发展。2018 年，邮政通信服务业收入共计 33.69 亿白卢布，约占国内生产总值的 2.77%。其中电信服务收入为 30.8 亿白卢布，占 91.4%；邮政快递服务收入为 2.89 亿白卢布，占 8.6%。2000 年至 2018 年年底，连接到公共电信网络的固定电话机数量从 296.2 万部增至 433.39 万部（平均每 1000 个居民拥有 389 部）；移动通信用户数量从 4.92 万人增至 1161.97 万人（手机普及率为每百人 123 部），全国移动通信覆盖率为 98.2%。2007 年后，白俄罗斯在互联网领域取得了突出的成绩，建立起相当发达的电信基础设施，可以覆盖到包括小城镇在内的全国任何地方。国家实施了对网络带宽和网速进行提升的措施，降低了上网费用，互联网用户快速增长。2007 年至 2018 年年底，互联网用户数量从 279.51 万人增至 1279.2 万人（每 100 人的互联网用户数达 135 个），网络已经成为除电视以外最普及的信息传播载体。[①]

1. 电信

电信是白近年发展最快的行业。2018 年电信服务收入为 30.8 亿白卢布，比 2017 年增长 9%，占邮政通信收入的 91.4%。其中数据传输、移动通信和互联网接入是排名前三位的服务项目，其服务收入分别为 11.38 亿白卢布、10.2 亿白卢布和 4.56 亿白卢布，三者合计占电信服务总收入的 84.9%。[②] 2017 年，电信领域共有 212 个单位，从业人员计 2.42 万人。[③]

在固定电话方面，1995 年全国城市和农村电话机总数超过 200 万部，90% 以上可自动打国内长途。电话机密度为：城市每 100 个居民拥有 22.7 部，农村为 12.3 部，城乡每 100 户家庭拥有电话机分别为 55.8 部和 26.7 部。1996~2015 年，白俄罗斯国内电话机数量平稳增长，2009 年突破 400 万部，2015 年年底达 442.68 万部。近两年随着移动电话的普及，固定电话数量呈下降趋势。到 2018 年年底，白固定电话数量为 433.39 万部，平均每千人拥有 389 部。目前，白本地电话网中数字设备的比重为 91%；利用光缆和同步数字设备建成了与邻国（波兰、立陶宛、拉脱维亚、俄罗斯和乌克兰）相连的发达的城际干线网络；通往各州中心城市的是三组光纤通信线路，通往地区中心的是两组光纤通信线路。为满足日益增长的需求，白唯一的固网运营商白俄罗斯国家电信公司"Белтелеком"每年都会增加干线网络的容量，未来将重点发展数据宽带用户。到 2018 年年底，白固定电话收入（包括本地电话和国内、国际长途电话）计 3.1 亿白卢布，比 2016 年减少 8.3 亿白卢布，在移动通信方面，白国内蜂窝移

---

① http：//www. belstat. gov. by/ofitsialnaya - statistika/realny - sector - ekonomiki/svyaz - i - informatsionno - kommunikatsionnye - tekhnologii/.

② Беларусь в цифрах. 2019 г . http：//www. belstat. gov. by/ofitsialnaya - statistika/publications/ izdania/ public_ compilation/index_ 13297/.

③ Транспорт и связь в Республике Беларусь. 2018 г. http：//www. belstat. gov. by/ofitsialnaya - statistika/realny - sector - ekonomiki/transport/ofitsialnye - publikatsii_ 11/.

动通信的三个运营商分别是：白俄罗斯国家通信公司（Белком，单一制企业）、移动电信系统联合有限责任公司（Мобильные ТелеСистемы）和白俄罗斯电信网络公司（Белорусская сеть телекоммуникаций）。2006～2018 年，白蜂窝移动通信用户数量增长了近一倍，从 596 万人增至 1161.97 万人。蜂窝移动通信覆盖了白国土面积的 98.1%、人口的 99.9%。2018 年，移动通信收入在电信收入中排名第二位，为 10.2 亿白卢布。

互联网的快速发展和居民信息需求的增长刺激了电信基础设施建设，发展电信基础设施成为国家层面的重要任务之一。宽带数据网在很大程度上成为国家主要的电信基础设施。目前，白数据网使用的技术是大部分邻近国家包括欧洲其他国家使用的数据传输技术。截至 2015 年有 167 家公司获得白信息通信部批准的在该领域活动（提供数据传输服务）的特别许可证（执照）。近 10 年互联网接入是电信领域发展最快的服务项目之一，用户数量从 2007 年的 279.5 万人增至 2018 年的 1279.2 万人，增长了 3.5 倍；2018 年营业收入为 4.56 亿白卢布，比 2016 年增长 37.5%。根据白国家统计局进行的关于居民生活水平的抽样调查数据，截至 2018 年，白 78.4% 的家庭电脑接入了互联网，在 6～72 岁的人口中有 79% 使用互联网，其中近 80% 的人每天使用互联网。

在广播电视方面，目前白俄罗斯国内有 285 台不同额定功率的数字电视发射机，保证国家、地方和商业电视节目的播放。2018 年，白电视节目转播收入为 8890 万白卢布，其中电缆电视占 81.2%。播放普及、义务性的国家电视节目的地面数字电视广播有：白俄罗斯 1 台、国家电视台（ОНТ）、首都电视台（СТВ）、国际频道、俄罗斯－白俄罗斯频道、НТВ－白俄罗斯频道、白俄罗斯 2 台、白俄罗斯 3 台和白俄罗斯 5 台。国家大力推广各类数字电视广播，如无线、有线、移动、卫星和 IP 电视等，致使数字电视普及率快速上升，从 2005 年 12 月 31 日的 23.38% 升至 2016 年 1 月 1 日的 99.45%。2011 年至 2017 年年底，白电缆电视系统由 524 个减至 421 个，而数字电视播放系统从 90 个增至 328 个，占比从 17.2% 增至 78%；同期，电缆电视用户数量从 189.5 万人减至 165.3 万

人，而数字电视用户从 6.6 万人增至 74.6 万人，占比从 3.5% 增至
45.1%。在广播方面，目前白用于支持无线电广播的高频率无线电发射装
置约有 355 台，广播节目包括：白俄罗斯电台第一国家频道、文化频道、FM
频道、首都频道等（包括州、地区和商业节目）。邻近国家也能收听到白国内
广播。白俄罗斯是独联体国家中第一个完成向数字广播过渡的国家。

在 2014 年 10 月国际电信联盟发布的《衡量信息社会报告》中，白
俄罗斯在信息和通信技术发展指数上的排名为第 36 位。由此可看出，白
目前电信基础设施正在高速、稳定发展，可以最大限度地满足公民、企业
和政府的信息需求。①

2. 邮政快递

目前，白邮政快递业务包括寄送信件、包裹、印刷品，收发电报，汇
款以及支付养老金和补助金等。2017 年，邮政快递业务网点数量为 3216
个，年邮寄信件 1.94 亿封、印刷品 2.06 亿个、包裹 510 万个、电报 10
万封，汇款 7100 万笔，发放养老金和补助金 1390 万笔。2018 年邮政快
递业务收入共计 2.89 亿白卢布，其中邮政业务收入占绝大部分，为 2.79
亿白卢布，快递业务为 630 万白卢布。"白俄罗斯邮政"是白唯一负责全
国邮政通信业务的国有单一制企业。它在全国有 6 个地区分支机构、91
个邮政中心、3258 个邮政设施，其中包括 2840 个固定邮局、194 个邮
政服务点和 224 个流动邮局。国内邮政业务遵循"今天 – 今天"和"今
天 – 明天"的原则，国际业务则遵循在最短时间内进行接收、处理、运
输、配送的原则，一般为 2~10 个工作日。除主营业务外，"白俄罗斯邮
政"还提供 50 多种非核心服务，包括：通过邮政网上商店和白生产商的
产品目录销售商品，销售快递支付卡、彩票，接收各类支付款；提供复
印、压膜、装订和上网中介服务，提供互联网服务、银行和保险服务，办
理"圣诞老人贺卡"预定以及发送直邮广告等。自 1995 年 2 月 1 日起，
白俄罗斯推出国内邮政快递服务（邮局当天收到邮件第二天就可送到）。
明斯克市、所有州的州府及州直辖的 15 个城市均纳入共和国邮政快递系

① 此部分内容的数据全部来自白俄罗斯信息通信部网站，http://www.mpt.gov.by/。

统。目前白 EMS 快递服务很普及，通过 EMS 邮寄的不仅有信件、账单、资料，还有各类商品。这种服务不仅可在白国内提供，还可提供给世界 200 多个国家。近年，发展电子服务是"白俄罗斯邮政"的重点工作之一。在邮政电子服务水平方面，白俄罗斯被认为是世界上最好的国家之一。目前白邮政提供的电子服务有电子邮票、挂号邮件追踪、邮政汇款、电子支付等。在自助服务方面，"白俄罗斯邮政"设置了支付查询终端和发送挂号信的 smartpost 设备。截至 2016 年 1 月 1 日，共设置支付查询终端 1012 台（在所有城市和大型农村邮局中及第三方机构内）和 41 个 smartpost 自助服务设备。

（三）国际合作

根据白俄罗斯共和国部长会议 2002 年 10 月 30 日发布的第 1504 号《关于白俄罗斯共和国与国际组织合作的决议》，白信息通信部代表国家与下列国际组织在邮政通信领域进行合作：国际电信联盟、万国邮政联盟、国际通信卫星组织、欧洲通信卫星组织和国际海事通信卫星组织等。同时，在政府间协定和跨部门国际条约的基础上，白信息通信部在电信和邮政领域与其他国家的通信管理部门进行了积极的双边合作。目前，与白俄罗斯在邮政通信领域签署政府间及部门间合作协议的国家有越南、俄罗斯、哈萨克斯坦、乌克兰、乌兹别克斯坦、拉脱维亚、摩尔多瓦、阿塞拜疆、立陶宛以及中国、塔吉克斯坦、印度和叙利亚。白俄罗斯国家银行数据显示，2011~2017 年，白电信服务、电脑服务和信息服务的出口额均有较大幅度增长。其中，电脑服务出口额从 2.74 亿美元增至 12.03 亿美元，增长 3.4 倍；信息服务出口额从 650 万美元增至 1500 万美元，增长 1.3 倍；电信服务出口额从 1.77 亿美元增至 2.34 亿美元，增长 32.2%。在进口方面，2017 年电信服务、电脑服务和信息服务进口额分别为 1.81 亿美元、1.2 亿美元和 880 万美元，分别比 2011 年增长 36.8%、157.6% 和 51.7%。

四 商业服务业

（一）商业

商业是白俄罗斯国民经济的一个重要组成部分。白独立后商业领域发生了两大变化。一是商业以国有为主逐步转变为以非国有为主。非国有商业企业占全国商业企业总数的比重 1991 年为 34.1%，1995 年升至 74%，2010 年升至 88.1%，2017 年升至 92.1%。相应的，非国有商业企业零售贸易额在零售贸易总额中的比重持续增长，从 1991 年的 34.1% 升至 1995 年的 62.4%，2010 年升至 88.1%，2018 年为 91.2%。二是经历大起大落后商业进入平稳发展期。1991 年，商业产值占国内生产总值的比重只有 3.5%，1995 年升至 10.2%，2000 年飙升至 45.9%，仅次于工业，居第 2 位。之后，上升势头逐渐回落，2009～2018 年总体进入平稳发展期，其占国内生产总值的比重基本稳定在 10%～13%。2018 年商业产值为 121.57 亿白卢布，同比增长 3%，占国内生产总值的 10%。截至 2018 年年底，白从事商品零售批发和汽车、摩托车修理的企业（经营者）约为 4 万家，从业人员数量为 42.4 万人。

独立后，为控制物价，避免市场动荡，政府一直对商品价格进行严格管控。2011 年年初，白颁布总统令，宣布将逐步减少对大部分商品价格的干预，形成以市场为导向的新的价格形成机制。目前，除了部分对国家经济安全和民生具有重大意义的商品以及垄断性商品外，其他商品价格均由企业根据市场供求关系自行决定。

1. 零售贸易

近年，随着商品价格的逐步放开，白零售商业发展迅速。2018 年商品零售额为 446.75 亿白卢布，按可比价格计算比 2017 年增长 8.4%，比 2010 年增长 66.5%。国有商业企业在商品零售额中所占的比重仅为 8.8%；私人商业企业的地位不断增强，在商品零售额中的占比达 69.1%（其中有国家参股的私人商业企业占 7.8%）；外国商业企业在商品零售额中的份额增长迅速，从 2000 年的 0.6% 升至 2018 年的 22.1%。从零售商品结构看，2010 年前食品类商品在商品零售额中的比重一直高于非食品类商品，2003 年食品类商品占 63%，非食品类商品占 37%，但两者差距逐渐缩小，至 2010 年基本持平（食品类商品占 50.8%、非食品类商品占 49.2%），两者的平衡状态维持至今，2018 年食品类商品的占比为 49.1%，非食品类商品的占比为 50.9%。大型企业在商品零售额中的贡献率一直居高不下，从 2010 年的 40.5% 升至 2018 年的 57.4%；小型企业在商品零售额中的比重基本维持在 10% ~ 13%，2017 年为 12.3%，2018 年为 12%；个体经营者在商品零售额中的占比从 2010 年的 29.5% 降至 2017 年的 13%，2018 年继续降至 10.9%。外国商品在白市场上的占有率呈持续增长态势，从 2005 年的 30.9% 增至 2018 年的 42.8%，国产商品则从 69.1% 降至 57.2%。[①] 2018 年国产商品占比最高的是肉类和奶酪，分别占当年销售额的 99.8% 和 94.8%；外国商品占比最高的是电视机和水果，分别占 92% 和 90.9%。目前，白从事零售贸易的企业有 1.5 万家，占商业领域企业总数的 37.5%（汽车、摩托车贸易除外）；从业人员计 27.6 万人，占商业领域从业人员的 65%。

随着商业的发展，白国内零售贸易场所也在逐年增加，2001 ~ 2018 年从 2.97 万个增至 6.44 万个。2018 年，白共有商店 5.85 万家，货亭、商亭 5891 个。其中 7.6% 属国家所有，87.5% 属个人所有，4.9% 属外商所有。商店营业面积从 2010 年的 370.5 万平方米增至 2018 年的 578.3 万平方米，每万名居民拥有的商店面积为 6103 平方米。值得一提的是，随着网络的发展和普及，近年网上商店增长很快，从 2010 年的 1198 家增至 2018 年的 2418 家（个体经营者未计算在内），其中大部分（1614 家）位于明斯克市。经营这些网上商店的以微型企业为主，占 73.8%，其次为小型企业，占 19%，大、中型企业各占 3.6%。2017 年，网上商店零售贸易额为 340 万白卢布，比 2016 年增长 21.4%。

2. 批发贸易

近年，除 2015 年和 2016 年批发贸易营业额出现下滑外，其余年份的营业额都在增长。2018 年以实际价格计算的批发贸易营业额为 949.7 亿白卢布，同比增长 3.4%（以可比价格计算），其中批发企业完成营业额 743.5 亿白卢布，占总额的 78.3%。白批发贸易企业按规模分可分为大型

---

① Розничная и оптовая торговля, общественное питание в Республике Беларусь. 2019 r. http：//www. belstat. gov. by/upload/iblock/81b/81b9fafd8934ca2ec4a2a5 dd34ab1f88. pdf.

企业、中型企业、小型企业和微型企业，它们在白物资技术流通领域发挥着巨大的作用。截至 2018 年年底各类批发企业约两万家（从事汽车、摩托车贸易的除外），从业人员计 11.47 万人。2012~2018 年，小型和微型企业营业额在批发营业总额中占比逐年提高，分别从 40.7% 和 20.2% 提升至 53.3% 和 22.7%，两者合计占总额的 76%；大、中型企业的营业额占比却逐年下降，分别从 23.9% 和 15.2% 降至 15.9% 和 8.1%。与此同时，私人企业在批发营业额中的占比一枝独秀，2018 年占 80.6%（其中国家占股的私人企业占 31.2%）；国家和集体所有制企业占 18.4%；外国企业占比有下降趋势，2012 年为 15.9%，2018 年为 10.2%。在 2018 年批发贸易营业额中，占比最大的 3 类产品分别是：汽车燃料（包括航空汽油），占 17.3%；其他液体和气体燃料及相应产品，占 15.6%；化肥，占 8.7%（其中钾肥占 8.2%）。本国产品在批发产品结构中的占比逐年下降，从 2012 年的 59.4% 降至 2018 年的 52.4%，其中明斯克州批发贸易中的本国产品占比 2018 年已降至 34.3%。

截至 2018 年年底，白用于批发贸易的各类仓库有 1 万多个，包括专业仓库 8039 个、临时库房 2533 个、仓储式商店 128 个、冷藏仓库 176 个，以及用于储存土豆、蔬菜和水果的库房 37 个。

3. 公共餐饮业

2000~2018 年，公共餐饮业营业额整体增长，从 0.26 万亿白卢布（以实际价格计算）增至 2015 年的 16.99 万亿白卢布，2016 年为 19.05 亿白卢布（货币改值后），2018 年为 25.6 亿白卢布；以可比价格计算，除 2009 年、2015 年和 2016 年有小幅下降外，其余年份均呈增长之势，其中 2018 年比 2017 年增长 12.6%。与批发和零售贸易相似，公共餐饮业也以非国有企业为主。2018 年非国有企业在该行业营业额中的比重为 77.4%，其中私人企业占 67.2%，外国企业占 10.2%。2012~2018 年，大型企业在餐饮营业额中的比重虽然逐年降低，但仍占有近一半的份额；小型企业所占份额已从 14.6% 提升至 20.3%，并且有继续提高之势。国有餐饮设施占 33%，非国有餐饮设施占 67%，其中私人餐饮设施占 63.4%，外国企业所有的餐饮设施占 3.6%。2000 年至 2018 年年底，公

共餐饮设施数量从 8721 个增至 1.3 万个，每万名居民拥有的餐饮设施为
14.1 个、餐饮座位 818 个。[①] 近年，大型企业经营的餐饮设施占比逐年下
降，从 2012 年的 68.2% 降至 2018 年的 54%。而中型企业、小微型企业
和个体经营者经营的餐饮设施占比均呈增长之势，其中增长最明显的是微
型企业和个体经营者，两者分别从 2012 年的 13.4% 和 0.7% 增至 2018 年
的 19.5% 和 6.6%。

（二）其他服务业

2000 年后，白服务业提供的有偿服务越来越多，居民有偿服务支
出亦逐年增长，2000 年为 6326 亿白卢布，2015 年增至 79.4 万亿白卢
布，增长 124.5%（以实际价格计算）；2016 年货币改值，当年居民
有偿服务支出为 9560 万白卢布，2018 年为 1.1 亿白卢布，两年增长
25.4%（以实际价格计算）。随着有偿服务额的增多，白服务业结构
也发生了较大变化：日常生活服务和交通服务所占比重总体呈下降趋
势，而通信、住房公用事业和旅游服务的比重上升（见表 4 - 16 和表
4 - 17）。

表 4 - 16　2000 ~ 2014 年居民有偿服务结构

单位：%

年份	2000	2001	2002	2003	2004	2005	2006	2007	2008	2009
日常生活	17.1	15.2	14.0	11.0	11.5	12.4	12.3	13.1	13.3	14.0
运输	28.1	24.4	21.2	20.1	18.1	16.5	15.8	15.8	15.2	13.6
通信	12.6	13.2	14.8	16.4	19.5	21.7	23.0	22.5	21.2	21.1
住房公用事业	14.2	18.4	24.0	31.0	30.9	28.0	26.6	25.7	24.7	26.3
文化	2.0	1.9	1.5	1.2	1.3	1.3	1.2	1.3	1.3	1.4
旅游参观	1.2	1.0	0.8	0.5	0.4	0.5	1.5	1.8	2.6	2.6
酒店住宿	2.1	1.9	1.5	1.3	2.2	1.3	1.4	1.3	1.5	1.5
体育运动	0.5	0.6	0.5	0.4	0.5	0.5	0.6	0.7	0.8	0.9

---

① Розничная и оптовая торговля, общественное питание в Республике Беларусь. 2019
r. http：//www. belstat. gov. by/upload/iblock/81b/81b9fafd8934ca2ec4a2a 5dd34ab1f88. pdf.

续表

年份	2000	2001	2002	2003	2004	2005	2006	2007	2008	2009
医疗和疗养保健	9.8	9.7	7.9	6.4	6.5	6.0	5.2	5.8	6.1	4.9
教育	8.5	9.0	8.6	7.1	7.0	8.5	8.5	7.9	8.2	8.1
其他	3.9	4.7	5.2	4.6	2.1	3.3	3.9	4.1	5.1	5.6
总计	100	100	100	100	100	100	100	100	100	100

年份	2010	2011	2012	2013	2014
日常生活	13.9	15.9	14.8	15.3	18.7
运输	13.3	14.2	13.9	12.8	12.5
通信	22.1	20.6	20.1	21.3	18.8
住房公用事业	24.9	22.3	17.6	17.8	16.8
文化	1.6	1.7	2.1	2.2	2.1
旅游参观	3.0	2.7	3.9	4.5	4.6
酒店住宿	0.8	0.8	1.1	2.1	5.5
体育运动	1.0	1.1	1.2	1.2	1.0
医疗和疗养保健	4.5	5.3	6.3	6.1	5.5
教育	8.9	8.3	8.3	7.3	6.6
其他	6.0	7.1	10.7	9.4	7.9
总计	100	100	100	100	100

资料来源：http：//www.belstat.gov.by/ofitsialnaya – statistika/realny – sector – ekonomiki/prochie – uslugi/godovye – dannye/struktura – platnykh – uslug – naseleniyu – 2000 – 2014 – gg/。

表 4 – 17　2015～2018 年居民有偿服务结构

单位：%

年份	2015	2016	2017	2018
日常生活	10.4	9.9	9.3	9.1
运输	12.0	11.5	11.8	12.1
邮政和快递	0.6	0.6	0.6	0.6
临时居留	2.7	2.6	2.6	2.5
电信	19.8	21.1	21.5	20.5
兽医	0.2	0.2	0.2	0.2
旅游及相关服务	5.1	4.3	5.6	6.2
教育	7.0	6.6	6.4	6.4
艺术、娱乐和休闲	0.5	0.5	0.5	0.5
图书馆、档案馆、博物馆和其他文化机构	0.2	0.2	0.2	0.2
体育运动和娱乐	1.6	1.6	1.5	1.5

年份	2015	2016	2017	2018
医疗	5.2	5.6	5.8	6.2
疗养保健	0.9	0.9	0.8	0.8
住房公用事业	—	22.4	23.1	23.2
其他	—	12.0	10.1	10.0
总计	100	100	100	100

资料来源：http：//www.belstat.gov.by/ofitsialnaya – statistika/realny – sector – ekonomiki/prochie – uslugi/godovye – dannye/struktura – platnykh – uslug – naseleniyu – 2000 – 2014 – gg/。

在有偿服务结构中，增长最多的是电信服务、旅游及相关服务和住房公用事业服务，三者在有偿服务业总额中的占比分别从 2000 年的 12.6%、1.2%、14.2% 增至 2018 年的 20.5%、6.2% 和 23.2%。2000 年后，居民日常服务支出水平总体偏低，2018 年其金额约为 10.5 亿白卢布，占有偿服务业总额的 9.1%（2000 年占 17.1%）。从居民日常服务金额结构看，车辆维护修理、美容美发和家具及家具用品的设计、生产与修理占比较高。

（三）旅游业

1. 旅游政策

苏联时期白俄罗斯实行社会主义制度，旅游休假被视作一种社会福利。独立后，作为一种新兴的第三产业，政府开始重视旅游这个"无烟产业"，将其列为社会经济发展优先领域，对旅游业采取积极鼓励和大力扶植的政策。1999 年白颁布《旅游法》，后来分别于 2007 年和 2016 年两次对该法进行修订。2004 年白通过第一部《国家旅游业发展计划》，通过执行该计划，白旅游服务出口额显著增长，旅游基础设施得到改善，并简化了外国公民入境白俄罗斯及在白居留的手续。2006 年，为了给旅游业的发展创建良好的环境，满足公民休息和疗养的需要，白总统发布第 371 号总统令——《关于白俄罗斯共和国扶持旅游业发展措施》。为加快旅游业的发展，国家每年拨出专款用于兴建新的旅游设施，对原有旅游景区进行修整，并扩建旅游景点。2012 年白部长会议批准了《"白俄罗斯城堡"国家计划》，预计到 2018 年对 38 座城堡、宫殿进行整修。在出入境旅游方面，政府放宽了出入境政策，允许地方、民间（包括私营）旅游业同国营旅游业共同发展，并加入了国际旅游组织，与世界许多国家签订了旅游协定。近年，白俄罗斯为吸引外国游客赴白旅游，出台了简化入境手续等相关法律。2017 年年初，白俄罗斯对从明斯克国际机场入境的 80 个国家（包括中国）公民实施免签入境 5 天的政策。为发展同中国的旅游合作，白俄罗斯同中国签订了旅游合作协定，并开辟了两国之间的直达航线（北京—明斯克）。2016 年，白同中国签署政府间团队旅游免签协议。2018 年 8 月，《中华人民共和国政府和白俄罗斯共和国政府关于互免持普通护照人员签证的协定》正式生效，中国公民持有效的普通护照可免签入境白俄罗斯并停留不超过 30 日，每年累计不得超过 90 日，拟入境白俄罗斯居留、学习、工作、从事媒体报道等须经该国主管部门事先批准的活动，应在入境前申办签证。白中两国还计划成立一个联合旅游公司，白俄罗斯将为中国游客提供专门的旅游线路和导游。同时，白正在对旅游从业人员进行大规模培训，在这一领域有 20 所高等教育学校和 8 所中等教育学校，学习旅游专业的人超过 2100 名。

2. 旅游业发展概况

白俄罗斯旅游业起步于 20 世纪 20 年代，1960 年成立国家旅游局，在各大城市开设旅行家俱乐部。1965 年各州成立了旅游委员会，各大城市成立了旅游局，旅游休假活动蓬勃兴起，一年四季举办诸如水上旅游、火车旅游、航空旅游、汽车旅游等各种观光游览。独立前的 1990 年拥有旅游饭店以及可供旅游用的休养所和疗养院共计 423 家，拥有床位总数 83.08 万张。其中，旅游饭店 27 家（占全苏的 2.8%）、床位 1.28 万张（占全苏的 2%），休养所和疗养院 396 家、床位 81.8 万张。

该国独立后，除 1991 年出国旅游人数锐减为 17 万人外，从 1992 年起，旅游人数和收入逐年增长。1992 年和 1993 年年初新建可供旅游使用的休养所和疗养院床位总数分别为 75.6 万张和 64.8 万张。到 1993 年出国旅游人数超过 100 万人次，为 1991 年的 5.9 倍，并接待 100 多万人次外国游客。旅游业服务收入由 1991 年的 2 亿卢布增加到 1993 年的 86 亿卢布，占全国付费服务总收入的 4.4%，旅游部门成为国民经济中"最活跃的部分之一"。为加快旅游业发展，国家加大对旅游业的投资。1994年新建可供旅游使用的休养所和疗养院的床位总数达26万张，使当年旅游服务收入占全国付费服务总收入的比重提高到6.8%，比上年增长2.4个百分点。1995年旅游业付费服务收入由1994年的285亿白卢布增至1334亿白卢布，占全国付费服务总收入的比重又提高到7.4%。2000年，全国有旅游宾馆260多家，床位2.67万张（不包括休养所和疗养院）。独联体以外国家到该国疗养人数6.2万人次，该国到独联体以外国家旅游人数约28.9万人次。

2005～2018年，白旅游业稳步发展。从事旅游服务的组织（机构）2005年为402家，2010年增至783家，2018年再增至1482家。这些旅游机构主要从事旅游观光和旅行社业务，以私人企业为主（2018年私人企业占86.1%、国有企业占10.6%、外国企业占3.3%）。旅游住宿设施（包括酒店类和疗养院类）在2010年后增长较快，2005年白旅游住宿设施共计600家，2010年为693家，到2018年增至1077家，其中宾馆饭店为587家、疗养院490家；客房数量从2005年约2.826万间增至2010年的3.19万间，2018年为4.06万间，其中宾馆饭店占50.7%、疗养院占49.3%。白俄罗斯酒店以三星级为主，2018年全国有三星级酒店35家，占星级酒店总数的64.8%；四星级酒店有5家，占9.3%；五星级酒店只有4家，占7.4%。2005～2018年赴白旅游的外国游客数量从9.08万人次增至36.55万人次，增长3倍；出国游人数先抑后扬，2005年为57.24万人次，2010年降至41.5万人次，2013年激增为70.8万人次，2018年为85.07万人次。2018年，旅游业服务收入共计2.13亿白卢布，同比增长39.2%。赴白旅游的外国游客中，56.7%来自俄罗斯、16.7%来自立陶宛、12.7%来自波兰，中国游客占0.9%。白居民出境游居前三位的国家分别是埃及（24.9%）、土耳其（17.8%）、乌克兰（14.4%）。①

3. 旅游项目和线路。

除传统的水上、火车、汽车和航空旅游外，白独立后还新增了登山、

---

① http://www.belstat.gov.by/.

滑雪、徒步、划船、骑自行车、驾驶摩托等体育旅游和狩猎旅游、经贸考察旅游以及文化习俗旅游、购物旅游等各种项目。其中文化习俗旅游是该国外经部和文化部 1995 年新开设的独具特色的旅游项目，也叫"白俄罗斯旅游圈"，按这个旅游圈的旅游路线可使游客了解该国人民的文化、历史和习俗。近年来，白政府特别关注农业生态旅游和保健游的发展。白总统为此特别发布了第 372 号总统令——《关于白俄罗斯发展农业生态旅游业措施》。在国家的大力扶植下，农业生态游和保健游成为白比较成功的旅游项目。疗养和保健机构的数量从 2010 年的 334 家增至 2018 年的 490 家，床位达 4.09 万张，从业人员达 1.78 万人。农业生态旅游主体从 2010 年的 1247 个增至 2018 年的 2473 个；农业生态游客数量增长较明显，2014 年为 30 万人，2018 年达 42.23 万人，4 年增长 40.77%。在农业生态游游客中，白本国游客占 89.8%，外国游客仅占 10.2%。

　　白境内开发的传统旅游线路主要有以下 5 条：（1）西线（明斯克—巴拉诺维奇—布列斯特）；（2）东南线（明斯克—博布鲁伊斯克—戈梅利）；（3）东北线（明斯克—奥尔沙—莫吉廖夫）；（4）西北线（明斯克—利达—格罗德诺）；（5）北线（明斯克—波洛茨克—维捷布斯克）。其中以西线为主。近年来，白俄罗斯一直积极开发沿天然的绿色走廊、山谷、河流、历史悠久的贸易路线和旧铁路线的绿色旅游路线，其中比较有名的有维捷布斯克州沿列佩利斯（Лепельский）地区的"黄色睡莲与灰色巨石"线，沿格里夫达河、沙拉河和涅曼河一线的"立陶宛大公国水路"等。

第三节　财政与金融

一　财政与税收

（一）财政状况

　　白俄罗斯独立前财政状况良好，财政收入一直超过财政支出，财政有盈余（如 1990 年盈余 10 亿卢布）。独立后国家财政预算分中央预算（共

和国预算）和地方预算两种。1991 年独立后该国与俄罗斯等独联体其他国家一样，受苏联解体的严重影响，财政状况恶化，陷入财政危机。在独立后的经济滑坡困难阶段（1991～1995 年），除 1991 年财政有 15 亿卢布盈余外，其他 4 年财政支出均超过收入，连年赤字。1992 年预算收入和支出分别为 2960 亿卢布和 3140 亿卢布，赤字 180 亿卢布，赤字占国内生产总值的比重为 1.96%。1993 年财政状况更糟，赤字最大，财政收支分别为 3.6228 万亿卢布和 4.1684 万亿卢布，赤字占国内生产总值的比重高达 5.6%。1994 年卢卡申科总统当政后，面对国家财政严重恶化的“非常局势”，采取加强预算的收支管理、严控预算赤字、提高税收系统效率和严厉打击偷漏税等一系列措施，财政状况开始有所好转，1994 年和 1995 年赤字占国内生产总值的比重分别降为 3.4% 和 2.6%。自 1996 年起财政形势随国家经济形势好转也有所好转。赤字明显减少，赤字占国内生产总值的比重明显低于第一阶段。1996～1999 年，以 1998 年的财政情况最好，赤字最小，赤字占国内生产总值的比重最小，仅占 1%。进入 21 世纪，据该国政府称，国家财政虽仍有困难，但正在“趋于平衡”。2001 年财政收支分别为 5.731 万亿白卢布和 5.953 万亿白卢布，赤字占国内生产总值的比重为 1.3%。到 2002 年国家预算收入超过支出，分别为 4.236 万亿白卢布和 3.891 万亿白卢布，财政继 1991 年后又出现盈余（3448 亿白卢布）。此后，该国财政渐趋稳定。

2005～2018 年，得益于宏观经济指标的快速增长，整体经济环境的改善，实体经济部门产量的提高，企业财政业绩的增长和盈利能力、偿债能力的提高以及对外贸易的增长，白统一预算执行情况总体呈良好态势：预算收入逐年提高，预算支出基本到位，大部分年份收入超过支出，预算赤字占国内生产总值的比重明显下降。出现预算赤字的年份只有 2005 年和 2010 年。据白俄罗斯财政部的数据，2018 年白统一预算收入共计 376.83 亿白卢布，比 2017 年增长 19.1%，占国内生产总值的 31%；支出 330.90 亿白卢布，比 2017 年增长 15.2%，占国内生产总值的 27.2%；财政盈余 45.94 亿白卢布，比 2017 年增长 57%，占国内生产总值的 3.8%（见表 4 - 18）。

　　白统一预算收入主要由税收收入和非税收收入组成，其中税收收入是预算收入的重要来源，2018 年占 83.6%。国家预算支出主要用于国家机构活动和国际活动、国民经济、社会领域等。2018 年用于全国性活动（包括国家机构活动、国际活动、国家和地方的投资项目、公共债务服务等）的支出占 24.9%、用于社会领域（社会政策、教育、卫生保健、体育、文化和大众传媒）的支出占 43.2%、用于国民经济的支出占 14.5%。白俄罗斯是个福利国家，政府用于社会领域的支出常年维持在 40% 以上，2018 年社会领域支出计 142.99 亿白卢布，比 2017 年增长 13.4%，占国内生产总值的 11.8%。其中，教育支出占全部社会性支出的 39.4%，卫生保健支出占 34.2%，社会政策实施占 18.3%。

表 4 – 18　2010～2018 年白俄罗斯统一预算收支情况

单位：万亿白卢布

年份	2010	2011	2012	2013	2014	2015	2016	2017	2018
统一预算收入	30.27	85.61	157.96	189.23	219.28	266.32	285.26	316.51	376.83
共和国预算	27.98	54.19	95.18	105.80	128.20	167.21	177.63	197.72	243.89
地方预算	48.75	48.40	91.14	119.53	133.61	138.23	151.81	163.85	178.26
统一预算支出	52.98	79.43	155.17	187.75	211.15	250.38	273.22	287.27	330.90
共和国预算	34.28	51.95	95.88	108.06	122.78	152.14	167.50	170.01	197.29
地方预算	28.37	43.95	88.01	115.64	131.02	137.59	149.72	162.13	178.93
盈余（赤字）	-4.23	6.18	2.79	1.48	8.13	15.95	12.04	29.25	45.94
共和国预算	-4.01	2.24	-0.70	-2.26	5.42	15.07	10.13	27.71	46.61
地方预算	-0.39	4.45	3.13	3.89	2.60	0.65	2.09	1.72	-0.67

　　注：2016～2018 年数据单位为亿白卢布。

　　资料来源：Статистический ежегодник Республики Беларусь. 2018 – 2019гг. http://www.belstat.gov.by/ofitsialnaya – statistika/。

　　一方面，2002 年后白国家财政整体实现盈余，另一方面，由于国内资金紧张，政府不得不依靠长期举借外债以稳定并发展经济。按照白中央银行截至每年 1 月 1 日的数据，白外债总额逐年增加，2001 年为 20.92 亿美元，2009 年增至 151.54 亿美元，2018 年进一步增至 399.33 亿美元；2009 年前外债总额占国内生产总值的比重基本维持在 20% ~30%，2009 年后该比重快速上升，至 2018 年已达 73.4%。在外债结构中，政府直接外债和企业外债占大部分，截至 2018 年 1 月 1 日，两者在外债总额中的比重分别为 43.2% 和 37.6%。白俄罗斯外债主要来自世界银行、国际货币基金组织、欧亚稳定和发展基金以及俄罗斯和中国的贷款。其中，俄罗斯与欧亚稳定和发展基金提供了将近 27 亿美元贷款，用于白俄罗斯的债务重组和稳定经济形势。

2002 ~2013 年，白国际储备资产整体呈逐年增加之势（2009 年受国际金融危机影响有所减少），从 4.78 亿美元增至 80.95 亿美元，其中黄金储备从 0.60 亿美元增至 22.86 亿美元，外汇储备从 4.16 亿美元增至 32.40 亿美元。2014 ~2016 年，受本国货币大幅贬值和俄罗斯经济衰退的影响，白国际储备资产持续减少，至 2016 年 1 月 1 日减至 41.76 亿美元，其中黄金储备 14.32 亿美元，外汇储备 19.54 亿美元（见表 4 - 19）。2016 年和 2017 年，随着世界经济的整体复苏，白经济也开始恢复增长。得益于石油和石油产品出口关税在内的外汇资金充实财政预算、各银行在白央行的代理账户中外汇增加、货币黄金价格上涨、央行出售外汇计价债券收入增加以及央行在白外汇基金交易所购入外汇，白国际储备资产出现增长，至 2019 年 10 月 1 日增至 88.31 亿美元，其中黄金储备 23.34 亿美元、外汇储备 59.81 亿美元。整体看，白国际储备水平不高，政府对外偿付能力较差。

表 4 - 19   2003 ~2018 年（截至 1 月 1 日）白国际储备资产

单位：亿美元

年份	总额	黄金储备	外汇储备	年份	总额	黄金储备	外汇储备
2003	4.78	0.60	4.16	2011	50.31	16.00	19.08
2004	4.99	0.37	4.61	2012	79.16	19.05	44.89
2005	7.70	0.80	6.90	2013	80.95	22.86	32.40
2006	12.97	1.90	11.06	2014	66.51	17.14	37.38
2007	13.83	3.14	10.67	2015	50.59	16.37	28.83
2008	41.82	2.3	38.66	2016	41.76	14.32	19.54
2009	30.61	3.74	26.06	2017	49.27	17.20	24.20
2010	56.53	8.21	25.20	2018	73.15	19.40	42.82

资料来源：白央行网站，http://www.nbrb.by/statistics/reserveAssets/assets.asp。

（二）税收

税收是白俄罗斯国家财政收入的主要来源。该国的税收法律由《白俄罗斯共和国税法》及据其颁布的其他有关法规组成。《白俄罗斯共和国税法》是国家税收体系的基本文件，此外还颁布了具体税收法规以及相关规定，包括以总统名义直接颁布的法令、公告和行政命令、相关税收协定、地方政府对于规范相关税收问题的决定以及其他规范性法规等。根据《白俄罗斯共和国税法》，白现行的税收体系包括国家税费、地方税费和特殊税收。国家税费包括增值税（基础税率20%）、消费税（固定税率）、利润税（基础税率18%）、所得税（统一税率12%）、不动产税、土地税、生态税、自然资源开采税、印花税、社会保险费、签证费、专利费等；地方税费包括养狗税、疗养费和采购费等；特殊税收包括个体企业家和其他自然人的单一税、农业生产者单一税、赌博行业税、抽奖活动收入税、电子互动游戏收入税等。利润税、增值税、所得税（税率12%）、消费税、环境税、土地税、不动产税和社会保险费为主要税种。

白最高税务管理机构是白俄罗斯税务部，它依据《白俄罗斯共和国税法》及其他税收法律制定税收政策，并规定纳税人或扣缴义务人以及税务机关在办理税务事项时需要遵循的程序，递交申报资料的格式，以及申报资料的填写方式等。税务机关依照国家法规规定代表国家执行税收政策并进行税收管理，同时，在法规授权的范围内，海关可代理部分税收征管。税务机关、海关及其他执行税务管理功能的政府机关依据法律执行一定的管理职能并进行协作。

白俄罗斯税收体系的建立过程也是一个不断调整改革的过程，尤其是从2006年开始的税制改革，重新确定了税收的结构、组成和数量，极大地缩短了支付周期，简化了主要税种的征收机制，降低了整个经济的税负（统一预算收入中的税收收入与国内生产总值之比）（见表4-20）。为进一步刺激经济和投资活动，白政府在工作计划中规定，2018~2020年的税收负担不得超过26%。

表 4 – 20　1993～2018 白俄罗斯税收收入占国内生产总值的比重

单位：%

年份	1993	2002	2010	2012	2013	2014	2015	2016	2017	2018
比重	49.6	39.7	27.3	25.2	24.6	23.5	24.8	25.1	24.9	25.9

资料来源：根据白俄罗斯税务部历年数据整理而得。

近年，白税收收入一直比较平稳，2010～2018 年税收收入占国家统一预算收入的比重从 92.04% 降至 83.57%，整体稳定在 80% 以上。经济整体税负呈下降趋势。在全部税收收入中，商品税（包括服务和劳务）、利润和所得税以及对外经济活动收入税这三大类税收占比最大，2018 年三者在税收收入中所占比重分别为 47.4%、27.8% 和 17.5%。其中增值税在商品税中的占比最大，基本保持在 70% 左右；个人所得税在利润和所得税中的份额呈上升趋势，从 2010 年的 45.5% 升至 2017 年的 59.1%，利润税从 47.2% 降至 37.5%。

二　货币政策和汇率

（一）货币政策和币制改革

白俄罗斯独立初期，该国政府一直主张在独联体保持卢布区，不想发行本国货币，认为维持卢布区对本国有利。1992 年因国内遭旱灾农业大歉收，国外因俄罗斯放开价格对独联体国家经济造成巨大冲击，为避免本国食品外流，该国政府于当年 7 月印刷非正式的临时性货币，主要限于本国居民购买食品。同年 11 月白俄罗斯和亚美尼亚以及乌兹别克斯坦等 5 个中亚国家与俄罗斯签订加入卢布区协定。到 1994 年，鉴于独联体各国大多先后发行了本国货币，为了维护本国利益，白俄罗斯最高苏维埃于 10 月 20 日通过决议，决定把临时性货币——白俄罗斯卢布作为本国法定货币，禁止外币在其境内流通。至此，白俄罗斯退出卢布区。从白俄罗斯正式发行本国货币至今，白出现过几次严重的通货膨胀，白卢布随之大幅贬值。对此，白政府适时实施了货币改值措施，以方便计价和统计。1994 年 8 月 20 日，白对 1992 年发行的临时性货币进行改值，新发行的面值 1

白卢布的货币等于 10 旧白卢布。2000 年 1 月 1 日，根据白总统卢卡申科
的命令，白中央银行发行新面值货币，新币币值为 1 白俄罗斯卢布等于
1000 旧白俄罗斯卢布，发行的新卢布面值为 1、5、10、20、50、100 和
500 白卢布。2016 年 7 月 1 日，根据白总统卢卡申科 2015 年 11 月 4 日签
署的第 450 号《关于白俄罗斯官方货币单位改革》的总统令，白再次发
行新面值货币，替换比例为 10000 旧版白卢布等于 1 新版白卢布。其中新
版货币最大纸币面值将由原来的 20 万白卢布变为 500 白卢布，相当于现
流通的 500 万白卢布，按当时白俄罗斯卢布兑美元汇率，约合 300 美元；
最小纸币面值将由原来的 100 白卢布变为 5 白卢布。此外，白俄罗斯新版
货币还将增发硬币。2017 年 1 月 1 日至 2019 年 12 月 31 日旧版白卢布不
再流通，但可在白央行及其他国有银行进行兑换。

白货币政策由白俄罗斯国家银行（中央银行）根据国内通货膨胀和
利率变动情况制定。目前白实行的是"货币目标制"的货币政策。该政
策是 2015 年 2 月 1 日在国际金融机构建议下制定并开始推行的。其主要
任务是保持市场价格稳定，每年确定通货膨胀目标值，并通过控制货币流
通量实现通货膨胀目标；实行有管理的浮动汇率制度。白俄罗斯国家银行
副行长谢尔盖·卡列契茨表示，该货币政策最适用于白俄罗斯经济发展模
式和货币政策的信贷传导机制，可有效降低通货膨胀率，并保障白卢布汇
率的灵活性。

（二）货币汇率

白俄罗斯发行本国货币后，由于受经济恶化、通货膨胀剧烈以及俄罗
斯卢布不断大幅贬值的影响，本国货币也连年大幅度贬值。白俄罗斯卢布
与美元的官方汇率由 1993 年的 3160∶1 降到 1995 年年底的 11517∶1，两
年贬值 264.5%。从 1996 年开始，随着经济形势好转，本国货币汇率趋
于稳定。1996 年和 1997 年官方汇率分别为 2.2 万和 3.9 万白俄罗斯卢布
兑换 1 美元。1998 年因俄金融危机，俄卢布大幅贬值，该年汇率降为
10.7 万白卢布兑换 1 美元。2000 年实行货币币值改革后，汇率在 2000
~2008 年基本保持稳定。据白中央银行公布的数据，2002 年美元对白卢
布汇率为 1∶2050，2009 年 1 月 1 日为 1∶2200。受 2008 年国际金融危机

的影响，2009 年白卢布对美元贬值速度加快。从 2009 年年初开始，白俄罗斯中央银行将白卢布和一揽子货币（美元、欧元和俄罗斯卢布）绑定，同时宣布白卢布一次性贬值 20%，白卢布对美元汇率随之降为 2650∶1。2011 年，白国内发生严重的金融危机，白卢布对美元继续大幅贬值：5 月 24 日白卢布对美元汇率为 4930∶1，10 月降为 8680∶1。2014 年，受俄罗斯卢布贬值的影响，白卢布对美元汇率再创新低，12 月 19 日官方汇率为 10890∶1，全年白卢布贬值 24.7%。2015 年白卢布继续贬值，12 月 31 日白卢布对美元汇率降为 18569∶1。2016 年 7 月 1 日白进行了货币改值，当日白卢布（新版）对美元汇率约为 2∶1，2017 年 1 月 1 日约为 1.96∶1，2017 年 12 月 31 日为 1.97∶1（见表 4 - 21）。

表 4 - 21　2011 ~ 2018 年白俄罗斯卢布对外国货币的官方汇率（截至每年年底）

年份	2011	2012	2013	2014	2015	2016	2017	2018
俄罗斯卢布*	261	282	290.5	214.5	255.33	3.244	3.4279	3.1128
美元	8350	8570	9510	11850	18569	1.9585	1.9727	2.1598
欧元	10800	11340	13080	14380	20300	2.045	2.3553	2.4734

注：* 2011 ~ 2015 年为 1 俄罗斯卢布对白俄罗斯卢布，2016 年开始为 100 俄罗斯卢布对白俄罗斯卢布。

资料来源：Статистический ежегодник Республики Беларусь. 2019 г. http：//www. belstat. gov. by/upload/iblock/35d/35d07d80895909d7f4fdd0ea36968465. pdf。

（三）俄白两国货币统一问题

卢卡申科任白俄罗斯总统初期曾积极地推进俄白货币统一。两国总统于 1999 年签署了关于俄罗斯与白俄罗斯建立联盟国家的条约，并签署了实施联盟国家条约的行动纲领。该纲领规定，从 2000 年起逐步拉平两国主要宏观经济指标；从 2001 年起实行统一的税收政策；从 2005 年起实行统一的贸易和关税政策，当年年底之前实现货币统一。2000 年 11 月 30 日，俄白联盟最高国务委员会在白俄罗斯首都明斯克举行会议，通过了关于发行统一货币和建立统一货币发行中心的决定。根据该决定，从 2005 年 1 月 1 日起，卢布将成为俄白联盟的统一货币；从 2008 年 1 月 1 日起，俄白两国将发行新的统一货币。但围绕统一货币发行中心的设置和监管问题两国一直存在争议。2005 年 9 月，时任俄罗斯总理米哈伊·弗拉德科夫在联盟国家部长会议后向记者表示，俄白两国尚未准备好在 2006 年推行统一货币，并且在没有为此建立起相应的经济条件基础的情况下，推行统一货币的具体时间还无法确定。至今统一货币问题仍未落实。

三　金融

白俄罗斯金融市场是随着社会经济转型逐步建立发展起来的，其体制结构包括：白国家银行（中央银行），银行和非银行金融机构，白俄罗斯发展银行，保险和再保险机构，证券市场的专业参与者，从事租赁业务的机构，小型金融机构，外汇公司和其他进行中介业务的机构。长期以来，白一直致力于建设稳定有序、全面发展、有竞争力的金融市场，使其适应市场经济的需要，并将这一目标列入国家优先发展计划。为此，政府制定并颁布了各项法律法规以规范银行和非银行金融信贷机构行为和促进其他细分市场的发展，如《银行法典》、《银行和非银行金融信贷机构经营的国家注册和批准程序细则》、《关于批准在白俄罗斯共和国境内银行为客户开设账户的条例》、《证券交易所法》、《有价证券所法》、《商品交易所法》、《股份公司、有限责任公司和附加责任公司法》、《白俄罗斯共和国境内注册和发行有价证券的规定》和《保险法》等。近 10 年，白金融市场虽然得到了一定程度的发展，但发展很不均衡，无论从资产比重还是从对经济社会的影响力看，银行业始终占据主导地位，发展速度较快，而其他细分市场则发展迟缓，有的甚至尚处于萌芽状态。2011~2016 年，白政府对金融市场进行了一系列制度调整，包括完善向国家计划项目提供财政支持的方法；成立国家开发银行，以对国家项目提供融资，减轻国有商业银行的负担；调节租赁、小额信贷及场外交易市场的活动；系统完善关于证券市场和保险业的立法，消除阻碍其发展的主要障碍。其中最重要的变化是货币政策过渡到货币目标制，提高了汇率的灵活性。这些调整对银行业的快速发展起到支撑作用，提高了保险业的活跃度，进一步促进了证券市场发展。

（一）银行业

白俄罗斯银行系统始建于 1870 年 1 月 8 日，当日在戈梅利创建了第一家大众银行。1917 年十月革命后建立俄罗斯苏维埃联邦社会主义共和国人民银行，1923 年改组为苏联国家银行。1987 年白俄罗斯开始向新的货币体系过渡。1990 年 12 月白俄罗斯苏维埃社会主义共和国颁布《关于建立白俄罗斯共和国国家银行》和《关于白俄罗斯共和国银行业及银行业务》两项法令，宣布将白境内的苏联银行收归白俄罗斯所有，并于 1991 年 4 月 1 日建立白俄罗斯国家银行。独立后的白俄罗斯银行按所有制可分为国有制、合作制、合资和外国独资银行 4 种。按行业专业划分有工业建设银行、农工银行、交通银行、外经银行、商务银行、铁路银行、投资银行等多种。经过多年的改革调整，目前白俄罗斯实行二级银行体制。第一级为中央银行，即白俄罗斯国家银行。白俄罗斯国家银行属国家机关，直接向总统汇报工作。它具有很大的权限，主要目标是保证本国货币和银行系统的稳定，确保国家支付系统有效、可靠和安全的运行等。它的主要职能是：确定国家货币信贷政策的主要方向，并与政府共同保证统一的货币信贷政策的顺利实施；货币信贷调节和外汇调节；办理跨银行核算和银行出纳服务；咨询、贷款和行使政府及地方权力机构财政代理人职能；发放有权从事银行业务的许可证，从事分行和银行代办处的核算；对银行遵守安全运作和清偿力运作额度进行监督；调节对外经济银行业务；调节信贷业务；规定全国境内非现金核算办理程序、方式、规划及履行中央交予的其他职能。国家银行享有发行货币及制作和发行纪念币的权力。第二级为商业银行。通过商业银行贯彻实施白俄罗斯的信贷货币政策。该国商业银行通过两条途径成立。第一条途径是，原国家专业银行实行商业化。第二条途径是，成立新的商业银行。该国央行于 1991 年 10 月制定的《在白俄罗斯共和国境内设立和注册外国银行、外资入股银行及外国银行分行（代办处）程序方案》规定，允许在白境内开设和运作外资参与的合资银行和外国独资银行以及外国银行的分行，但外方的法定资本应不少于 500 万埃居。在成立合资银行时，外资占有的份额不得超过 49%。此外还规定，在白银行系统的法定资本总额中，国外主体的金融股份不得超过 10%。2008 年前为确保本国的控股权，白规定外国资本在银行法定资本中的份额不得超过 25%。2008 年后，为吸引外资白中央银行宣布将这一份额提至 50%。截至 2019 年 10 月，白共有 24 家银行和 3 家非银行信贷金融机构，其中 5 家国有银行、14 家外资银行（外国资本在法定资本中占多数）、5 家私人银行。另有 5 家外国银行的代表处，其中俄罗斯 2家，中国和德国各 1 家，世界银行 1 家。白银行系统的集中度很高，银行资产和资本金都集中在少数几家大银行手中。目前，白俄罗斯国内有7 家大型银行，其资产额占银行业资产总额的 85.22%；其资本占银行业资本总额的 82.7%。与此同时，白银行业资本基本由国家控制，国有银行在国家经济中发挥着重要作用。2019 年 10，银行法定基金总额计55.42 亿白卢布，其中国家持股 77.09%、非白俄罗斯居民持股19.72%。[①] 商业银行中国家也占有大量份额，它们大规模地参与对国家计划和国家项目的贷款，并履行某些社会职能。目前资本金居前三位的银行均为国有银行，分别为白俄罗斯储蓄银行、白俄罗斯农工银行和白俄罗斯开发银行。

在过去 15 年时间里，除传统业务外，白银行业一直在有计划地采取措施，扩大非现金支付领域。银行为自然人和法人建立了远程服务系统。截至 2019 年 10 月 1 日，白有 23 家银行可为个人客户发放银行卡，共发放银行卡 1517.13 万张，其中国内支付系统银行卡 "БЕЛКАРТ" 500 万张，约占银行卡总数的 33%；国际支付系统银行卡 1017.13 万张——VISA 卡 511.11 万张，占银行卡总数的 33.7%，"MasterCard" 支付系统银行卡 506.02 万张，占 33.4%；2018 年全年使用银行卡支付的业务总额共计 596 亿白卢布。白银行中的个人客户约为 942.3 万人，其中使用银行远程服务系统的客户数量超过 702.2 万人（使用银行互联网的客户数量为371.5 万人）；向法人客户提供远程服务的银行有 24 家，这 24 家银行的法人客户总数约为 45.6 万，其中使用银行远程服务系统的客户数量超过

① Банковский сектор Республики Беларусь. Краткая характеристика устойчивости функционирования. http：//www. nbrb. by/publications/banksector/bs_ 01_ 10_ 2019. pdf.

30.1 万。截至 2017 年 1 月 1 日，白各银行设置的自动柜员机共计 4386 台，自助式支付终端共计 3394 台；约 10.94 万家贸易（服务）机构中共有 13.96 万台支付终端。电子货币市场也有所发展，目前已有 8 家银行发行了电子货币，2012~2018 年电子货币发行额从 2.15 亿白卢布增至 3.67 亿白卢布，但电子货币的使用量从 2.4 亿白卢布降至 1.94 亿白卢布。

（二）证券市场

积极发展国家证券市场是独立后白俄罗斯货币信贷政策的新要素之一。白俄罗斯于 1992 年着手建立证券市场。当时的主要思想是通过发行政府担保的证券弥补国家预算赤字，并配合国家实施的私有化政策。最初，证券的一级分配、托管和调整均由白国家银行负责，1995 年 9 月底以后，白国家银行开始在公开市场进行正规运营。1996 年 9 月 4 日白发布第 139 号《关于改革封闭型股份公司"银行间外汇交易所"》的总统令，白国家银行开始积极参与确立证券二级市场的过程。1994~1997 年是一级和二级市场形成和快速发展阶段。1998 年是白证券市场发展的转折点，原先财政部所属的证券委员会改组为白俄罗斯国家证券委员会，此时证券市场发展的主要任务包括建立完备的国家监管调节体系及其法律制度基础，并建立统一的二级托管体制。1998 年 12 月，根据白第 366 号《关于完善有价证券市场的国家调整体系》总统令组建了白俄罗斯货币和证券交易所（开放式股份公司）。该交易所有权进行各类金融资产交易（包括外汇和有价证券，但记名私有化证券"财产"除外）。至今，白俄罗斯货币和证券交易所仍是国内唯一的证券交易所，在其基础上建立了全国性的金融交易系统，包括外汇、股票和期货交易。1999 年，政府采取有效措施，为建立完备有效的股票市场研究制定法律基础；开发并投入使用了技术程序综合设备，既可进行股票交易也可为交易所经纪人提供结算、托管和信息方面的服务；建立了交易业务的基础设施；为股票分析和上市系统奠定了基础。这一阶段证券市场发展的战略目标是为参与者提供质量更高的服务、增加交易额、使基础设施和操作方式更加现代化。为规范调节证券市场活动，国家先后颁布了一系列法律法规，如《证券和证券交易所法》《公司法》《白俄罗斯记名私有化证券法》等。此后，白证券市场一直受到国家的严格监管，国家通过立法和管理机关对证券市场进行直接调节，建立并完善了基础设施（托管、交易和结算系统），吸引居民和机构参与市场活动。

目前，白股票二级市场、衍生证券市场和证券化资产市场及其机制（投资和养老基金）尚未得到充分发展。经营主体的贷款融资来源仍是银行贷款，证券市场在融资中发挥的作用还很有限。截至 2017 年 1 月 1 日，白股票发行量为 292 亿白卢布，[①] 比 2011 年 1 月增长 4 倍，股票交易总额占国内生产总值的比重为 30.9%，比 2011 年减少 3.7 个百分点。允许流通的公司债券和地方行政管理机关债券额为 155 亿白卢布，比 2011 年 1 月 1 日高 7.1 倍，债务总额占国内生产总值的比重比 2011 年 1 月 1 日上升 11.2 个百分点，达 16.4%。股份公司数量为 4628 家，增加 200 家。全国有 60 家法人实体获得了从事证券交易活动的许可证，包括白俄罗斯国家银行（中央银行）、24 家其他银行和 35 家非银行机构。2011 年年初，白有 1801 家股票发行机构和 52 家发行债券的法人实体，2017 年年初增至 2387 家和 69 家。股票二级市场年交易量 2011 年为 0.3 亿白卢布，2012 年为 0.8 亿白卢布，2016 年为 0.5 亿白卢布。股票市场的流动性很低。2016 年交易市场上法人实体债券（包括地方行政管理机关）的交易量为 25 亿白卢布，比 2010 年增长 3.5 倍。2016 年场外市场的证券交易量共计 78 亿白卢布，比 2010 年增长 14 倍，其中股票 0.6 亿白卢布、债券 77 亿白卢布。[②]

（三）保险业

保险业是白俄罗斯独立后新兴的发展速度较快的一种金融产业。1991 年独立后翌年就建立了 14 家私营保险公司。1993 年 6 月 3 日该国通过了《保险法》，并于 7 月 21 日起生效。根据该法，经注册并在国家保险监督局领取有权保险或专业保险许可证的国家组织、股份公司、有限责任公司

[①]　该数据及以下数据均考虑到白货币改值因素。

[②]　Стратегия развития финансового рынка Республики Беларусь до 2020 года, http: // www. nbrb. by/.

均可作为保险方（保险公司）。保险险种分为自愿保险和强制保险两种，以自愿保险为主。强制保险有旅游保险和居民财产保险两种。自愿保险有人寿保险、人身意外伤害保险和各种风险保险等多种。同时规定，允许外国企业与白俄罗斯企业合作开展保险业务。到 1996 年年初，该国已登记注册进行业务的保险公司有 74 家，各自可开设新的险种。除了最流行的企业和公民货物保险和财产保险外，已实施的新险种有：进出口业务保险、金融风险和货物运输保险、有价证券保险、建筑安装工程保险、退休保险、职业责任保险、医疗保险、意外患病保险和寄居该国的外国公民不幸事故保险等。据该国公布的数据，1993 年全国保险业收入为 706 亿白卢布（其中自愿保险收入 690 亿白卢布，占保险总收入的 97.8%，强制保险收入 16 亿白卢布，占 2.2%），同年付出的保险赔偿金 311 亿白卢布，占保险业收入的 44%，全年盈余 395 亿白卢布，占 56%。1994 年保险业收入为 1086 亿白卢布，除了赔偿的 443 亿白卢布外，盈余 643 亿白卢布。成倍增长的可观利润促使该国保险业不断迅速发展。该国计划到 2000 年把保险业收入翻一番，险种和经营规模都大大扩大，使之既有利于社会保障，又有利于增加国家收入。

2000 年后，白保险业快速稳定发展，保险业在国家经济中的保护功能得到增强。截至 2019 年 1 月 1 日，白保险市场共有 16 家保险机构（注册基金 12.1 亿白卢布）和 29 家保险代理公司。16 家保险机构中，4 家为国有企业，4 家拥有 50% 以上的国有股份，6 家带有外国资本。保险机构从业人员共计 1.76 万人，其中编制内人员 8905 人。2018 年保险缴费共计 12.26 亿白卢布，比 2017 年增长 14.6%。在保费结构中，2012 年前强制保险缴费在保险缴费总额中的比重一直高于自愿保险缴费，但二者的差距逐步拉平，至 2012 年强制保费的占比为 51%，自愿保费占 49%，从 2013 年开始自愿保险缴费占比超过强制保险缴费占比，分别为 54.7% 和 45.3%，2018 年分别为 58.4% 和 41.6%（见表 4 - 22）。保险赔偿额随着保险缴费的增长逐年递增，从 2004 年的 1531 亿白卢布增至 2015 年的 4.73 万亿白卢布，赔付水平在 39.2%（2004 年）至 57.4%（2015 年），其中强制险赔偿额始终占一半以上。2016 ~ 2018 年，保险赔偿额从 2.81

亿白卢布增至 6.25 亿白卢布，增长 122.4%，三年赔付水平分别为
54.7%、50% 和 51%。其中自愿保险赔偿额从 2016 年开始超过强制保险
赔偿额，2018 年占赔偿总额的 58.8%。

表 4 - 22　2010 ~ 2018 年保险缴费情况

年份	2010	2011	2012	2013	2014	2015	2016	2017	2018
缴费总额	1.34	2.37	4.34	6.65	7.27	8.23	9.88	10.70	12.26
强制保险	0.67	1.22	2.21	3.01	3.34	3.94	4.46	4.65	5.10
自愿保险	0.66	1.14	2.12	3.63	3.93	4.29	5.42	6.06	7.16
与上年相比(%)	120.3	176.3	183.4	153.2	109.4	113.2	120.1	108.3	114.6

　　注：2010 ~ 2015 年单位为万亿白卢布，2016 ~ 2018 年单位为亿白卢布。缴费金额和与上年
之比分别保留小数点后两位和小数点后一位，所以有误差。

　　资料来源：http：//www.minfin.gov.by/ru/supervision/stat/。

　　2010 ~ 2018 年，白保险机构财务潜力不断增强。保险准备金从 2010
年的 1.03 万亿白卢布增至 2015 年的 8.7 万亿白卢布，增长 7 倍多；
2016 ~ 2018 年从 10.71 亿白卢布增至 15.63 亿白卢布，增长 45.9%。
2010 ~ 2015 年，保险机构自有资金从 1.98 亿白卢布增至 13.59 亿白卢布，
增长近 6 倍；2016 ~ 2018 年从 14.23 亿白卢布增至 16.17 亿白卢布，增长
13.6%。2017 年白保险机构共向预算及预算外基金划拨 1.38 亿白卢布，
其中 8860 万白卢布以税收和非税收形式支付，4910 万白卢布支付预算外
基金。[①] 2017 ~ 2018 年白俄罗斯保险市场的关键指标数据见表 4 - 23。

表 4 - 23　2017 ~ 2018 年保险市场的关键指标

时间	2017 年 1 月 1 日	2018 年 1 月 1 日	2019 年 1 月 1 日
保险费与 GDP 的比率(%)	1.04	1.01	1.01
保险公司资产与 GDP 的比率(%)	2.97	2.99	2.93
人均保险费金额(白卢布)	103.9	112.7	129.4

　　资料来源：http：//www.minfin.gov.by/supervision/stat/2018/itogi/9621b56a8a6e4260.html。

---

　　①　http：//www.minfin.gov.by/supervision/reestr/。

白俄罗斯

第四节　对外经济关系

一　对外贸易

（一）对外贸易政策

白俄罗斯资源短缺，石油、天然气等原材料主要依赖进口，同时，白国内市场容量有限，其国内生产总值的 60% 以上需要依靠出口实现。因此，白外贸依存度较高，商品进出口总额占国内生产总值的比重常年在50% 以上，2000 年高达 63.5%，近年维持在 50% ~ 55%。基于此，白俄罗斯外贸政策的总体原则就是实行经济开放，奉行贸易自由化。但在不同时期政府会根据国内外政治经济形势对外贸政策进行调整，以促进进出口稳定增长、国民经济快速发展。

《2006 ~ 2010 年白俄罗斯社会经济发展纲要》中规定的对外贸易政策的基本原则是，对对外贸易活动进行调控、支持出口以及在国外市场推广白商品。为此需实施的措施包括：积极参与国际伙伴关系，在保证经济安全和国家利益的条件下继续实行对外贸易自由化政策；在公认的程序框架内对本国生产者实行合理的贸易保护政策；保证实现国家在对外贸易中的竞争优势；为有发展前景的项目（生产符合国际标准和环保标准的有竞争力的高技术产品项目）吸引国内外投资创造条件；优先促进可提高国家工艺制造水平和经济技术水平的国际合作的发展；制定措施，以更广泛的吸引外资参与解决国家长期社会经济问题以及参与实施旨在发展能源、交通基础设施、信息和通信技术的国际项目；发展对外贸易基础设施，包括商品分销网络、现代信息和营销支持系统以及电子商务和全球电信网络等。通过实施上述措施可使白俄罗斯更深入地融入国际经济体系，有助于白加入世贸组织，并在长期稳定的基础上发展与其他国家的对外贸易关系。

《2011 ~ 2015 年白俄罗斯社会经济发展纲要》将对外贸易发展的首要任务概括为提高外贸效率、平衡对外经济关系。具体任务包括：

促进商品和服务出口增长，提高其效率；提高出口供应的盈利能力，实现外贸顺差；完善对外经济活动的法律和信息支持系统；进一步挖掘出口潜力，改变出口结构，增加高科技产品和服务的出口份额，减少能源产品出口份额，扩展传统销售市场并开拓新市场。为完成上述任务，须提高现有出口产品的生产效率，开发新的出口导向型产品，提高出口盈利能力，增加外汇收入；通过发展新型服务业，如信息通信、旅游、计算机、工程、保险、银行、金融和其他服务，提高服务出口在商品和服务出口中的份额；增加高科技产品和具有高附加值的技术密集型产品的出口；发展出口信贷和出口保险制度，利用外国贷款和国际援助机制将本国产品和服务推向国际市场；根据国家的投资需求吸引信贷资源和外国直接投资；减少进口在国内生产总值中所占的比重；开发新的国外市场，把与快速发展的亚洲国家和拉丁美洲国家的关系推向战略合作水平；在国外建厂，以降低交易成本、提高出口利润；积极参与旨在加强经贸合作的独联体地区（俄白联盟、俄白哈关税同盟、统一经济空间和欧亚经济联盟）及欧盟框架内（东部伙伴关系）的一体化进程；消除商品和服务进入国外市场的障碍，取消与主要伙伴国的贸易限制；简化海关程序，引入新的、先进的海关管理技术；完善本国法律法规，使之接近世贸组织的要求；使本国产品符合欧盟及经合组织的产品标准、认证和其他规范要求，以便进入新的出口市场。通过实施上述措施，可使白商品和服务出口额增长 1.2 倍，并实现外贸顺差。

在《2016～2020 年白俄罗斯社会经济发展纲要》中，对外贸易的主要目标是利用本国竞争优势，有效参与国际分工和一体化进程，在增加出口的基础上确保贸易平衡。具体任务是：商品和服务出口增长 21%～25%；保证出口增长速度高于进口增长速度，每年应有不少于 65%的工业产品用于出口；贸易对象国多元化，到 2020 年实现白出口商品在欧亚经济联盟、欧盟和其他地区市场的平均分配（各占 1/3）。为此，国家需建立一套有效的体系刺激和促进出口，放宽货币和海关管理；在保持传统市场的基础上开发新的出口市场；有效利用白俄罗斯过境运输优势，扩大高科技服务领域业务，加速发展服务出口；开发中小企业的出口潜力；加强与区域集团、国际经济组织和其他国际组织机构的联系。

白俄罗斯外交部负责制定对外经贸政策、参与国家对外经贸领域的重大谈判（如入世谈判）、协调国内市场保护并采取必要措施、举办境外国际经贸研讨会等。白俄罗斯经济部主要负责制定国内经济社会发展规划和与经济发展有关的各领域政策，稳定宏观经济。该部与对外贸易有关的职能主要是协调制定投资政策和吸引外资、制定并实施与独联体国家发展经济合作的措施等。

白俄罗斯管理外贸活动的基本原则是：对外贸易活动的所有参与者平等且不受歧视；国家保护对外贸易活动参与者的合法权益；消除国家机构对外贸实体的无理干涉，避免对对外贸易活动参与者和国家经济造成损失；国家通过关税和非关税调节管理对外贸易活动。

（二）对外贸易现状

2000～2018 年，由于国内经济的高速增长、科技和过境运输潜力的提高、参与独联体一体化进程以及与世界其他地区经贸关系的多样化，白对外商品和服务贸易总体保持快速增长态势，虽然从 2013 年开始受国内外经济形势影响，白对外商品贸易额呈下降之势，但 2017 年止跌回升，整体仍保持良性发展的轨迹。综合来看，2000 年后白对外贸易具有以下特点。

1. 贸易规模增长较快，商品贸易常年保持逆差

商品贸易额从 2000 年至 2012 年呈快速增长态势，从 159.72 亿美元增至 924.64 亿美元，增长近 5 倍。2012 年后商品贸易额出现下降，2016年降至 511.48 亿美元，2017 年开始回升，为 634.75 亿美元，2018 年进一步升至 723.48 亿美元，整体仍比 2000 年增长 3.5 倍。商品贸易常年逆差，差额从 2000 年的 13.2 亿美元增至 2018 年的 45.34 亿美元，增长近2.4 倍（见表 4-24）。

表 4 - 24 2000~2018 年白俄罗斯商品贸易额

单位：亿美元

年份	2000	2005	2012	2013	2014	2015	2016	2017	2018
贸易额	159.72	326.87	924.64	802.26	765.83	569.52	511.48	634.75	723.48
出口额	73.26	159.79	460.60	372.03	360.81	266.60	235.38	292.40	339.07
进口额	86.46	167.08	464.04	430.23	405.02	302.92	276.10	342.35	384.41
差额	-13.20	-7.29	-3.44	-58.20	-44.21	-36.32	-40.72	-49.95	-45.34

资料来源：Внешняя торговля Республика Беларусь. 2019 г. http：//www. belstat. gov. by/upload/iblock/7a0/7a00fbcc7c4ba0b529e873d099e6afab. pdf。

2. 服务贸易稳健发展，常年保持顺差状态

2000 年后，白服务贸易在国家的扶持下稳健发展，服务贸易额从 2000 年的 15.36 亿美元增至 2018 年的 140.96 亿美元，增长 8 倍多，且服务贸易常年顺差（2018 年比 2000 年增长 6 倍多）。在服务贸易额中，出口额从 2000 年的 10 亿美元增至 2018 年的 87.21 亿美元，增长近 8 倍（见表 4 - 25）。其中计算机服务出口增长最显著，与 2010 年相比，其出口额增长了 7 倍以上。2018 年计算机服务出口额超过 15 亿美元，占服务贸易出口额的比重从 2010 年的 4.5% 增至 18%。

表 4 - 25 2000~2018 年白俄罗斯服务贸易额

单位：亿美元

年份	2000	2005	2013	2014	2015	2016	2017	2018
贸易额	15.36	34.83	127.60	134.31	110.13	112.22	126.16	140.96
出口额	10.00	23.42	75.06	78.20	66.37	68.31	78.39	87.21
进口额	5.36	11.41	52.54	56.11	43.77	43.90	47.77	53.75
差额	4.65	12.01	22.52	22.09	22.60	24.41	30.62	33.46

资料来源：http：//mfa. gov. by/export/。

3. 俄罗斯始终是白重要的贸易伙伴

目前，白俄罗斯与世界 200 多个国家和地区保持着贸易关系，其中俄罗斯一直是白重要的贸易伙伴。2000 年后俄罗斯在白商品贸易中的份额有所减少，从 2000 年的 58.4% 降至 2011 年的 45.2%，之后整体保持在 45%～50%。2018 年俄罗斯占白商品贸易额的比重为 49.2%，其中占商品出口额的 38.1%，占进口额的 58.8%。

4. 进出口商品结构变化不大

白俄罗斯独立后，其进出口商品结构变化不大，出口以石油及石油产品、钾肥和氮肥、金属制品、卡车和拖拉机、轮胎、家具以及乳制品和肉制品为主，而进口以能源（石油和天然气）、原材料（金属及其制品、化学生产所需材料）和技术设备为主。在服务出口方面，运输服务占 50% 左右，其次是计算机和建筑服务。

（三）进出口商品结构

由于历史形成的经济结构特点及本国资源状况，白俄罗斯独立后基本上延续了独立前的进出口商品结构。同独联体各国的贸易商品结构是：进口以能源和原材料为主，出口以机器、设备、轻工业品、化肥和食品为主。同世界其他国家的贸易商品结构是：进口以机器设备、化工产品、药品和纺织品等为主；出口以钾肥、亚麻、拖拉机、载重卡车、摩托车和电冰箱为主。这种结构从 1993 年至 20 世纪末，基本上没有发生变化。

2004～2018 年，白出口商品的种类有所增加，其中最重要的出口产品是石油和石油产品、钾肥和氮肥、金属制品、卡车、汽车、拖拉机、轮胎、奶制品、肉类制品和家具；进口产品主要包括能源产品（石油和天然气）、原材料和零部件（金属及金属制品、化工原料、机械零件）和工艺设备。在服务出口中，交通运输服务占 50% 左右，这是由白优越的地理位置决定的，其次是计算机售后服务和建筑施工。根据白俄罗斯国家统计局的数据，2018 年白出口商品结构为：矿物产品占 25.8%，化工产品、橡胶（包括化学纤维和纱线）占 19%，机器设备和运输车辆占 16.4%，食品和农业原料占 16.6%，黑色、有色金属及其制品占 7%，其他占 15.3%。进口商品结构为：矿物产品占 29.5%，机器设备和运输车辆占 24.2%，化工产品、橡胶（包括化学纤维和纱线）占 14.2%，食品和农业原料占 11.4%，黑色、有色金属及其制品占 9.9%，其他占 10.8%。

值得一提的是，近年高科技产品在白俄罗斯出口中的比重不断提高，2016 年高科技产品出口额达 100 亿美元，占出口总额的 33.2%。2017 年白国家科技发展计划将把 20% 的资金用于支持相关风险项目发展，希望进一步提高本国高科技产品在出口中的占比。在国家大力支持下，2018 年高科技产品出口额达 140 亿美元，比 2017 年增长 20%，其中最受欢迎的产品是集成电路和医疗设备。此外，近年农产品和食品出口增长较快，2018 年该类产品出口额超过 50 亿美元，占商品出口总额的 15.6%。2000~2018 年白主要进出口产品种类及进出口走势见表 4 – 26、表 4 – 27。

表 4 – 26   2000~2018 年白主要出口产品种类及出口走势

年份	2000	2011	2012	2013	2014	2015	2016	2017	2018
原油(万吨)	35.06	167.55	164.51	161.92	161.74	161.54	161.66	162.09	163.97
石油产品(万吨)	780	1570	1750	1360	1380	1690	1300	1230	1190
液化天然气(万吨)	8.56	31.90	42.41	53.60	55.86	57.80	43.60	63.65	63.87
氮肥(万吨)	34.18	32.33	23.53	39.30	26.70	47.38	36.30	28.89	36.70
钾肥(万吨)	284.02	469.83	366.89	343.73	571.97	555.30	570.63	643.59	661.22
塑料容器(万吨)	2.30	6.10	7.11	7.86	7.34	6.50	7.13	7.34	7.34
轮胎(万个)	200.70	371.52	426.56	430.71	381.61	335.13	392.82	449.75	555.43
化学纤维和纱线(万吨)	15.01	15.37	17.37	16.40	14.75	13.81	15.20	14.79	14.81
黑色金属(万吨)	139.12	177.49	197.43	166.33	191.70	199.47	169.68	177.15	192.37
冰箱、冰柜和制冷设备(万台)	61.07	94.17	101.68	96.72	93.33	77.23	88.35	74.08	83.60
农业设备(万台)	3.61	2.65	2.97	2.81	2.70	2.10	3.96	4.5	4.98
拖拉机和牵引车(万台)	2.17	6.41	6.65	5.45	4.61	3.28	3.71	3.79	4.02
卡车(万辆)	1.00	1.18	1.52	1.09	0.88	0.39	0.47	0.61	0.70
汽车和拖拉机零配件(万吨)	4.38	7.10	6.76	6.14	6.14	4.73	5.92	6.39	7.38
家具(包括医用家具,亿美元)	1.31	3.93	4.51	5.00	5.06	3.43	3.43	4.61	5.34

续表

年份	2000	2011	2012	2013	2014	2015	2016	2017	2018
牛肉(万吨)	0.68	10.04	10.69	15.16	12.51	13.84	15.54	14.14	15.09
牛奶和浓缩奶油及干奶油(万吨)	4.99	18.61	21.08	23.82	19.72	23.43	21.29	23.07	21.51
奶油(万吨)	1.70	6.49	8.56	6.73	6.96	8.79	8.50	8.00	8.94
奶酪和奶渣(万吨)	1.69	13.22	14.44	14.05	16.67	18.25	20.50	18.92	21.12
糖(万吨)	25.63	39.62	45.12	51.61	40.03	36.28	35.16	40.71	42.72

资料来源：http：//www.belstat.gov.by/ofitsialnaya - statistika/realny - sector - ekonomiki/vneshnyaya - torgovlya/。

表 4 - 27　2000～2018 年白主要进口产品种类及进口走势

年份	2000	2011	2012	2013	2014	2015	2016	2017	2018
原油(万吨)	1190	2040	2160	2110	2250	2290	1810	1810	1820
石油产品(万吨)	107.54	573.18	847.42	12.49	42.05	165.27	171.87	342.19	288.10
天然气(亿立方米)	171	200	203	203	201	188	186	190	203
电力(亿千瓦时)	72.00	57.00	78.99	67.16	38.26	28.16	31.81	27.33	0.50
豆油提取后的残渣(万吨)	5.04	33:12	37.19	35.34	41.79	35.66	26.88	33.89	33.12
零售包装药品(吨)	7650	6402	6721	7766	8134	6497	6436	8053	7399
合成橡胶(万吨)	3.04	6.65	7.54	7.47	5.09	4.41	4.21	4.43	4.32
黑色金属(万吨)	217.55	351.31	343.66	346.96	306.14	276.24	270.54	314.76	344.09
黑色金属构件(万吨)	0.38	6.08	8.14	9.04	8.79	7.79	8.14	8.17	8.60
内燃机(万台)	4.08	11.57	15.98	18.13	15.91	10.55	12.52	13.57	15.30
用于自动信息处理的计算机(万台)	100.16	138.97	238.44	562.75	613.07	219.28	325.69	287.58	286.93
特殊用途的机器及机械装置(万台)	4.80	0.76	10.89	5.64	7.12	10.47	16.20	36.59	35.76

续表

年份	2000	2011	2012	2013	2014	2015	2016	2017	2018
通信设备及其部件(万个)	25.79	318.99	397.80	471.37	510.51	506.30	494.58	491.35	575.82
轻型汽车(万台)	5.77	28.41	8.37	10.25	15.96	9.65	5.59	5.49	8.69
汽车和拖拉机零配件(万吨)	3.69	7.38	8.71	8.74	7.50	5.43	6.41	8.55	9.99
植物油(万吨)	8.83	10.81	11.49	11.72	13.09	11.47	11.42	13.19	10.95

资料来源：http://www.belstat.gov.by/ofitsialnaya – statistika/realny – sector – ekonomiki/vneshnyaya – torgovlya/。

（四）进出口地理结构

白俄罗斯独立后，其主要的外贸伙伴是独联体国家。1995 年白与独联体国家商品贸易额占其对外商品贸易总额的 64.7%，其中出口额占 63%，进口额占 66.1%；与世界其他国家和地区的商品贸易额只占其对外商品贸易总额的 35.3%，其中出口额占 37%，进口额占 34%。2000 年后这一趋势基本得以保持：2000 年白俄罗斯与独联体国家商品贸易额占其对外商品贸易总额的比重为 65.5%，2018 年为 59.5%，其间该指标有小幅下降，但最低也在 55% 左右。在独联体国家中，俄罗斯是白最大、最主要的贸易伙伴。1995 年白自俄进口额和对俄出口额分别为 29.65 亿美元和 21.85 亿美元，占其对独联体国家进口和出口额的 80.6% 和 72.2%；2000 年分别占 92.3% 和 84.3%；2018 年分别占 93.1% 和 69.2%。长期以来，在白俄罗斯商品贸易进出口额中，俄罗斯始终居第一位。2018 年俄白商品贸易额占白商品贸易总额的 49.2%，其中占商品出口额的 38.1%，占进口额的 58.8%。其次是欧盟，2000~2018 年欧盟国家与白俄罗斯商品进出口额增长较快，进口额从 18.53 亿美元增至 71.62 亿美元，出口额从 20.85 亿美元增至 101.74 亿美元（见表 4–28）；在白商品进出口额中所占的比重起伏不大，进口额所占比重 2000 年为 28.7%，2018 年为 30.1%，出口额所占比重 2000 年为 22.5%，2018 年为 18.7%。欧盟与白经贸关系最活跃的国家包括英国（脱欧前）、德国、立陶宛、荷兰、波兰、拉脱维亚、意大利、比利时和捷克。在独联体国家中，除了俄罗斯，排名第二位的是乌克兰，第三位是哈萨克斯坦（见表4-29）。此外，白与传统贸易伙伴的关系也在快速发展，如拉丁美洲的厄瓜多尔、古巴、巴西以及亚洲的中国、叙利亚、阿联酋、卡塔尔和印度尼西亚等国。根据白俄罗斯总统网站的资料，2018年白主要贸易伙伴的排名（按照两国商品贸易额占白商品贸易总额的比重）依次为：俄罗斯（49.2%）、乌克兰（7.6%）、中国（5%）、英国（4.7%）、德国（4.6%）、波兰（3.5%）、荷兰（2.4%）、立陶宛（2.1%）、土耳其（1.4%）、意大利（1.3%）、哈萨克斯坦（1.2%）。

表4-28　2000~2018年白俄罗斯与独联体国家等的商品贸易状况

单位：亿美元

年份	2000	2010	2013	2014	2015	2016	2017	2018
商品贸易额	159.73	601.68	802.26	765.83	569.52	511.47	634.75	723.48
与独联体国家	104.70	341.72	482.25	452.95	324.19	311.93	385.64	430.63
与欧亚经济联盟国家	93.79	289.05	406.95	383.38	282.11	267.60	333.59	366.83
与非独联体国家	55.03	259.96	320.01	312.88	245.33	199.54	249.11	292.85
与欧盟	39.38	151.49	209.70	201.17	143.83	111.76	144.93	173.36
出口额	73.26	252.84	372.03	360.81	266.60	235.37	292.40	339.07
与独联体国家	43.99	136.36	230.15	211.08	140.76	146.48	174.93	187.62
与欧亚经济联盟国家	37.30	104.18	177.08	160.60	110.07	113.83	136.48	139.28
与非独联体国家	29.27	116.48	141.88	149.73	125.84	88.90	117.46	151.45
与欧盟	20.85	76.00	104.62	106.68	85.49	56.60	78.40	101.74
进口额	86.46	348.84	430.23	405.02	302.92	276.10	342.35	384.41
与独联体国家	60.70	205.37	252.09	241.87	183.43	165.46	210.71	243.00
与欧亚经济联盟国家	56.50	184.86	229.87	222.78	172.04	153.77	197.11	227.55
与非独联体国家	25.76	143.48	178.13	163.15	119.49	110.64	131.64	141.41
与欧盟	18.53	75.50	105.08	94.49	58.34	55.20	66.53	71.62
差额	-13.20	-96.01	-58.20	-44.22	-36.31	-40.73	-49.95	-45.34
与独联体国家	-16.71	-69.01	-21.94	-30.80	-42.67	-18.98	-35.78	-55.38
与欧亚经济联盟国家	-19.20	-80.68	-52.79	-62.17	-61.98	-34.94	-60.63	-88.27
与非独联体国家	3.51	-27.00	-32.26	-13.42	6.36	-21.75	-14.17	10.04
与欧盟	2.33	0.50	-0.46	12.19	27.16	1.36	11.87	30.12

资料来源：Внешняя торговля Республика Беларусь. 2017-2019 гг. http：//www.belstat.gov.by/。

表 4 – 29　2005 ~ 2018 年白俄罗斯三大贸易伙伴情况

	出口		进口	
	国家	占出口总额的比重(%)	国家	占进口总额的比重(%)
2005 年				
第一名	俄罗斯	35.8	俄罗斯	60.6
第二名	荷 兰	15.1	德 国	6.7
第三名	英 国	7.0	乌克兰	5.4
2010 年				
第一名	俄罗斯	39.4	俄罗斯	51.8
第二名	荷 兰	11.3	德 国	6.8
第三名	乌克兰	10.1	乌克兰	5.4
2014 年				
第一名	俄罗斯	42.1	俄罗斯	54.8
第二名	乌克兰	11.3	德 国	6.1
第三名	英 国	8.1	中 国	5.9
2015 年				
第一名	俄罗斯	39.0	俄罗斯	55.6
第二名	英 国	11.0	中 国	7.9
第三名	乌克兰	9.4	德 国	4.6
2016 年				
第一名	俄罗斯	46.5	俄罗斯	55.4
第二名	乌克兰	12.1	中 国	7.7
第三名	英 国	4.6	德 国	4.8
2017 年				
第一名	俄罗斯	44.1	俄罗斯	57.2
第二名	乌克兰	11.5	中 国	8.0
第三名	英 国	8.2	德 国	5.0
2018 年				
第一名	俄罗斯	38.3	俄罗斯	58.5
第二名	乌克兰	12.0	中 国	8.2
第三名	英 国	9.0	德 国	4.8

资料来源：Внешняя торговля Республика Беларусь. 2019 г. http：//www. belstat. gov. by/ofitsialnaya – statistika/realny – sector – ekonomiki/vneshnyaya – torgovlya/statisticheskie – izdaniya/index_10914/。

二　对外经济合作

白俄罗斯独立后实行对外开放政策，奉行大力发展对外经济联系、积

极加入国际经济体系的对外经贸政策。积极开展国际经济合作是该国对外经济战略的一个重要组成部分，也是国家发展战略中的一项长期任务。到2018年，同白建立经贸联系和经济合作的国家与地区由1993年的96个增加到近200个，其中俄罗斯是白对外经济合作中最优先、最重要的合作伙伴。白俄罗斯对外经济合作的形式有同外国签订经济合作和技术合作协定，参加国际和地区性经济组织，引进外资技术，兴办外资（外国独资和合资）企业，开展劳务合作和在境内建立自由经济区等多种。迄今同独联体各国、波罗的海三国以及世界其他100多个国家和地区签订了几百个经贸、交通、科技、航空、运输、旅游等双边合作协定，并积极开展同国际金融和经济组织的合作，如国际货币基金组织、世界银行、欧洲复兴开发银行、联合国发展计划署、联合国工业发展组织等。在参与区域经济合作方面，最主要的是在独联体范围内的俄白联盟和欧亚经济联盟。白俄罗斯是俄白联盟的倡导者和积极推动者。1996年4月2日，卢卡申科和时任俄罗斯总统叶利钦在相互尊重主权和平等的原则上签署了成立俄白共同体条约；1997年4月2日，两国元首签署俄白联盟条约，并根据白俄罗斯总统的建议，将俄白共同体改为俄白联盟；1999年12月8日，两国签订联盟国家建立条约。欧亚经济联盟的前身是海关联盟及欧亚经济共同体。1995年1月6日，白俄罗斯和俄罗斯共同签订成立海关联盟的协议，其主要目的是彻底消除相互间各种贸易限制，实行统一的贸易制度和关税税率，之后哈萨克斯坦、吉尔吉斯斯坦和塔吉克斯坦分别于1995年、1996年和1999年加入海关联盟；1996年3月29日，俄、白、哈、吉四国签署深化经济及人道主义领域一体化条约；1997年四国签订统一非关税调节措施协议及各成员国加入世贸组织国际贸易谈判协议备忘录；1998年签署运输联盟和国际汽车共同体协议、统一海关联盟各成员国境内过境条件协议、能源体系互助协议；1999年，塔吉克斯坦加入四国经济一体化，同年，为加速一体化进程，五国签订了海关联盟及统一经济空间条约；2000年10月10日，五国首脑正式签署成立欧亚经济共同体协定，代替原海关联盟，并确定组织机构如下：最高机构为国家间委员会，常设机构为一体化委员会，委员会秘书处负责组织及信息方面的技术保障。其主要宗旨是致力于解决外贸和海关政策方面的问题，全面实现自由贸易制度，统一海关税率和非关税调节措施体系，制定商品、服务贸易及其进入内部市场的一般准则等；2012 年 1 月 1 日，俄、白、哈启动统一经济空间，负责三国一体化进程的超国家机构欧亚经济委员会也同时开始运行；2013 年 12 月 24 日，欧亚经济委员会最高理事会会议在莫斯科召开，规划亚美尼亚和吉尔吉斯斯坦加入海关同盟的"路线图"，明确了 2015 年 1 月 1 日成立欧亚经济联盟的目标；2014 年 5 月 29 日，俄罗斯、白俄罗斯和哈萨克斯坦三国总统在阿斯塔纳签署《欧亚经济联盟条约》，宣布欧亚经济联盟将于 2015 年 1 月 1 日正式启动，到 2025 年联盟将实现商品、服务、资金和劳动力的自由流动，终极目标是建立类似于欧盟的经济联盟，形成一个拥有 1.7 亿人口的统一市场。

（一）吸引外资

引进外资和技术是白俄罗斯发展对外经济合作的重要一环，对白恢复并保持经济增长、优化产业结构、提高黄金外汇储备水平等具有重要作用。2002 年以来，白政府对外资表现出积极开放和鼓励的态度，外资不仅可以参股创办合资企业，购买已有企业、房产、股票、有价证券，还可以创办独资企业，开办外国法人的分支机构，购买土地、自然资源使用权及其他产权。此外，外国投资者可以投资合资银行、保险公司、合伙公司和白境内的其他金融信贷机构，还可以开办独资银行、金融信贷机构及分支机构和代表处。在自由经济区，外资企业可享受更优惠的税收和投资政策。2008 年爆发的国际金融危机对白社会经济发展造成一定的负面影响，为稳定国内经济形势，白加大了引资力度，通过对现有企业进行股份制和私有化改造大力吸引更多的外国投资者来白投资。除军工和涉及国家安全的领域，其他生产经营领域均可对外资开放，其中高新技术产业、进口替代产业以及有利于扩大出口和改善生态环境的产业被列入优先投资名录。2014 年 1 月 24 日，新的《白俄罗斯投资法》正式生效，这部修改过的投资法典使国内外投资者享有平等的投资条件，列入了符合国际惯例的有关司法保护、对投资者的保障及投资者的权利等相关条款，进一步改善了投资环境。特别是针对经济特区出台了许多税收优惠、海关优惠等一系列优惠措施，并出台了一系列行业性和地区性鼓励措施。白最新的五年发展规划《2016~2020年白俄罗斯经济社会发展规划》也将提高投资效率、吸引外国直接投资作为落实该规划的重要任务。规划指出，2016~2020年白经济现代化的主要动力来自吸引外国直接投资，白将通过经济政策工具确保外国直接投资的高效利用；白将保障投资者的收益和资金自由流动，并借鉴世界先进经验完善对国际投资者权益的保障。同时，白将深化在欧亚经济联盟框架内的产业合作和工业领域合作，白企业将参与全球产业链。吸引外国直接投资额将作为白政府部门和地方领导的重要工作考核内容。

2002~2014年，白实体经济部门吸引的外资总量持续增长，从7.22亿美元增至150.84亿美元；2015年吸引外资额下降，为113.44亿美元，2016年进一步降至85.6亿美元；此后开始缓慢回升，2018年升至108.42亿美元（见表4-30）。从2010年开始，直接投资在白吸引外资总额中的占比一直维持在60%以上，2018年为78.7%。俄罗斯一直是对白投资最多的国家，2018年占白吸引外资总额的38.3%；第二位是英国，占25.7%；第三位是塞浦路斯，占7.8%；中国居第七位，占3.1%。2017年外资进入最多的领域是批发零售和汽车、摩托车修理业，吸引外资额达41.79亿美元，占白吸引外资总额的42.95%；居第二位的是工业，引资额为21.29亿美元，占21.9%；居第三位的是仓储运输及邮政快递业，引资额为20.69亿美元，占21.27%。[①]

表4-30 2002~2018年白俄罗斯吸引外资情况

单位：亿美元

年份	2002	2009	2010	2013	2014	2015	2016	2017	2018
实体经济部门吸引外资额*	7.22	93.04	90.86	149.74	150.84	113.44	85.60	97.29	108.42
直接投资	2.99	48.21	55.69	110.83	101.69	72.41	69.29	76.34	85.37

---

① Статистический ежегодник Республики Беларусь. 2018г. https://www.belstat.gov.by/ofitsialnaya - statistika/publications/izdania/index_ 10865/.

续表

年份	2002	2009	2010	2013	2014	2015	2016	2017	2018
证券投资（万美元）	60	190	180	1220	1060	510	280	840	390
其他投资	4.23	44.81	35.14	38.79	49.05	40.98	16.29	20.86	23.01
直接投资净额	—	17.67	11.98	21.36	18.12	16.12	13.07	12.47	16.35

注：＊不包括银行和预算机构的外国投资数据。

资料来源：http://www.belstat.gov.by/ofitsialnaya－statistika/makroekonomika－i－okruzhayushchaya－sreda/finansy/godovye。

截至 2017 年年底，白境内外国投资企业（机构）共计 6732 家，其中合资企业 3356 家，外国独资企业 3376 家。外国投资者投入的法定基金总额为 24.26 亿美元。外资企业（机构）工作人员数量为 39.51 万人，其中合资企业 23.62 万人，独资企业 15.89 万人。企业产品、工程和服务收入共计 694.51 亿白卢布，商品出口额计 63.28 亿美元。

（二）自由经济区

开设自由经济区是白俄罗斯独立后开展对外经济合作的重要一环。独立后为实施对外开放政策，该国议会通过了《白俄罗斯自由经济区法》，并于 1998 年 12 月 7 日颁布实施。目前，白境内共有 6 个自由经济区，分别是布列斯特自由经济区（根据 1996 年 3 月 20 日第 114 号总统令建立）、戈梅利－拉顿自由经济区（根据 1998 年 3 月 2 日第 93 号总统令建立）、明斯克自由经济区（根据 1998 年 3 月 2 日第 93 号总统令建立）、维捷布斯克自由经济区（根据 1999 年 8 月 4 日第 458 号总统令建立）、莫吉廖夫自由经济区（根据 2002 年 1 月 31 日第 66 号总统令建立）、格罗德诺投资自由经济区（根据 2002 年 4 月 16 日第 208 号总统令建立）。白俄罗斯建立自由经济区的目的是吸引外资及先进技术、促进产品出口、保证国家及区域经济快速发展。成为自由经济区的入驻者应当满足以下条件：位于自由经济区境内；与自由经济区行政机构签署在区内进行经营活动条件的合同；投资金额不少于 100 万欧元。针对入驻企业，自由经济区提供以下税收优惠：利润税税率降低 50％；自由经济区入驻者销售自产商品（产品、服务）获得的利润，自其宣告获得利润之日起 5 年内免缴利润税；免除位于相应自由经济区内的建筑与设施（不论其用途）的不动产税；在白俄罗斯境内销售其在自由经济区内生产并作为进口替代商品的产品时只按10%的税率征收增值税；从2012年1月1日起，在自由经济区注册入驻的企业，免缴在自由经济区内的土地税（该土地提供给入驻者用于建设项目，包括项目设计和建设期），但不超过自其注册之日起的5年。在海关特权方面，自由经济区内可建立自由关税区。在自由关税区内放置和使用的货物，免缴海关关税和其他税款，并且对外国商品不采用非关税管制措施，以及不针对关税同盟的商品进行禁止与限制。从自由关税区向关税同盟境内其他地方输出被视为关税同盟的商品时，免征进口关税、增值税以及海关机构征收的消费税。

截至2017年1月1日，6个白自由经济区共有注册企业419家，其中明斯克113家、戈梅利－拉顿80家、布列斯特78家、格罗德诺73家，正常运营企业407家。2016年自由经济区商品、工程和服务销售收入共计118.74亿白卢布，其中在白俄罗斯境外销售76.58亿白卢布，约占销售收入总额的64.5%；工业产值为105.75亿白卢布（实际价格），其中进口替代品产值为13亿白卢布，约占工业产值的12.3%，所生产的工业产品71%用于出口；商品出口额为37.83亿美元，进口额为27.58亿美元；服务出口额为4440万美元，进口额为2.17亿美元；固定资产投资额为13.41亿白卢布，其中外国投资3.66亿白卢布，占27.3%。在6个自由经济区中，明斯克自由经济区的大部分发展指标居于领先地位。总体来看，2016年自由经济区企业工业产值占白工业总产值的13.3%，固定资产投资占白固定资产投资总额的7.4%，商品出口额占16.2%，进口额占10%。[①]

1. 布列斯特自由经济区

该区建于1996年，是由白俄罗斯政府同国际联合商行德国分行的专家们合作创办的，经营期限为50年。自由经济区位于白俄罗斯西南部同波兰相邻的布列斯特州，地理位置十分优越。在该区运作的主要是白俄罗斯国内外的中小企业，大多为商业、建材、医药和木材加工等部门。布列

---

① http://www.belstat.gov.by/.

斯特自由经济区由东西两区组成，占地面积 7368 公顷，属综合性自由经济区，优先发展高新技术产业以及制药、汽车、食品、电子、家具、机械制造和木材加工等行业，不允许单纯贸易性质的企业注册。布列斯特自由经济区作为白建立最早的特区，以其规范、开放性的政策法规、较好的基础设施条件和对欧贸易桥头堡的特点优势已成为投资贸易的首选。随着白的邻国波兰、拉脱维亚和立陶宛成为欧盟新成员，布列斯特自由经济区也已处于东西欧经济贸易边界的最前沿。这些变化为该自由经济区带来了空前的发展机遇。随着欧盟和俄罗斯着手对 E30 公路进行改扩建，以及布列斯特口岸设施的改造，一些原波兰境内的对欧出口企业开始迁到布列斯特自由经济区。白政府也决定将布列斯特市三家闲置的原大型国有生产企业（灯泡厂、电子设备厂、机械制造厂）的设施划入自由经济区，以迎接新的发展机遇。

2. 戈梅利－拉顿自由经济区

该区建于 1998 年，位于白俄罗斯东南部的戈梅利州，经营期限为 50 年。自由经济区的地理位置非常优越，靠近俄罗斯和乌克兰。在戈梅利－拉顿自由经济区投资的国家有德国、列支敦士登、捷克、瑞士、波兰和以色列。区内生产的产品有一般工业用品、消费品、缝纫机、家具、商业设备、无线电设备、漆包线和其他按计划生产的产品。自由经济区的进出口以机器设备、录音和复印设备、非贵重金属及其制品为主。

3. 明斯克自由经济区

该区建于 1998 年，位于白俄罗斯中部的明斯克州，经营期限为 30 年。在明斯克自由经济区投资的国家有美国、英国、意大利、德国、波兰、俄罗斯、拉脱维亚和立陶宛等。区内企业大多为从事食品、机械制造、建筑、家具和木材加工、包装和印刷的生产行业。明斯克自由经济区的大部分产品都销往俄罗斯，只有少量产品出口到非独联体国家。

4. 维捷布斯克自由经济区

该区建于 1999 年，位于白俄罗斯东北部的维捷布斯克州，经营期限为 30 年。维捷布斯克自由经济区的远景规划是，建立电视机厂和计算机控制显示器设计院的生产联合企业。该企业由 19 个独立车间、工段和生产部门组成，专门生产电视机。

5. 莫吉廖夫自由经济区

该区建于 2001 年 5 月，于 2002 年 2 月 1 日开始运作。经济区位于白俄罗斯东部的莫吉廖夫州，占地面积 242.7 公顷。目前，在区内从事经营活动的有捷克、德国和俄罗斯等国的企业，分别生产红外线加热器动力保护设备、非织造衣料和药品。建立莫吉廖夫自由经济区的目的是提高莫吉廖夫州的经济活力，增强其商品竞争力和出口潜力，促进出口型产品和进口替代产品的生产，为创造和运用白俄罗斯国内外的研究成果、高新技术和外国先进经验创造良好的创新环境和条件。

6. 格罗德诺投资自由经济区

该区建于 2002 年 4 月，位于白俄罗斯西部的格罗德诺州。格罗德诺投资自由经济区建立的目的是吸引白俄罗斯国内外的投资，建立和发展出口型的高技术产品的生产部门，增加见效快和有竞争力的出口产品的产量，建立和发展新的进口替代生产部门。

三　中白经贸合作及经济合作

（一）经贸合作

随着 1992 年白俄罗斯与中国建交，两国的经贸合作得到了相应的发展。1992 ~ 2001 年，两国在经贸合作领域建立了高层磋商机制，签订了一系列贸易协议，为双边经贸合作奠定了法律基础。1992 年 1 月克比奇总理访华，白中两国政府签订了关于经济贸易合作的条约，在贸易方面彼此给予最惠国待遇。1993 年 1 月舒什克维奇主席访华，两国政府缔结了关于互相鼓励和保护投资的协定，并签订了关于两国科学技术合作协议等协定。1995 年是白中两国关系加快发展的"一个转折点"，这年 1 月，卢卡申科总统访华，双方签订了关于相互通航和避免双重征税条约等一系列合作的协定，并且拟定了发展经济合作的措施与方案。同年 6 月，李鹏总理访问白俄罗斯，两国政府签订了关于白中进一步发展经济合作的备忘录，并签订了军事技术合作协定。1996 年 12 月林克总理访华，两国政府又签订了关于相互提供进出口商品质量检验证的协定和两国教育合作条约等。2001 年 4 月，白俄罗斯总统卢卡申科访华，两国政府签署《中华人民共和国政府和白俄罗斯共和国政府关于保护知识产权的协定》《中国人民银行与白俄罗斯国家银行合作协议》《中白司法部合作协议》等文件。这一阶段两国经贸合作表现平平，贸易额虽有起伏，但整体进展不大。1992 年白中贸易额为 3390 万美元，2001 年为 4326 万美元，1998 年为 1734 万美元（最低），2000 年为 1.136 亿美元（最高）。① 同时，白俄罗斯向中国的出口额连年大于自中国的进口额，处于顺差状态。白向中国出口的商品科技含量和附加值较高，如电子产品、化工产品和机械产品等。白自中国进口的商品主要是低科技含量及附加值的食品和纺织品。

2002～2013 年，随着两国政治关系的加强，双方在经贸领域的合作出现稳定发展的势头。白俄罗斯国家统计局数据显示，2002 年白中双边贸易额为 2.09 亿美元，同比增长 23.8%。2004 年突破 4 亿美元。2005 年 12 月，白俄罗斯总统卢卡申科对中国进行国事访问，两国元首共同签署《中华人民共和国和白俄罗斯共和国联合声明》，宣布中白关系进入全面发展和战略合作的新阶段，同时签署了包括《中华人民共和国政府和白俄罗斯共和国政府旅游合作协定》在内的经济技术合作等方面的 12 项文件。当年，白中贸易额达 7.15 亿美元，同比增长 62.5%。之后，双方高层交往日趋频繁，两国经贸合作亦出现加速发展的趋势。2007 年 11 月，时任中国国务院总理温家宝对白俄罗斯进行正式访问，双方签署了一系列双边合作文件。2010 年 3 月，时任中国国家副主席习近平对白俄罗斯进行正式访问，双方签署《双边本币结算协议》。2013 年 7 月，白俄罗斯总统卢卡申科访华，两国元首宣布建立中白全面战略伙伴关系，并共同签署《中华人民共和国和白俄罗斯共和国关于建立全面战略伙伴关系的联合声

---

① 除 1992 年数据外，其余数据均来自中国国家统计局网站，http://data.stats.gov.cn/search.htm。

明》。在两国高层的推动下，白中双边贸易额从 2006 年的 9.52 亿美元增至 2013 年的 32.9 亿美元，比 2002 年增长 14.7 倍，比 1992 年增长近百倍。从 2006 年开始，白俄罗斯对华贸易出现逆差，且差额连年上升，从 2006 年的 1.55 亿美元增至 2013 年的 23.68 亿美元。这一时期，中国对白出口商品结构有所优化，除了传统的服装鞋帽等纺织品外，具有较高技术含量和附加值的商品，如通信设备、家用小电器以及汽车和拖拉机配件等出口有较大幅度的增长。

2014 年 1 月，白俄罗斯总理米亚斯尼科维奇访华，两国政府签署了《中白全面战略伙伴关系发展规划（2014~2018 年）》等双边合作文件。2015 年 5 月，中国国家主席习近平访白，两国元首签署《中华人民共和国和白俄罗斯共和国关于进一步发展和深化全面战略伙伴关系的联合声明》，并签署包括 50 多项协议的一揽子双边合作文件。2016 年 9 月，白俄罗斯总统卢卡申科访华，两国元首签署《中华人民共和国和白俄罗斯共和国关于建立相互信任、合作共赢的全面战略伙伴关系的联合声明》，表示发展两国"全天候友谊"，并见证了外交、经贸、投资、教育、科技、金融、农业、旅游、"一带一路"建设等领域双边合作文件的签署。2014~2018 年，白中贸易额整体维持在 30 亿美元以上（2016 年除外，为 26.03 亿美元），其中 2018 年两国贸易额再创历史新高，达 36.38 亿美元，[①] 约占白对外商品贸易总额的 5%（见表 4-31）。目前，中国已成为白俄罗斯第三大贸易伙伴和第二大进口来源国（仅次于俄罗斯）。这一时期，白俄罗斯对中国的出口商品结构出现积极变化：出口商品名录有所扩大，对原材料和石化产品的出口依赖度降低，农产品成为推动白俄罗斯出口增长的新动力。两国商品贸易结构不断优化和丰富，高新技术产品和机电产品所占比重不断提高。中国向白主要出口机械设备、电器及电子产品、铁路设备、金属制品和鞋类等商品。白俄罗斯主要向中国出口钾肥、己内酰胺、塑料、车辆及配件等商品。

---

① 根据白俄罗斯国家统计局网站数据计算得出（此部分数据均为货物贸易额）。

表 4 - 31　2010～2018 年白俄罗斯与中国商品贸易额

单位：亿美元

年份	2010	2011	2012	2013	2014	2015	2016	2017	2018
贸易额	21.60	28.31	28.07	32.90	30.13	31.82	26.03	31.07	36.38
出口额	4.76	6.37	4.33	4.61	6.40	7.81	4.73	3.62	4.82
进口额	16.84	21.94	23.74	28.29	23.73	24.01	21.30	27.45	31.56
差额	-12.08	-15.57	-19.41	-23.68	-17.33	-16.20	-16.57	-23.83	-26.74

资料来源：根据白俄罗斯国家统计局网站数据整理而得。

（二）信贷投资合作

2003 年以来，中白投资合作发展较为迅猛，其中信贷投资合作是双方经贸合作的核心。中国政府和银行的信贷支持不仅促进了白俄罗斯经济的高速增长，而且确保了其工业现代化改造和建立完备的基础设施。2003～2008 年中国对白信贷投资达 2.3 亿美元，2008～2015 年中国金融机构对白在建和已建成的合作项目总投资超过 70 亿美元，在此期间，中方银行（中国进出口银行和中国国家开发银行）还向白俄罗斯提供了 100 亿美元的信贷额度。[①] 2015 年中方向白俄罗斯提出新的优惠和商业信贷额度，成为双方信贷领域关系发展的重要推动力。在中国银行的金融支持下，白俄罗斯在交通、能源及工业领域正在实施或已经完成了 30 多个大型基础设施及投资项目，包括建立白俄罗斯移动通信运营商"Best"、改造明斯克 2 号热电站、改造明斯克 5 号热电站、改造白俄罗斯水泥工业（建设三处水泥厂，改造三处运行中的水泥生产线）、建设别列佐夫电站（400 兆瓦）、建设卢卡莫里电站（400 兆瓦）、提供 12 台电力机车、建造硫酸盐漂白化学浆工厂、改造戈梅利—日拉宾—奥西波维奇电气化铁路（第一期）、改造 M - 5/E271 公路明斯克—戈梅利路段、建设维捷布斯克水力发电站、建纸板生产线、通信卫星项目、改造 M - 5/E271 明斯克—戈梅利公路日拉宾—奥西波维奇路段、建设白俄罗斯核电

---

① 任飞：《白俄罗斯投资环境与中国—白俄罗斯投资合作》，经济科学出版社，2017。

输出线路及电力联网、改造戈梅利—日拉宾—奥西波维奇铁路电气化
（第二期）、建设新建黏胶纤维素生产线、提供 18 台大功率电力机车、改
造莫洛杰彻诺—谷达盖国家边界路段电气化、改造白俄罗斯明斯克北方
330 千伏变电站等。目前，白方与中国进出口银行和中国国家开发银行签
订了 35 个信贷协议，信贷额达 79 亿美元。中国开发银行正在落实为白俄
罗斯开设 10 亿美元保证信贷额度的项目，其中为白俄罗斯银行设立 3 亿
美元的额度，为白俄罗斯开发银行设立 7 亿美元的额度。①

  在投资领域，双方相互投资规模不大，但近年呈快速增长态势，且以
中国企业在白俄罗斯投资为主。据白俄罗斯国家统计局数据，2010～2017
年中国对白投资每年都在增长，从 7140 万美元（占白吸引外资总额的
0.8%）增至 2.72 亿美元（占 2.8%），其中直接投资从 2830 万美元（占
白吸引直接投资总额的 0.5%）增至 1.13 亿美元（占 1.5%）。截至 2018
年年底，中国对白直接投资达 1.901 亿美元，是 2017 年的 1.67 倍，其中
42.2% 来自"巨石"工业园；中国对白直接投资净额为 1.122 亿美元，
比 2017 年增长约 1.8 倍。目前，在白直接投资来源国中，中国居第六位；
在直接投资净额排名中居第三位（仅次于俄罗斯和塞浦路斯）。2018 年，
白俄罗斯吉利汽车股份有限公司、中白工业园开发有限公司、
"ЧайнаСиэйчэн-Биэлар"中国商业物流股份公司、白俄罗斯"美的－地
平线"合资有限公司、"潍柴马兹"合资公司、中铁二十五局集团有限公
司、"中甘国际"白俄罗斯有限责任公司、米高白俄罗斯钾肥有限公司、
白俄罗斯国家生物技术公司和一拖白俄罗斯技术有限公司等吸引了约
90% 的中国直接投资。

  2018 年，白俄罗斯总统卢卡申科签署总统令，同意由中信建设和白
俄罗斯银行共同成立中白投资基金，为中国企业在白投资与资产安全提供
切实保障。该投资基金的注册资本为 100 万美元，中信建设与白俄罗斯银
行分别占注册资本金的 60% 和 40%。基金有效期 10 年，一期投资规模为
5000 万美元。基金计划通过向白俄罗斯相关投资项目注资的方式换取企

---

① http://china.mfa.gov.by/ru/trade/.

业的股份或债权，为白俄罗斯优先支持和发展的项目提供资金支持。同年，中国国家开发银行在白俄罗斯首都明斯克设立代表处，为双边经贸合作和两国企业提供优质金融服务。2019 年 1 月 17 日，白俄罗斯成为亚洲基础设施投资银行（AIIB）的第 70 个成员，这为白俄罗斯基础设施项目融资提供了新的机会。

相比中国对白投资，白俄罗斯对中国投资规模一直不大。目前，白俄罗斯在中国的主要投资项目有：三江瓦力特特种车辆有限公司超重型越野车底盘及专用车生产项目、中航别拉斯矿山机械有限公司矿山机械生产项目、东金戈梅利农业机械生产项目等。

1993 年中国在白开办的合资和独资企业数量为 14 家，1996 年增至 44 家，2017 年年底增至 90 家，其中中白合资企业 28 家，中国独资企业 62 家。[①]

（三）中白工业园

中白工业园是目前中国—白俄罗斯投资合作的标志性项目，是两国国家级合作项目，是"一带一路"建设的示范性项目。2011 年，中白两国签署政府间协议，建立中白工业园。该工业园总体规划面积为 91.5 平方公里，土地使用期限 99 年，总投资超过 60 亿美元。园区距离白俄罗斯首都明斯克 25 公里，具有得天独厚的自然地理优势，毗邻国际机场、铁路、柏林—莫斯科的公路干线。园区重点发展精细化工、电子信息、生物医药、高端制造、物流仓储，在大力发展先进制造业的同时，逐步完善生活、科研、医疗、旅游度假等功能，建设生态、宜居、兴业、活力、创新"五位一体"的国际新城。该项目由中白合资企业——中白工业园区开发股份公司负责开发建设，合资公司注册资本为 8750 万美元，其中中方占股 68%，白方占股 32%。

2012 年 6 月 5 日，白总统卢卡申科签署关于中白工业园区的总统令，明确了工业园内包括税收、土地在内的相关优惠政策，并表示该优惠政策

---

① Статистический ежегодник Республики Беларусь. 2018г. https：//www. belstat. gov. by/ ofitsialnaya－statistika/publications/izdania/index_ 10865/.

50年不变。其中包括"十免十减半"政策，即对入园企业采取十年免征所得税、不动产税及土地税，之后十年减半征税。入园企业进口设备及配件时，可以享受免除进口关税和进口环节增值税的待遇，股东利润也可自由汇出。

2014年6月，卢卡申科再次签发总统令，为加快中白工业园建设并吸引企业入园提供更加细化的法律保障。

2017年5月，白颁布第166号总统令——《关于完善"巨石"中白工业园特殊法律制度》，为相关企业入驻工业园提供更好的法律保障。该总统令规定，对入园企业给予自盈利当年开始10年内免税、之后长期税收减半的优惠政策；入园企业享受免征园区不动产税和土地使用税的优惠期由之前的10年提高到50年。此外，总统令还规定扩大中白工业园招商引资的范围，在之前的高端制造、电子信息、生物医药、新材料、机械化工和仓储物流等六大产业基础上新增电信、电子商务、大数据存储与加工、社会文化等行业；工业园区为入园企业提供一站式服务，为其办理各类手续提供更多便利；今后园区入驻企业还将在人员往来、员工聘用、货物报关及园区设计建设等各方面享受特殊优惠政策；中白工业园的园区面积由之前的91.5平方公里增加到112.47平方公里，将明斯克机场纳入工业园园区内，以便进一步促进工业园发展。同时，总统令更加明确了中白工业园园区管委会的职权，规定白各国家机关必须根据园区管委会需求向工业园派驻工作人员，规定要在工业园设立自由贸易区，并建立园区管委会对园区各单位的监督检查协调机制。

目前，园区实施三级架构管理体系：中白政府间协调委员会是园区最高管理协调机构，负责统筹推进工业园事务；中白工业园区管委会是管理主体，由白俄罗斯中央和明斯克州政府相关部门组建，负责园区的政策制定、企业服务和行政审批等；中白工业园区开发股份有限公司是开发主体，由中白双方股东共同出资组建，负责园区开发与经营、基础设施建设、物业管理、招商引资和咨询服务等。2016年年底，园区一期3.5平方公里起步区基础设施全部完工。2017年起步区内招商局中白商贸物流园建成，工业园具备了全面招商引资的条件。工业园开发公司还将继续加强基础设施建设，将在一期起步区的基础上进行一期 8.5 平方公里发展区的基础设施建设。同时，总面积约 1 万平方米的标准厂房和园区内科研中心及员工住宅等配套项目也会在 2017 年开工建设。

截至 2018 年 4 月，工业园已吸引多个国家的 34 家企业入驻，合同投资总额超过 11 亿美元。其中中国企业 18 家，包括中国招商局集团、潍柴集团、中联重科、中信重工、中航工业、华为等大型企业。

第五章

军　事

第一节　军事概述

一　建军简史

苏联时期，作为苏联的一个加盟共和国，白俄罗斯在军事区划上属于苏联西部具有战略前沿意义的重要军区——白俄罗斯军区。该军区是仅次于俄罗斯和乌克兰的苏联第三大军区，军队总人数为 20 万人。1991 年独立前，苏联在白俄罗斯境内部署有 10 个作战师（占苏军作战师的 7.7%）、470 架作战飞机、72 枚洲际弹道导弹和 270 枚战术核武器，是苏联部署有核武器的四个共和国之一（另外三个是俄罗斯、乌克兰和哈萨克）。白俄罗斯系内陆国，故无海军。苏联解体前，白俄罗斯共和国境内的武装力量均归苏联中央政府管辖和领导，仅有少量维持治安秩序的警察部队归白俄罗斯本国管辖。

1991 年 8 月 25 日白俄罗斯宣布独立后，该国最高苏维埃于 9 月 23 日通过决议，决定建立本国军队。同年 12 月苏联解体，继乌克兰、阿塞拜疆、摩尔多瓦等独联体国家纷纷组建自己的军队之后，白俄罗斯也采取相应措施。1992 年 1 月 11 日，白俄罗斯将早先成立的国防事务部改组为国防部，并宣布接管其境内原苏军的所有常规力量。同年 3 月 20 日，该国最高苏维埃通过《白俄罗斯共和国武装力量法》，决定从即日起在接管其境内苏军常规部队基础上组建自己的军队和防备体

系。根据该国《武装力量法》，白俄罗斯将成为一个中立的无核国家，其武装力量由陆军、空军、防空部队、特种部队、边防、铁道、内务和民防部队组成。5月7日，时任白俄罗斯国防部部长科兹洛夫斯基上将同独联体联合武装力量总司令沙波什尼科夫元帅就白俄罗斯境内武装力量划分问题签订议定书。根据协议，白俄罗斯划给独联体联合武装力量两个导弹基地、50％的空军和一些军事教学中心等，总人数约为4万人，白俄罗斯境内的陆军、另一半空军，包括90％的歼击机和轰炸机等均划归白俄罗斯。白俄罗斯所得武器份额为：坦克1800辆，装甲车2500辆，大炮1615门。1992年5月8日白俄罗斯政府宣布，原苏联武装力量白俄罗斯军区正式取消。之后，白俄罗斯又制定了《白俄罗斯共和国国防法》《白俄罗斯共和国普遍义务兵役和军事勤务法》《白俄罗斯共和国军人地位法》等军事法规。1992年年底，白俄罗斯军队举行了忠于白俄罗斯人民的宣誓仪式。1994年，白俄罗斯最高苏维埃决定继承原苏军的传统，确定每年2月23日（原苏联建军节）为白俄罗斯祖国保卫者和武装力量日（建军节）。至此，白俄罗斯武装力量的组建基本完成。

建军后，白俄罗斯分两阶段对军队进行了改革。第一阶段是1992年，军队裁员近3万人，同时确定了作战任务，研究制定了军队基本的指导方针。第二阶段是1993～1994年，部队减员工作基本完成，并对军队结构和管理体制进行了改革。1992～1996年，原苏联归白俄罗斯所有的250多个军事编制被取消或被改组。到2005年，白武装力量总人数为6.2万人，其中包括4.8万名现役军人和1.3万名文职人员。至今，白俄罗斯军队人数仍保持在这个水平上。

同时，军事装备和武器的数量也大大减少。根据《欧洲常规武装力量条约》及其制定的文件，白俄罗斯同意将其军备控制在1800辆坦克、2600辆装甲战车、1615门火炮、260架战斗机和80架攻击直升机的水平上。白裁减军备的行动始于1996年，几乎在同一时间，白俄罗斯根据美苏达成的协议完成了核导弹拆除工作。军队的结构改革也随之完成：各兵种联合坦克部队被改造为军团，并在此基础上建立了机动作战指挥部；摩托化步兵和坦克师改为独立的机械化旅；空降师改为独立的空降旅；总参谋部特种部队第5旅改为由3个机动旅组成的机动部队（后为特种作战部队）；空军师团改为空军基地。改革的最后阶段划分了国防部和总参谋部的权限。从2001年12月开始，白武装力量过渡到两种结构——地面部队和空军防空部队。

二 国防体制

根据白俄罗斯独立后新宪法的规定，白俄罗斯共和国总统任国家武装力量总司令，对国家军事机构的筹建和运作进行统一领导。1994年新宪法颁布前，武装力量总司令是国家元首（最高苏维埃主席）斯坦尼斯拉夫·斯坦尼斯拉沃维奇·舒什克维奇（1991年9月就任）。1994年至今白武装力量总司令为总统亚历山大·格里戈里耶维奇·卢卡申科（1994年7月初就任，2015年10月卢卡申科再度连任白俄罗斯共和国总统）。白俄罗斯国防部是全国最高军事行政机关，也是最高军事指挥机构，负责武装力量的指挥和管理。各军种、后勤、民防司令部和民防部队隶属于国防部。现任国防部长是安德烈·阿列克谢维奇·拉夫科夫中将（2014年10月就任）。国防部的主要职责是：制定武装力量平时和战时的建设和发展计划；改进军队的组织方法、武器和技术兵器；保障武装力量的装备和各种物资的供应；领导军队的战役、战斗训练以及国防需要的其他工作。白俄罗斯国防部下设总参谋部以及各军事单位和保障、服务、防护机构。现任总参谋长是奥列格·阿列克谢维奇·别洛科涅夫少将（2014年1月就任）。武装力量总司令通过国防部对全国武装力量实施领导和指挥。武装力量包括陆军、空军和防空部队，隶属于总参谋部的特种部队以及专门（服务）部队和后勤机构（见图5-1）。准军事部队是隶属于白内务部的内务部队。独立后白俄罗斯还设置了国家安全会议，统一协调和领导国防部、内务部、国家安全委员会和国家边防局等强力部门。国家安全会议主席由总统卢卡申科担任。

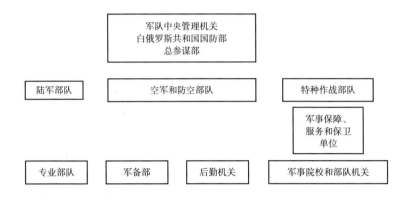

图 5-1 白俄罗斯武装部队结构

资料来源：白俄罗斯国防部网站，https.//www. mi/. by/。

三 国防预算

独立初期（1991~1995年），由于经济滑坡，财政困难，经费短缺，白俄罗斯国防预算开支及其占国家财政预算支出的份额较低。据该国公布的数据，1994年国防预算支出2040亿卢布，占国家财政预算支出的2.86%；1995年国防预算支出8920亿白俄罗斯卢布，占财政预算支出的2.5%。自1996年起，由于国家经济复苏以及白面临北约东扩等因素，该国军费开支及其占国家预算支出的比重有所提高。据该国公布的数据，1996年军费开支2.5658万亿白俄罗斯卢布，占财政预算支出的比重提高到6%；1997年和1998年的军费开支分别为2.417万亿和7.08万亿白俄罗斯卢布，分别占财政预算支出的4.7%和5.1%。20世纪90年代后半期该国的国防预算占国家预算支出的比重均比90年代前半期高。

进入21世纪，该国军费开支占国家预算支出的比重大体保持在4%~5%。据该国公布的数据，2000年军费开支734.64亿白俄罗斯卢布（新币），约合1.8亿美元，占财政预算支出的4.4%。2001年军费开支1522.1亿白俄罗斯卢布，占财政预算支出的4.38%。2002年军费开支2342.9亿白俄罗斯卢布，占财政预算支出的5.5%。2005年后，白国防预算开支始终在低水平上徘徊。据瑞典斯德哥尔摩国际和平研究所的数

据，2006～2015 年白俄罗斯国防预算支出分别为 6 亿、7 亿、9 亿、7 亿、
8 亿、8 亿、8 亿、10 亿、10 亿和 7 亿美元，约占国内生产总值的 1% 左
右。近两年，政府曾计划把国防预算开支提高到占国内生产总值的 2%，
但这一目标没有实现，国防预算并无实质性增加。2016 年国防预算支出
约为 9.83 亿白卢布，约占国家预算支出的 2.6%，2017 年为 9.25 亿白卢
布（约合 5 亿美元），约占国家预算支出的 2.3%，[①] 两者仍未超过国内生
产总值的 1%。

第二节　军事学说和军事政策

一　独立初期军事战略和军事学说

1991 年 9 月 23 日白俄罗斯最高苏维埃通过关于建立本国军队的决
定，决定规定，白俄罗斯共和国根据军事"足够原则"建立自己的防御
体系和国家安全体系。1992 年 12 月 6 日，白俄罗斯最高苏维埃通过了独
立后的第一部《军事学说》。根据该学说，白俄罗斯实行独立的国防政
策，致力于取得无核、中立国家地位，不把世界任何一国作为敌人，强调
把军事力量作为维护本国安全的主要手段。白俄罗斯领导人将独立后白俄
罗斯的军事战略和军事战略思想概括为三点：一是军事上的"足够原
则"；二是军事上的纯防御性质；三是军事上的无核原则。

二　军事学说及军事政策的调整变化

独立初期，白俄罗斯领导人强调，白俄罗斯奉行中立和无核的军事政
策。这一军事方针已载入该国 1994 年 3 月出台的第一部新宪法。新宪法
第 18 条规定："白俄罗斯共和国将使自己的国土成为无核区，使国家成
为中立国作为自己的目标。"根据中立政策，该国独立后首任国家元首舒
什克维奇（最高苏维埃主席）当政期间（1991～1994 年），白俄罗斯一

[①]　根据白俄罗斯财政部数据计算得出。

直未参加独联体集体安全体系。

1994年7月卢卡申科总统当政后，其外交方针转向加强同俄罗斯的一体化，特别是1996年和1997年，面临北约日益加紧东扩的新形势，该国对其军事政策进行了调整，不再强调中立方针，改而强调同俄罗斯结盟，包括军事结盟。1997年4月2日和5月23日白俄罗斯同俄罗斯签订的《俄白联盟条约》和《俄白联盟章程》均明文规定，俄白两国要加强军事上的"全面合作"，实行军事一体化。2001年9月卢卡申科连任总统后，白俄罗斯对第一部《军事学说》进行修订并在此基础上通过了独立后的第二部《军事学说》（2002年1月3日批准）。根据2002年《军事学说》，白俄罗斯仍奉行防御性军事战略和军事政策，不把世界上任何一个国家视为潜在敌人。白俄罗斯军事安全保障的主要目标是，防止针对白俄罗斯的军事威胁，将其控制在局部范围内并最终予以消除。2002年《军事学说》规定：白俄罗斯不参加其他国家间的军事冲突，仅在自身遭到侵略或武装入侵并在所有遏制侵略的手段均告无效时，才使用军事力量；保障国家军事安全的任务将由武装力量协同列入国家军事组织的其他军队和军事单位共同完成。在强调通过政治、军事手段维护本国军事安全的同时，白俄罗斯决定在俄白联盟国家框架内同俄罗斯组建地区集体安全体系，旨在完成共同防御任务。同时致力于取得无核地位，主张稳定地裁减常规军备并进行双边、多边裁军对话，以多边或双边国际条约和协议为基础，同其他国家合作。2002年《军事学说》还规定，白俄罗斯军事政策的基本方针在总统领导下制定，由国民会议下院批准，由国家安全会议和政府负责实施。这一时期白俄罗斯国家军事安全战略的核心是同俄罗斯结盟。

2002～2016年，世界、欧洲地区乃至白国内政治军事形势均发生了很大变化：一是北约东扩势头不减，2004年吸收爱沙尼亚、拉脱维亚、立陶宛、斯洛伐克、斯洛文尼亚、罗马尼亚、保加利亚加入北约，成员国由先前的19个增加到26个，2008年又吸收克罗地亚和阿尔巴尼亚，成员国达28个，2014年克里米亚加入俄罗斯联邦后北约宣布将加强波兰和波罗的海三国的军事力量，并于2016年决定在波罗的海三国和波兰部署多国部队；二是 2003~2005 年独联体国家相继发生"颜色革命"，导致政权更迭，而白俄罗斯长期受美国和西方国家的制裁，承受着政治和经济上的双重压力；三是近年恐怖主义和宗教极端主义日益活跃，给国际社会带来巨大的危害。为此，白俄罗斯颁布新版《军事学说》（2016 年 7 月 20 日），以应对日益变化的国际政治军事形势。2016 年版《军事学说》延续了 2002 年版《军事学说》防御性的特点，表示白俄罗斯奉行爱好和平的对外政策方针，不以任何国家为潜在敌人，根据国家利益实施独立的军事政策，主张通过谈判及其他和平方式解决各种国际争端，遵守不侵犯边界与领土完整的原则，既不向他国提出领土要求，也不承认来自他国的这类要求。但在遇到威胁时会使用一切可能的手段（包括军事手段）捍卫国家利益，遏制军国主义和地区非安全因素的蔓延，最终目的在于确保国家拥有一个和平的发展环境。同时，2016 年版《军事学说》扩大了军事威胁的范围，除了从前的北约问题外重点关注"颜色革命"和"混合战争"的威胁，即在没有直接军事入侵的情况下外部势力对白国内局势的破坏，最大限度地考虑到从可能的外部威胁到内部威胁的转变，明确了预防措施，避免内部军事行动的蔓延。在与西方国家的关系上，不再视西方为主要军事威胁，只当作军事危险因素。除了优先发展同俄罗斯的盟国关系外，2016 年版《军事学说》表明了同欧盟发展睦邻友好伙伴关系的兴趣，以及进一步实施开放政策、发展同北约成员国相互信任关系的愿望。

第三节　军事力量构成

一　武装力量

目前，白俄罗斯武装力量由两部分构成，即地面部队和空军防空部队。除武装力量外，军事组织中还包括其他部队，如内卫部队、边防部队等。据白国防部部长安德烈·拉夫科夫介绍，截至 2016 年 3 月 1 日，白军队人数为 6.66 万人，其中包括 1.45 万名军官、6850 名准尉，2.57 万名士兵和中士、3502 名军事学员以及 1.6 万名左右的文职人员。部队作战构成包括 3 个空军基地、2 个无线电技术旅、4 个防空导弹旅、3 个防空导弹团、4 个机械化旅、1 个导弹旅、1 个炮兵反应旅、3 个炮兵旅、2 个机动旅和 2 支特种部队。白武装部队拥有超过 5.4 万件武器和特种武器装备，拥有约 70 万吨导弹弹药和 73 万吨军事资产。白俄罗斯武装部队分布在约 170 个城镇中，驻军主要集中在明斯克、鲍里索夫和巴拉诺维奇。

（一）陆军

白俄罗斯陆军由国防部直接管理，在组织设置上分为两个作战指挥部，即西部作战指挥部和西北部作战指挥部。

1993 年，原苏联第 28 集团军改组为第 28 军团，作为白俄罗斯共和国武装力量的一部分，2011 年 12 月 12 日，在第 28 军团的基础上建立西部作战指挥部。2015 年 6 月 23 日白总统发布命令，任命 В. Г. 赫列宁为西部作战指挥部司令。

1993 年，原苏联第 7 装甲军改名为第 7 军团，作为白俄罗斯共和国武装部队的一部分，1994 年第 7 军团改名为第 65 军团，2011 年 12 月，第 65 军团改组为西北部作战指挥部。2018 年 5 月 31 日，А. В. 茹克被任命为西北部作战指挥部司令。

白陆军根据作战任务分为机械化编队、导弹部队和炮兵、陆军防空部队以及通信和技术保障部队。陆军的武器装备主要包括装甲武器、防空武器、导弹炮装置和步兵武器。其中：装甲武器包括 T26Б 坦克、БТР80 装甲运输车、BMP - 2 步兵战车；防空武器包括"шилка"自行防空炮、"奥萨" - 9K33 防空导弹系统和 9K34 "箭 - 3"便携式防空导弹系统；导弹炮装置包括 9P149 "突击 - S"型自行反坦克导弹系统、220 毫米"飓风"火箭炮、2K22 "通古斯"防空炮导弹系统、"圆点"战术导弹系统、9A34（35）"箭 - 10"防空导弹系统、300 毫米 BM9A52 "旋风"多管火箭炮系统、120 毫米 2S9 "诺纳"自行火炮、152 毫米自行榴弹炮（2S19 "姆斯塔 S"）、152 毫米自行火炮（"风信子 2S5"）、122 毫米 2S1 式自行榴弹炮、2B9 型"矢车菊"82 毫米速射迫击炮和 2S3（2S3m）152 毫米"金合欢"自行榴弹炮；步兵武器包括"Фагот"便携式反坦克系统、2S12"雪橇"120 毫米迫击炮、德拉古诺夫狙击步枪、卡拉什尼科夫冲锋枪、反坦克火箭筒、玛卡洛夫手枪、小口径自动手枪、卡拉什尼科夫坦克机枪、卡拉什尼科夫 7.62 毫米冲锋枪、大口径机枪、AKS74U 卡拉什尼科夫冲锋枪（AKS74）和 AK74 冲锋枪等。白武装部队拥有大型装甲集团，截至 2016 年 3 月，部队共拥有 602 辆坦克、886 辆步兵战车和 192 辆装甲运兵车。

（二）空军防空部队

2001 年，白俄罗斯在原空军和防空部队的基础上建立了一支新的武装部队——空军防空部队。这支部队由作战、技术和后勤支援等军事单位组成。武器装备包括伊尔 16 军用运输机、米－26 军用运输直升机、米－24B 运输战斗直升机、米－8 军用运输直升机、米格－29 轻型战斗机、苏－25 攻击机、信天翁 L－39 教练机和雅克－130 战斗教练机；"布克"防空导弹系统、"奥萨"防空导弹系统、C－200 和 C－300 防空导弹系统（防空导弹部队）；无线电技术部队拥有 19Ж6 雷达站、П－18 雷达站、22Ж6 雷达站和 55Ж6 雷达站。具体包括：54 架飞机、32 架直升机、16 个 C－300 型防空导弹营、4 个"布克"防空导弹营、6 个"奥萨"防空导弹营、1 个"托尔－M2"防空导弹营、12 个"圆点"导弹系统，700 多个火箭发射系统、野战炮和自行火炮装置。

2017 年 8 月 31 日第 316 号总统令任命 И. В. 戈卢勃为空军防空部队司令。

（三）特种作战部队

白俄罗斯特种部队于 2007 年建立，是一支专门设立、训练和装备的部队，旨在为实现政治、军事、经济等目标而执行特殊任务。目前，特种作战部队包括第 38 独立空降突击旅和第 103 独立空降旅，其领导机构为特种作战部队指挥部，现任指挥官为 B. И. 杰尼先科。

（四）专业部队

专业部队旨在支持陆军的作战活动并完成其固有的任务，包括侦察、通信、工程、化学和生物防御、电子战及地形测量导航等军事单位。

二 兵役制度

白俄罗斯独立前实行义务兵役制。独立后，1992 年 11 月通过的《白俄罗斯共和国兵役法》规定了公民服役的办法，1994 年开始采用合同兵役制，目前白实行普遍义务兵役制和合同兵役制相结合的混合兵役制度。根据《白俄罗斯共和国兵役法》，凡年满 18 岁的男性公民均须服兵役；现役分义务兵和合同兵；有服兵役义务的公民必须服预备役，不脱产参加训练和集训，以获得军事专业技能；进行过兵役登记且未被列为后备人员的 18 ~ 27 岁男性公民应服现役和预备役。未受过高等教育的义务兵服役期为 18 个月，受过高等教育的义务兵服役期为 12 个月，在军事院校受过初级指挥员培训的人员，其服役期为 6 个月，军官服役期为 12 个月。士兵和超期服役的军士可服合同兵役。

三 军衔制度

白俄罗斯独立后的军衔制度基本继承原苏军的传统。与原苏军军衔制度所不同的是，独立后该国不设元帅和大将，最高军衔是上将。该国现役军衔制度分为以下 5 等 15 级。

1. 将官 3 级：上将、中将和少将（原苏军设大将，独立后该国不设大将）。

2. 校官 3 级：上校、中校和少校。

3. 尉官 5 级：大尉、上尉、中尉、少尉和准尉。

4. 军士 3 级：上士、中士和下士。

5. 列兵。

第四节 国防工业与军工转产

一 国防工业

苏联时期白俄罗斯是苏联军事工业中仅次于俄罗斯和乌克兰的第三大

军工生产基地，国防军事工业较发达。该国政府 1996 年表示，白俄罗斯独立前"有 28 家大型工业企业和 15 个科学研究所及结构设计局同军事技术装备和武器的生产和研究联系在一起，它们的产品占整个军工产品的 90% 左右"。白俄罗斯军工企业"主要是无线电技术、电子、光学机械、机电和机械制造等工业部门的企业"，这些企业"拥有高技能的学者和专家队伍，现代化的生产和工艺基础，共和国工业产值的 80% 以上来自这些企业"。白俄罗斯国防军工企业的"优先方面是研制和生产专门计算技术设备、机动的自动操纵系统、通信系统和器材、航空设备、遥测设备、武器机动系统的运输设备、雷达设备、电子技术产品和其他武器部件以及军事技术装备"①。独立前，白俄罗斯是苏联武器出口的主要加盟共和国之一，排在俄罗斯和乌克兰之后，居第 3 位。

二 军工转产

白俄罗斯军工转产始于 20 世纪 80 年代下半期，当时世界局势趋于缓和，对抗程度减弱，"导致白俄罗斯国防工业的转产"。该国政府认为，"这对其整个国民经济是一个打击，因为国防工业是其经济的核心。基本生产规模的急剧缩小破坏了国防企业的经济和科学技术能力"。独立后，白俄罗斯"为了稳定形势，保存科学含量高的生产和保障生产新的技术复杂的产品"，于 1992~1993 年制定并通过了国防企业的转产纲领。根据其军工转产纲领，1992 年有 62 家军工企业转产，1993 年有 57 家企业转产。1994~1995 年确定转产的共有 46 家企业、科研所和设计局。白俄罗斯军工转产的"优先方面是现代化的民用产品电子元件基础、计算技术和自动化系统、远距离通信和通信装置、日用和工业用无线电电子装置及光学设备、医疗技术设备、农工综合体加工部门使用的装置、技术复杂的民用产品"。在实现"白俄罗斯电子""白俄罗斯通信技术""白俄罗斯光学""液晶结构""白俄罗斯计算技术装置"等这些最有前途的投资和科技方案中，国防军工转产企业"起着主导作用"。1993~1994 年国

① 白俄罗斯共和国外交部新闻中心：《白俄罗斯共和国实业合作的潜力》，1996。

家对军工转产"采取的支持措施促进了原国防工业企业形势的好转"。白俄罗斯政府通过相应的决议,"确定给优先部门和实现重要的战略投资的科学技术方案的军工转产企业提供税收、信贷和其他优惠的机制"。

该国转产政策包括在实施军工企业转产方案时接受外国提供的援助,其中包括对共同项目进行投资。如1992年10月,白俄罗斯政府同美国就消除切尔诺贝利核事故后果和防止大规模杀伤性武器扩散问题签署了框架协议,开始了纳恩—卢加尔法律范围内的合作。为了完成框架协议规定的内容,签订了6项具体协议,其中包括把军事技术和技术潜力转入民用活动方面的协议。协议规定,美方向白方提供无偿援助,包括提供材料及设备,培训人才和提供服务。鉴于美方为白方军工转产提供了1000万美元,按照同美国达成的协议,对白俄罗斯"积分"科学生产联合企业、白俄罗斯光学机械联合企业和明斯克计算机技术设备生产联合企业的转产方案采取了拨款的方式,目的是共同生产安装用的集成电路,组织生产高精度的光学仪器和光学系统装置,组织生产汽车蓄电池的充电装置和相应的无线电操纵调制解调器。此外,白俄罗斯工业部的企业在实行军工转产方案方面同欧共体(欧盟)开展合作。如1994年,根据国家计划方案,开始研制生产现代化的有竞争能力的远距离通信器材和TACIS-93型计算技术装备。参与这一计划开发的有白俄罗斯"玛瑙"科学生产联合体、电子计算机科学研究所、戈梅利"光线"设计局、戈梅利无线电厂、莫吉廖夫"天顶"厂和奥尔沙的"森林"公司等军工转产企业。

三 国防工业发展现状

在国防工业转产和改造过程中,白俄罗斯成功地保留了专业化军事企业的核心(约15家科研院所和设计局),并在它们之间形成了一定的合作关系,建立了科学研究和试验设计工作系统。2003年以前国防工业一直由国家工业部管理,而军用修理厂归国防部管理。2003年12月,为了加强对国防工业综合体的管理,白俄罗斯成立了国家军事工业委员会,统管当时所有重要的国防工业企业(包括修理厂)。这些企业在后苏联时期

几乎都是单一制企业，直到 2009 年才进行股份制改革，改造为股份公司
（国家拥有 100% 股份）。从武装力量对新型武器装备的需求以及国防经济
的组织能力和对外军事技术合作现状出发，国家军事工业委员会确定国防
企业的主要活动方向是：开发修复耗尽寿命的武器装备的技术；对已修复
的技术装备进行维护；为武器装备制造和供应配件及用于修理与使用的备
件；开发武器装备的现代化保存方法；开发和推广各种用途的软件和程序
综合系统；研制并组织某些武器装备的批量生产。

目前，白俄罗斯国防工业约有 60 家企业（单位），这些企业（单位）
拥有很强的科研和生产潜力，大部分既从事科研也从事生产活动。重要的
国防工业企业（单位）如下。

1. 明斯克轮式牵引车厂

明斯克轮式牵引车厂自 1960 年至今一直是苏联和俄罗斯武装力量机
动式导弹系统和其他系统的多轮汽车的研制生产商。该厂目前主要为俄罗
斯订货方工作，提供 MZKT - 79221 八轴底盘（用于"白杨 - M"和"亚
尔斯"机动式战略导弹系统）、MZKT - 7930 四轴底盘（用于"伊斯坎德
尔"战役战术导弹系统和"棱堡 - P""舞会"岸基反舰导弹系统以及各
种运输装弹车和特种车辆）、MZKT - 79111（著名的马斯 - 543 的变型）
系列四轴底盘（用于 S - 300P 防空导弹系统、"龙卷风"火箭炮等系统）。
为"金刚石 - 安泰"防空康采恩研制了"奥萨河 - AKM"和"托尔 -
2ME"及"山毛榉 - M2E"防空导弹系统的 MZKT - 6922 三轴轮式底盘，
为 S - 400 防空导弹系统的雷达系统研制了 MZKT - 79292 五轴底盘。

2. 明斯克汽车厂

该厂在 1990 ~ 2000 年批量生产了一系列新型军用汽车，包括 11 吨三
轴的马斯 - 6317 和 6 吨两轴的马斯 - 5315，但其产品基本不用于出口，
仅限于为本国武装力量提供产品。

3. 明斯克拖拉机厂

该厂自 20 世纪 70 年代起生产防空导弹系统用的履带式底盘。GM -
355 底盘用于"托尔"防空导弹系统战车，而 GM - 352 系列用于 2S6
"通古斯卡河"弹炮结合防空系统战车。白俄罗斯独立后明斯克拖拉机厂

一直在完善 GM-352 系列底盘，包括建议 "通古斯卡河-M1" 系统使用 GM-352M1 改进型底盘，"铠甲-S1" 弹炮结合防空系统（履带型）使用 GM-352M1E 底盘。

4. 第 2566 无线电电子设备修理厂（位于鲍里索夫）

该企业曾是 S-200V 防空导弹系统的主要修理企业，1992 年以后掌握了 S-300PT/PS、"山毛榉" 和 "奥萨河-AKM" 防空导弹系统、"通古斯卡河" 弹炮结合防空系统、多种雷达、地面设备和指挥控制系统的修理技术。

5. 明斯克自动化设备科学研究所

2010 年以前它属于 "玛瑙" 科学生产联合体。该研究所曾是苏联研制机动式一体化部队指挥系统的主导企业。1999 年它被赋予白俄罗斯研制生产部队、武器、侦察和电子战自动化指挥系统（包括通信设备、信息显示设备和计算技术装备、雷达）主导机构的职能。1992 年以后研究所为白俄罗斯、俄罗斯和其他国家武装力量设计了一系列自动化指挥系统。例如，"全景" 空军和防空部队指挥所、"涅曼河" 空军指挥所、"林中空地"、"辽阔" 和 "顺序" 各级防空部队指挥所、"章鱼" 和 "针叶林" 系列引导站、"布格河" 和 "索日河" 飞行自动化指挥系统、"针" 式便携式防空导弹系统用的 "头盔" 自动化火控系统、用于改进防空导弹系统战斗指挥的软件、硬件、新型炮兵自动化火控系统。明斯克自动化设备科学研究所是 "山毛榉-MB" 改进型防空导弹系统的主导研制单位。

6. 明斯克 "方位" 股份公司

公司是原苏联主要的军用光学仪器和光电系统研制机构之一。该企业的主要业务方向是研制装甲车辆瞄准具和综合瞄准系统。设计了 "界线-M" 综合瞄准系统（用于改进 BMP-2 步兵战车），车长全景综合系统（安装在坦克支援战车和新型 T-90 坦克上），"松树" 和 "松树-U" 射手多通道热成像瞄准具（用于改进 T-72 坦克，包括 "拒马" 型），"目录单" 射手多通道热成像瞄准具（用于改进 BMP-3M 步兵战车），"艾萨"（用于装备 T-90 坦克）、"艾萨-72"（用于装备 T-72 坦克）、"蒂萨斯"（用于改进 T-72 坦克）、"普利萨"（用于装备 T-80U 和 T-

90S 坦克）和"春天 – K"（用于装备 BMP – 3 步兵战车）射手单通道热成像瞄准具，"索日河 – M"瞄准具（用于装备 BMP – 3 步兵战车）以及 PL – 1 红外激光探照灯。这些系统在俄罗斯武装力量使用的和俄罗斯出口的装甲车辆上得到了广泛使用。"艾萨"和"普利萨"单通道热成像瞄准具是与沃洛格达光学机械厂联合生产的。

7. 白俄罗斯光学机械联合体

该企业生产特别复杂的光学机械和光电设备，包括航天、航空、地形测量、谱带照相、摄影经纬仪系统；装甲车辆陀螺稳定瞄准具、激光制导装置、夜视装置、轻武器瞄准具。其部分产品是由"方位"股份公司研制的。白俄罗斯光学机械联合体的主要设计局是 1992 年成立的私营"生态学、医学、技术激光器"企业。它从事各种校准和光学瞄准具及激光测距仪与目标指示装置的研制。

8. 维捷布斯克"显示器"设计局

该设计局是独联体用于在严酷条件下使用的信息显示设备（显示器和监视器）的主要供应商（在许多领域是唯一供应商），其大部分产品供应俄罗斯武器装备制造商。

9. 第 140 装甲坦克修理厂（位于鲍里索夫）

该厂曾是苏联白俄罗斯军区主要的坦克修理基地，能够修理 T – 55、T – 72、T – 80 坦克，BMP – 1、BMP – 2 步兵战车，BTR – 60、BTR – 70、BTR – 80 装甲输送车以及 BRDM – 2 侦察巡逻车及其改型与各种柴油发动机。为白俄罗斯军队大修上述装甲技术兵器和出口二手装备是该厂主要的收入来源。

10. 第 140 工厂

该厂是白俄罗斯 2000 年积极推进装甲技术兵器改进计划中的主导企业。2001 年与斯洛伐克 Metapol 集团和莫斯科洛格斯公司联合研制了改进型 BMP – 1（"眼镜蛇 – S"）步兵战车和 BTR – 70（"眼镜蛇 – K"）装甲输送车。近年来，工厂开始了新的装甲技术装备改进周期，提出了 BTR – 60 和 BTR – 70 装甲输送车改进方案，研制了 BRDM – 2MB1 改进型侦察巡逻车试验样车。

11. 第558航空修理厂

该厂专门修理图-16、苏-17/22和苏-27飞机,独立后还掌握了苏-25、米格-29、安-2飞机和米-8、米-24直升机的修理技术,是白俄罗斯空军的主要修理基地,能够修理其主要类型的航空技术装备。近20年来,该厂积极为外国订货方修理上述类型的苏制航空技术装备,已成为独联体主要的军事航空修理中心之一。1992年以来,该厂为独联体以外的20多个国家修理过作战飞机,1996~2010年共完成了超过400件航空技术装备的大修。同时,该厂还参与了白俄罗斯空军改进计划。

与此同时,一些私营企业在白国防高科技领域表现也很突出,如Minotor-service公司、"Tetraedr"公司等。无论国有企业还是私人企业,白国防工业企业都继承并保留了苏联时期国防工业的专业特点,并试图在此基础上发展信息、通信、光学和电子等领域先进的现代化军用和民用技术。白俄罗斯并不特别强调国防工业的多样化发展,而是通过深入发展本国国防工业的优势领域提升其专业性。未来,国家国防工业综合体开展的主要工作包括:高精度武器综合对抗系统;军用机动工具;无人驾驶航空综合系统;信息技术、通信技术和自动化设备、未来情报获取和控制自动化系统专业软件等。

在对外军事技术合作方面,目前白俄罗斯与独联体以及东南亚、南美洲、欧洲和非洲等地区的32个国家签订了40多项军事技术合作双边协议,并在协议框架内成立了24个政府间军事技术合作委员会,旨在向国外市场推广白俄罗斯产品和服务,协调重大军事技术项目的实施。独立后的很长一段时期,白俄罗斯国防工业以出口苏联时期遗留下来的军事装备为主,1998~2001年,白武器销售收入共计10亿美元,排名世界第11位,2005年成为世界上最活跃的武器销售国之一,向伊朗、苏丹、科特迪瓦、秘鲁和乌干达销售飞机、直升机、装甲运输车、坦克和其他武器装备。2005年后,白武器出口结构发生了变化,本国自产武器数量逐渐增加,并开始专注于防空、航空自动控制系统和坦克及火炮制导系统的开发生产。目前,白正积极致力于军事装备现代化,销售军民两用技术产品。据白俄罗斯国家军工委员会主席古鲁廖夫介绍,2011~2016年白俄罗斯军工产品出口额增加了一倍，2016 年约为 10 亿美元。白计划与外国开展综合合作，不但向订货方提供军工产品零部件，还向他们提供整套产品。

与俄罗斯的军事技术合作是白最优先的合作方向，两国早在 1993 年就签署了政府间军事技术合作协议，之后又分别在国防工业企业生产、科技合作、出口监管、向第三国出口军品的合作程序、军事技术合作及知识产权保护等领域签署了政府间合作协议。两国国防工业企业在上述协议框架内建立了密切的合作关系，俄罗斯很多出口武器中都使用了白俄罗斯提供的组件。99 家白俄罗斯企业为 255 家俄罗斯国防企业供应 1880 种产品，67 家白俄罗斯企业是 940 家俄罗斯企业的主要客户，俄罗斯企业向白俄罗斯企业提供的产品约有 4000 种。2012 年 10 月两国签署《2012～2015 年白俄罗斯共和国与俄罗斯联邦加强国防工业企业合作规划》，两国的国防工业合作进入系统性发展阶段，主要聚焦于六大方向：完善双边合作的法律基础；对武器和军事技术的研发和生产单位进行整合；在国防领域进行生产和科技合作；在国防和安全领域实施联盟国家计划；在国防产品的技术标准、规格和编目方面实施统一政策；为两国一体化进程和进一步合作提供信息化支持。2013 年 12 月两国签署关于 2020 年前实施军事技术合作计划的政府间协议，以系统开展军事技术合作领域的各项工作，并保证白企业能够按照具体项目参与俄罗斯的国防订货。

中白两国在军工领域一直保持着密切的合作，从初期白方单纯向中方出售苏联时期遗留的武器装备到传授白掌握的核心技术，再到进行合作研究，两国的军事技术合作不断深化，相互渗透程度较深。白俄罗斯不仅向中国传授了一系列有关坦克装甲车及火箭重型底盘的生产技术，[①] 还直接

---

① 西方军事观察家认为，中国人民解放军 99 式主战坦克的底盘非常接近俄版 T－72/90 坦克，PGZ－95 式弹炮结合系统的底盘又与俄式"通古斯卡河"防空系统相似。这些设计的背后都不同程度地受到白俄罗斯技术的影响。此外，据加拿大《汉和防务评论》报道，中国的 DF31A 洲际弹道导弹以及 DF21C 中程导弹、CJ10 巡航导弹、DF11 弹道导弹使用的 WS 载重底盘，由中国与白俄罗斯的联合工厂生产，最初几年 70% 的配件都由白俄罗斯供应，但这一比重后来减少到 30%。目前，中国已掌握了这一技术，并最终实现了底盘的国产化。

参与了中国军队管理、控制、通信和侦察系统的建设工作。据不完全统计，1992~2012 年，中白军备贸易额为 2.5 亿美元，双方共签署了 210个与军事有关的协议。[①] 此外，中国还资助白俄罗斯进行军队自动化指挥系统的研发；帮助白俄罗斯建设明斯克计算机厂，研制超级计算机，利用这些计算设备模拟实时核爆破，设计核弹药。近年，在国防安全领域扩大与中国的合作成为白外交战略中重要的组成部分。2013 年 5 月，两国国防部签订了中方向白俄罗斯提供军事援助的协议；2017 年 7 月 25 日，白内务部与中国国家安全部签订了一项关于在打击恐怖主义领域扩大合作的议定书，合作内容包括信息交换、联合行动和中国向白方提供技术援助。

---

① 刘杨：《白俄罗斯：不可忽视的军事制造大国》，《兵器》2012 年第 3 期。

第六章

社　会

第一节　国民生活

一　就业

2000～2005 年，白俄罗斯劳动力市场就业岗位紧张，导致失业人口数量居高不下。2003 年在白劳动、就业与社会保障机构登记的失业人数达到最高的 13.61 万人，略高于 1995 年的水平。2006 年 6 月，白俄罗斯颁布《白俄罗斯共和国居民就业法》，其中规定了在促进居民就业领域的国家政策和保障措施，包括：增加就业岗位；对经济自立人口进行培训和再培训，以提高其劳动技能；为失业人员从事商业活动提供帮助，促进其自主就业；等等。该法颁布实施后，白劳动力市场就业岗位总体出现供大于求的局面，失业人数亦呈下降之势。2006 年年初至 2018 年年底，在白劳动、就业与社会保障机构登记的失业人数从 5.2 万人降至 1.25 万人，登记失业率也从 1.1% 降至 0.3%。在就业人口方面，2010 年以来白就业人口数量持续减少，从 2010 年的 470.3 万人降至 2018 年年底的 433.79 万人（略低于 2000 年 444.36 万人的水平），就业人口占全国总人口的比重维持在45%～50%（2017 年为 45.8%）。就业人口主要集中于服务行业，2018 年服务行业从业人员数量占就业总人口的 60.6%，其中零售批发和汽车、摩托车修理业占 14.2%，教育行业占 10.4%，医疗保健和社会服务领域占 7.5%。生产领域从业人员占就业总人口的比重逐年下降，2011 年占 44.3%，2018 年为

39.4%，其中 23.7% 的就业人口分布在工业生产领域，而工业领域的就业人口又集中于加工制造业，2018 年占 20.2%。1995 年 59.8% 的就业人口集中在国有单位，私人企业员工占 40.1%。到 2018 年情况发生了互换，在国有单位工作的人员占比为 39.7%，在私人企业工作的人员占比上升为 56.1%（其中合资企业工作人员占 6.5%）。同时，在外国独资企业工作的人员占比也有了明显增长，从 1995 年的 0.1% 增至 2018 年的 4.2%。

二　收入与支出

2000～2015 年，白居民每月人均货币收入从 4.66 万白卢布增至 494.31 万白卢布，2015 年白实行货币改值，2016～2018 年从 514.9 白卢布增至 639.6 白卢布。与 2010 年相比，居民实际可支配收入增长 37.1%。2018 年白居民货币收入总额为 727.87 亿白卢布，其中 64.3% 为工资收入、22.8% 为转移收入（养老金、奖学金、津贴、补偿等社会福利）、8.2% 为经营收入、2.2% 为财产收入、2.5% 为其他收入。2000～2018 年居民实际可支配收入整体保持增长态势（除 2011 年、2015 年和 2016 年外），年均增长率约为 9%。[①]

白俄罗斯大部分企业（单位）根据国家统一的工资体系制定薪酬，商业组织雇主可在相关法律法规的基础上根据本行业发展状况以及企业财务状况确定其薪酬制度，并由国家劳动和社会保障部进行指导。近年，使用这种灵活工资制度的商业组织越来越多，2012 年 1 月 1 日有 288 家（占商业组织总数的 0.23%），2016 年 1 月 1 日增至 1 万多家（占 7.1%），到 2019 年 1 月 1 日有约 1.37 万家，占比达 9.7%。

白居民工资的增长整体取决于国家宏观经济形势，实际经济部门的工资涨跌主要取决于企业经营效益，包括企业的劳动生产率及其财务状况。从 1996 年开始，白经济步入稳定增长期，居民工资收入也持续增长。2000～2015 年职工月均名义工资从 5.89 万白卢布增至 671.5 万白卢布；2016 年职工月均名义工资为 722.7 白卢布，2017 年为 822.8 白卢布，2018 年为 971.4 白卢布。

---

① 此段数据来自白俄罗斯国家统计局官方网站和白俄罗斯劳动和社会保障部官方网站。

2000~2018 年职工实际工资年均增长 10.39%，除 2015 年和 2016 年外，其他年份均保持增长，与 2000 年相比，2018 年职工实际工资增长了 4 倍多。2018年职工月均名义工资高于全国平均水平（971.4 白卢布）的行业部门分别是工业、建筑业、信息通信业、金融保险业、科技部门和国家行政部门，其中信息通信部门、化学品生产和矿产开采部门工资最高，月均名义工资分别为 2777.2 白卢布、1678.5 白卢布和 1678.2 白卢布。工资最低的三个行业分别是临时住宿及饮食服务业（652.6 白卢布）、教育部门（665 白卢布）和纺织品、服装及皮毛制品生产（666.3 白卢布）。

在员工工资薪酬的国家保障体系中，政府每年都会依据国家关于提高最低工资水平的法律，并参照居民消费和物价情况确定最低工资标准，共和国部长会议会从每年的 1 月 1 日起确定每月的最低工资。2017 年月最低工资标准为 265 白卢布，2018 年为 305 白卢布。

在家庭消费支出方面，2000 年前白家庭消费主要集中于食品、饮食（包括公共餐饮，但占比很小），1995 年该项支出占家庭消费总支出的61.6%，2000 年为 59.6%，之后该指标逐渐下降，2005~2018 年维持在39%~45%，2018 年为 38.9%，始终排在家庭消费支出的第一位。居第二位的是非食品类商品支出，2000 年后该项支出占比呈整体增长之势，从 2000 年的 25.3% 增至 2013 年的 37.6%，之后小幅下降，2018 年为32.9%；居第三位的是服务费支出，2000 年在家庭总消费支出中的占比为 9.8%，2018 年增至 25.2%，其中交通通信费贡献最大。2011~2018年白俄罗斯家庭消费支出结构、2000~2018 年白俄罗斯消费价格指数变动情况见表 6-1、表 6-2。

表 6-1　2011~2018 年白俄罗斯家庭消费支出结构

单位：%

年份	2011	2012	2013	2014	2015	2016	2017	2018
食品	38.9	40.8	37.7	39.2	39.1	39.0	38.2	36.3
面包和谷物产品	5.8	5.9	5.7	5.9	5.9	6.0	6.1	5.7
牛奶和奶制品	6.5	7.4	7.2	7.8	7.7	7.7	7.8	7.5
肉和肉制品	12.6	13.7	11.7	12.2	11.8	11.4	10.4	10.0

续表

年份	2011	2012	2013	2014	2015	2016	2017	2018
鱼和鱼制品	1.9	2.1	2.0	2.0	2.0	1.9	1.8	1.8
土豆	0.4	0.2	0.3	0.4	0.4	0.3	0.3	0.3
蔬菜和瓜类	1.9	1.8	1.9	2.0	2.1	2.0	1.9	1.8
水果和浆果	2.5	2.6	2.6	2.5	2.7	2.6	2.7	2.4
其他食品	7.3	7.1	6.3	6.4	6.5	7.1	7.2	6.8
酒精饮料、烟草制品	3.4	3.8	3.9	3.8	3.5	3.3	3.0	3.0
服装、鞋帽	10.8	11.6	11.0	9.3	8.3	7.9	7.9	7.8
住房	8.5	7.0	7.4	8.2	9.1	10.1	9.8	9.8
住房和公共服务	5.5	4.1	4.4	5.3	6.0	7.1	7.2	7.3
家居用品、家用电器和房屋维修	7.8	7.8	8.0	6.8	6.6	6.0	5.7	6.4
医疗保健	3.1	3.4	3.8	3.6	4.2	4.6	4.6	4.7
交通	9.6	7.8	9.1	10.0	9.4	9.2	9.7	10.0
公共交通	2.1	1.8	1.9	2.2	2.2	2.2	2.4	2.4
通信	4.0	3.8	4.5	4.7	4.7	5.4	5.9	6.2
文化、体育和休闲	5.0	5.7	5.8	5.4	5.4	4.9	5.4	5.7
教育	1.5	1.3	1.5	1.4	1.5	1.4	1.5	1.6
酒店、咖啡厅和餐馆	2.4	2.2	2.2	2.4	2.9	2.7	2.7	2.8
公共饮食	2.4	2.2	2.2	2.4	2.8	2.5	2.5	2.6
其他商品和服务	5.0	4.8	5.1	5.2	5.3	5.5	5.6	5.7

资料来源：Статистический ежегодник Республики Беларусь. 2019 г. http：//www. belstat. gov. by/upload/iblock/35d/35d07d80895909d7f4fdd0ea36968465. pdf。

表 6 - 2 2000～2018 年白俄罗斯消费价格指数变动情况（上年 = 100）

年份	2000	2001	2002	2003	2004	2005	2006	2007	2008
商品和服务	268.6	161.1	142.6	107.0	118.1	110.3	107.0	108.4	114.8
商品	262.2	155.5	135.8	105.4	117.4	109.9	105.4	108.4	113.9
食品	264.9	156.8	138.9	106.1	119.6	111.9	106.1	109.8	117.7
非食品	252.2	151.1	124.9	103.4	111.2	104.5	103.4	105.5	106.9
服务	354.6	216.8	193.5	113.2	121.2	112.1	113.2	108.8	118.2

续表

年份	2009	2010	2011	2012	2013	2014	2015	2016	2017	2018
商品和服务	113.0	107.8	153.2	159.2	118.3	118.1	113.5	111.8	106.0	104.9
商品	112.8	108.5	159.5	160.6	114.1	114.2	112.0	110.0	105.4	103.5
食品	114.0	109.2	162.2	168.0	118.8	118.6	112.1	110.4	107.0	104.0
非食品	110.4	107.3	155.0	149.5	107.2	108.0	111.7	109.4	103.0	102.8
服务	113.9	105.0	129.6	153.2	138.0	135.2	121.3	119.7	108.7	109.6

资料来源：http：//www. belstat. gov. by/ofitsialnaya – statistika/realny – sector – ekonomiki/tseny/ potrebitelskie – tseny/godovye – dannye/indeksy – potrebitelskikh – tsen/。

三 社会保障与福利

白俄罗斯独立后，政府十分重视对居民的社会保障。为适应体制转轨的需要，独立后该国社会政策和保障制度的调整、变化和改革的基本内容和方向主要表现为：（1）在工资、物价和补贴三方面，开始打破过去长期人为地冻结不合理的低物价局面，逐步放开大部分物价，工资随物价上涨相应大幅度提高，把昔日物价高补贴由"暗补"变为"明补"；（2）逐步推进社会保障事业的多元化，变过去完全由国家包揽为一部分由社会和地方逐步分摊；（3）对独立前原有的福利政策做适当调整，由人人有份变为重点对贫困阶层实行有针对性的社会保障；（4）拓宽社会保障基金所需资金的来源，在解决居民社会保障问题时，除了国家资金来源主渠道之外，还利用企业集体、社会慈善组织和个人等其他方面的资金。

在国家不同的发展时期，政府始终重视对居民的社会保障并确保国家在该领域的预算支出。2002 年，随着经济日益好转，该国社会保障开支占国内生产总值的比重提至9%，之后逐年小幅增长。2012 ~ 2018 年国家用于社会领域的预算支出占国内生产总值的比重一直稳定在11% ~ 13%，2018 年为11.8%，其中教育占4.6%、医疗卫生占4%、社会政策实施占2.1%。① 得益于此，白社会保障水平较高，居民可享受高质量的免费医

---

① Беларусь в цифрах. 2019，http：//www. belstat. gov. by/ofitsialnaya – statistika/publications/ izdania/public_ compilation/index_ 13297/.

疗和免费教育。当前，国家社会政策的重要目标是为每个有劳动能力的人提供机会，使其通过自己的劳动和努力创造幸福的家庭生活；对不具有劳动能力和需要帮助的公民提供社会保障。社会保障政策具有很强的针对性，侧重于具体的、最弱势的群体和阶层，如退休者、残疾人、青少年以及居住在切尔诺贝利污染区的居民。在白俄罗斯当前的发展模式下，其社会保障内容主要为：在就业和受教育方面保障男女平等；保障青年人精神、道德和身体的健康发展；保障公民工作的权利；保障公民公平的劳动所得（能够维持公民及其家人的基本生活水平）；保障公民健康的权利，包括在公共卫生机构进行免费治疗；由于年老、疾病及其他原因获得社会保障的权利。在系统性社会保障政策中发挥重要作用的是在社会领域执行国家最低标准，即向居民提供食品、热力、交通通信设施、市政及日常服务以及保证教育、医疗和文化机构的正常运行。在向有子女家庭提供物质帮助方面，政府实行税收优惠，对学前儿童托管机构的儿童餐费以及学生教材和教具费用实施优惠；多子女家庭可获得国家的优惠住房，母亲在产后三年内可获得各种补贴并享受带薪产假（对多子女家庭和单亲家庭的帮助大部分由地方行政机构利用地方财政实施）。白社会政策还包括向有才华的青年人和大学生提供帮助，如在独联体地区设立了唯一的向优秀学生提供社会支持的白俄罗斯总统特别基金。同时，政府特别关注生活在条件艰苦地区（基础设施、交通通信和公共服务都不发达）的农村居民，在考虑地方特点的情况下在全国实施国家社会保障标准，目的是保证社会保障水平逐步提高。

养老金制度是白社会保障体系最重要的组成部分。目前，有250多万人在劳动、就业和社会保障机构中领取各种类型的养老金。白养老金包括劳动养老金（含退休金、残疾抚恤金、丧失赡养人优抚金及对共和国做出特殊贡献者养老金）和社会养老金两类。领取退休金的条件是男子满61岁（工龄不少于25年）、女子满56岁（工龄不少于20年），且向国家社会保障基金（预算外基金）缴纳强制性保险费达规定年限。退休金标准为月均工资的55%，且不低于最低退休金标准（居民平均维持最低生活水平所需费用的25%）。不具备劳动能力，不能获得劳动养老金以及根据社保领域的国际合同不能获得外国退休金的公民可领取社会养老金，领取条件是男子年满 65 岁，女子年满 60 岁。为了维持养老金水平，社保部门会定期依据居民平均工资的增长情况和人均维持最低生活水平的费用变化情况对养老金进行重新核算。养老保险资金主要是由雇主和雇员缴纳，其中雇员按照收入的 1% 缴纳，雇主根据行业和企业类型缴纳其所支付工资的 5% ~ 29%，不足部分由国家财政和地方专项预算资金补足。除上述国家强制性的参保方式外，雇员和自由职业者还可自愿参加非国有商业保险机构的养老保险，以提高养老金的保障标准。

随着国家经济的平稳发展、居民收入的提高和社会保障与福利制度的日益健全，白贫困率大幅下降，从 2000 年的 35.7% 降至 2018 年的 5.6%，近 10 年一直维持在 8% 以下，其中农村居民的贫困率高于城市居民（高一倍）。

四　移　民

白俄罗斯独立后，其人口迁移以国内迁移为主，1995 年内部移民数量占全部移民数量的 83.1%，2000 ~ 2018 年始终维持在 90% ~ 95%。至今白俄罗斯国内并未出现大规模内部迁移现象，其内部移民程度也低于世界很多发达国家，国内人口迁移的主要方向是从农村到城市或从小城市到大城市（从地区中心城市到州中心城市，从州中心城市到明斯克市），这在一定程度上改变了城乡地区的人口结构，造成农村及小城镇劳动力短缺的现象。

在国际移民方面，随着苏联解体、白俄罗斯独立，过去苏联各加盟共和国之间的人口迁移转变为国际移民。20 世纪 90 年代初期，白俄罗斯因其政治环境相对稳定及没有发生族际冲突吸引了不少来自其他原苏联加盟共和国的移民。1992 年来自独联体和波罗的海国家的移民达到峰值，为 6.69 万人，而从白俄罗斯移至这些国家的人很少。之后，随着民族冲突的减弱、原苏联各加盟共和国政治局势和居民经济生活的稳定，从这些国家流入白俄罗斯的移民数量大幅减少。同期，白与其他国家的移民呈现出多入少的局面，1990 年白居民迁至其他国家的数量最多，净移出数量达 3.41 万人，虽然这一数值在逐年减少，但直至 2007 年白移民至其他国家的人口数量始终高于从其他国家移入白俄罗斯的移民数量。从 2000 年开始，由于从独联体及波罗的海国家移至白俄罗斯的移民数量增加，白国际移民净值总体为正，且这一趋势延续至今。在与其他原苏联加盟共和国的移民活动中，俄罗斯在移民流入和流出的总量中始终占优势，其次是乌克兰。在与其他国家的移民活动中，2009 年前以色列、美国和德国是白居民首选的移民国家，之后美国、德国、波兰和其他西欧国家成为白居民主要的移民国家。近年，白国际移民以年轻人为主，且移民的目的主要是学习和工作，所以邻近国家成为他们的移民首选，如俄罗斯、乌克兰、波兰、德国等（见表 6－3）。

表 6－3　2000～2018 年白俄罗斯人口迁移状况

单位：万人

年份	2000	2007	2008	2012	2013	2014	2015	2016	2017	2018
迁入总人数	20.98	23.85	23.66	21.23	22.54	24.78	27.4	25.24	25.74	26.14
国际移民	2.59	1.42	1.74	1.80	1.94	2.49	2.83	2.10	1.90	2.46
独联体国家*	2.35	1.19	1.42	1.35	1.47	1.99	2.25	1.56	1.33	1.70
独联体以外国家**	0.25	0.22	0.32	0.46	0.47	0.51	0.58	0.54	0.57	0.76
国内移民	18.38	22.44	21.91	19.43	20.6	22.29	24.57	23.14	23.84	23.68
迁出总人数	19.76	23.38	22.84	20.3	21.38	23.21	25.56	24.45	25.35	25.21
国际移民	1.38	0.95	0.93	0.87	0.78	0.92	0.99	1.31	1.51	1.52
独联体国家	0.72	0.71	0.69	0.65	0.54	0.59	0.67	0.89	0.96	0.98
独联体以外国家	0.66	0.23	0.24	0.22	0.24	0.33	0.32	0.41	0.55	0.54
国内移民	18.38	22.44	21.91	19.43	20.6	22.29	24.57	23.14	23.84	23.68
移民增长或减少（－）	1.21	0.47	0.81	0.93	1.16	1.57	1.85	0.79	0.39	0.94
独联体国家	1.62	0.48	0.74	0.69	0.93	1.39	1.58	0.66	0.37	0.72
独联体以外国家	－0.41	－0.01	0.08	0.24	0.23	0.18	0.27	0.13	0.01	0.22

注：＊2009 年以后的数据不包括格鲁吉亚；＊＊2009 年以后的数据包括格鲁吉亚。本表数据为原资料数据，可能存在四舍五入的情况。

资料来源：http：//www. belstat. gov. by/。

第二节 医疗卫生

一 医疗卫生制度及政策

苏联时期,白俄罗斯实行免费医疗制度,居民医疗有保障,白俄罗斯苏维埃社会主义共和国的医疗卫生事业在苏联 15 个加盟共和国中是比较发达的。

白俄罗斯独立后继承苏联时期的医疗卫生体制,为保障居民的健康,仍坚持实行免费医疗制度。白俄罗斯宪法第 45 条明文规定,"白俄罗斯共和国公民享有健康保护的权利,其中包括在国家医疗保健机构接受免费医疗的权利"。在确保公民宪法权利的基础上,国家在医疗卫生领域的首要政策目标是"创造条件,使每个人可以行使其保护健康的权利"。医疗卫生政策的主要方向是:形成健康的生活方式,优先实施疾病预防措施;为患者提供可行的、高质量的医疗救助(包括药品供应);为居民提供卫生防疫保障。2001 年白总统批准《2001~2005 年白俄罗斯社会经济发展纲要》,纲要规定对医疗卫生领域进行结构改革,改进对该领域的拨款方式,制定针对每位居民的医疗预算标准,建立一个免费医疗与付费医疗服务有效结合的医疗体系。以此为依据,白医疗卫生领域多年来的主要任务始终是在进一步提高医疗服务水平的基础上改善居民健康状况,依靠预算资金保证每位公民享受统一的医疗救助社会标准。近年,大量引进新的医疗技术设备以及扩大科技和信息技术在医疗领域的应用也被列入医疗卫生领域的发展任务。为此,国家持续增加对医疗卫生领域的投资,鼓励发展国家与私人医疗机构的合作关系,并在保证居民免费获得必要治疗的基础上扩大有偿医疗服务的范围。目前,白医疗卫生领域的大部分拨款由国家预算负担,2010~2018 年拨款额占国内生产总值的比重分别为 3.9%、3.5%、3.8%、3.9%、3.7%、3.9%、4.2%、4.1% 和 4%;占国家对社会领域预算拨款的比重逐年提高,从 2011 年的 30.3% 升至 2014 年的 32.8%,再到 2018 年的 34.2%。[①]

---

① Беларусь в цифрах. 2011–2018гг. https://www.belstat.gov.by/.

二 医疗服务

白俄罗斯有种类齐全的医院门诊部,各种专业的医务人员和医学研究机构。其医疗机构的基本建设和现代化改造主要由国家预算和总统基金拨款。截至 2018 年年底,白有 612 家医院、2230 个门诊部,病床数量为 7.95 万张;医务工作者共计 18.23 万人,其中医生、专家 5.54 万人,普通医务工作者 12.69 万人(见表 6-4)。此外,还有 7 家急诊医院、147 个急救站、17 个共和国科学实践中心、143 个卫生和流行病学中心、3000 多家药房。

表 6-4 2010~2018 年白俄罗斯医疗卫生领域主要指标

年份	2010	2011	2012	2013	2014	2015	2016	2017	2018
医生、专家数量(万人)	4.53	4.80	4.88	4.93	5.11	5.32	5.45	5.48	5.54
从业医生数量(万人)	3.33	3.59	3.68	3.73	3.87	4.04	4.15	4.20	4.25
每万人拥有从业医生数量(人)	35.1	38	38.8	39.4	40.8	42.5	43.7	44.3	44.9
普通医务工作者数量(万人)	12.18	12.20	12.51	12.27	12.39	12.61	12.58	12.63	12.69
每万人拥有普通医务工作者数量(人)	128.5	128.9	132.2	129.5	130.7	132.8	132.4	133.1	133.9
医院数量(家)	661	656	657	646	641	640	636	622	612
病床数量(万张)	10.87	10.66	10.66	8.40	8.23	8.20	8.03	8.00	7.95
每万人拥有病床数量(张)	114.6	112.6	112.7	88.7	86.8	86.3	84.5	84.2	83.9
门诊部数量(个)	2228	2292	2263	2267	2309	2325	2311	2196	2230

资料来源:http://www.belstat.gov.by/upload/iblock/35d/35d07d80895909d7f4fdd0ea36968465.pdf.

共和国科学实践中心将医学研究与实践紧密结合,大量引进新的医疗技术,为患者提供复杂的高科技干预治疗。目前,共和国科学实践中心包括心脏病学中心、母婴中心、器官和组织移植中心、神经病学和神经外科中心、创伤学和整形外科中心以及输血和医学生物工程中心等,其中国家特别关注的是母婴中心。白俄罗斯是世界上管理孕产过程最佳的 50 个国家之一，拥有专业的医护人员，孕产护理全部在医院进行。得益于良好的医疗条件，1990～2016 年白产妇死亡率下降了 90% 左右，2018 年出生婴儿（500 克以上）死亡率为 2.5‰，这一指标与欧洲发达国家处于同一水平（3.69‰）并高于独联体国家水平（9.34‰）。在全球母亲境遇指数排名中白俄罗斯列第 25 名。2016 年 6 月 7 日，世界卫生组织确认在白俄罗斯消除了艾滋病毒感染和梅毒的母婴传播。白俄罗斯成为欧洲第一个也是唯一获得此类证书的国家。在降低儿童死亡率，提高产妇保健水平，防治艾滋病、疟疾和肺结核方面白俄罗斯均实现了国家社会经济发展纲要中所制定的目标。国际专家认为，在居民获得医疗服务方面白俄罗斯已占据世界领先地位。

在疗养治疗方面，白现有 486 所疗养保健机构和适合各科室的专业设备。白重视疾病预防在医疗服务中的作用，成功实施了一系列旨在降低患病风险的国家措施，同时培养居民的健康生活习惯，并为此提供必要的条件。目前，白正在实施"心脏病学"、"肿瘤学"、"结核病"和"创新生物技术"等国家计划，以降低这类疾病的发病率并提高治疗水平。为了防止艾滋病毒的传播，还建立了共和国艾滋病预防和控制中心。

三 主要医学成就

白俄罗斯在心脏外科、器官移植、癌症治疗等方面均有所建树。尤其在器官移植方面，白俄罗斯医生可进行肾移植、骨髓移植、肝脏移植、心脏移植以及人体干细胞和组织的移植（包括角膜、皮肤和骨组织）。世界卫生组织专家认为，白俄罗斯医生在这些专业领域具有很高的水平。白每百万居民的器官移植数量是 50 例，最常见的是肝脏和心脏移植。这一数量不仅在原苏联地区，就是在其他许多欧洲国家也处于领先地位。2008年 4 月白俄罗斯完成首例肝脏移植手术，2009 年成功实施了首例心脏移植手术。白医生还掌握了器官联合移植的复杂手术，如心肺联合移植、肝肾联合移植和胰肾联合移植等。2009 年白首次进行了胰脏和肾脏联合移植手术，2012 年 1 月实施了首例肝肾联合移植手术，2016 年首次成功进行了心肺联合移植手术以及国内人工瓣膜的临床试验，并在独联体地区首次与意大利心脏外科医生一起完成了两次独特的生物主动脉瓣膜修复手术。在整形外科领域，白医生可进行肩关节、踝关节和肘关节的体内修复手术。在神经外科领域，白医生在医疗实践中引入血管内介入治疗法、清除脑肿瘤的低创微型术以及对帕金森病的立体定位干预法。在治疗儿童恶性肿瘤和血液系统疾病方面白医生也取得了显著的成果，白这类患者的总体长期存活率为74%，在欧洲国家中位列前十。白研制出治疗儿童白血病的制剂——克洛法拉宾（Клофарабин），临床试验表明它在急性淋巴细胞白血病的治疗中具有较好的疗效。与同类药物相比，该药的毒性更小、耐受性更强，可明显增加复发儿童的预期寿命。白俄罗斯科学院生物化学研究所已获得该药原始合成方法的专利。目前，白还开设了癌症分子遗传实验室与共和国肿瘤学和医学放射学科学实践中心下属的正电子发射扫描中心，为约3000名患者提供更准确的诊断和更优的治疗，以延长患者的生命。2016年8月白成立了儿童姑息治疗临床中心，每年可为350多名患者提供医疗救助。

白医学界所取得的成就以及其合理的医疗价格吸引了越来越多的外国人来白治病。2010年白医疗服务出口额为910万美元，至2018年已达4310万美元。2018年白向129个国家的公民提供了医疗救助，包括阿塞拜疆、俄罗斯、哈萨克斯坦、乌克兰、格鲁吉亚、立陶宛、乌兹别克斯坦、以色列、中国、亚美尼亚、美国、英国、土库曼斯坦和德国等。①

---

① http：//president. gov. by/ru/zdravoohranenie_ ru/.

第七章

文 化

第一节　教育

一　发展简史

在沙俄时代，白俄罗斯教育事业虽优于中亚和外高加索地区，但总体上较落后，居民大部分是文盲。据 1897 年的人口普查，在 9～49 岁的居民中，识字人口只占 32%。识字人口在男人中占 43.5%，在妇女中占 20.7%。1914～1915 学年，有普通教育学校 7700 所，学生 48.9 万人。有 9 个教师讲习班、师范进修班、技术学校和 3 所师范学院。苏维埃政权建立后，创办了用本族语言——白俄罗斯语教学的民族学校。

苏联时期，由于政府大力发展教育事业，实行免费义务教育，开展大规模扫盲运动，1939 年白俄罗斯居民识字率上升到 80.8%，到 1979 年识字率升达 99.9%，全国基本无文盲。据统计，1980 年普通教育学校学生有 150 万人，为沙俄时期的 3 倍多；在学前教育机构受教育的儿童达 48.8 万人；职业技术学校 220 所，学生 14.3 万人（其中中等职业技术学校 155 所，学生 8.3 万人）；中等专业学校 135 所，学生 16.28 万人；高等院校 32 所，大学生 17.7 万人。1981 年在国民经济各部门工作的每千人受过高等或中等教育的人数由 1939 年的 113 人升至 797 人，42 年增加 6 倍多，可见苏联时期白俄罗斯教育发展之快。到独立前的 1990 年，全国有学前教育机构 5400 所，受教育儿童 60 万人，约占全国适龄儿童的

70%；普通教育学校 400 所，学生 150 万人；中等专业学校 147 所，学生
14.37 万人；高等院校 33 所，学生 18.86 万人。

独立后，白俄罗斯继续实行免费教育制度。该国 1994 年颁布的新宪
法第 49 条明文规定："每个人都享有受教育的权利。保障免费接受普通
中等教育和职业技术教育。人人都可根据其能力接受中等专业教育和高等
教育。每个人都可通过竞争在国家教育机构获得相应的免费教育。"1994
年卢卡申科总统当政后，白俄罗斯上述教育政策保持不变。独立后，白俄
罗斯于 1991 年 10 月 29 日颁布《白俄罗斯共和国教育法》。此法是独联体
各国中的第一部教育法规，共分 6 章 41 条。该法规定，白俄罗斯共和国
国民教育的目标是为国家建设培养人才。普通学校实行 12 年制免费义务
教育（苏联时期白俄罗斯实行 11 年制免费义务教育）。高等院校学制 4 ~
5 年，分免费和自费两种形式，以免费为主。2011 年 1 月 13 日，白总统
签署新的《白俄罗斯共和国教育法典》，法典规定，在已有法律制度的基
础上建立统一、全面的教育关系法律调节机制；调整法律规范，使之系统
化；减少该领域规范性法律法令的数量，消除教育关系监管中存在的不
足。同时，法典准则规定了教育领域法律规范的连续性。截至 2018 ~
2019 学年初，白共有 7000 多所教育机构，就读的儿童、中小学生和大学
生约 190 万人，教育工作者近 20 万人，中小学入学率、大学生数量等指
标与欧洲发达国家甚至世界发达国家水平相当。白成年人口的识字率达
99.6%，98% 的就业人口接受过基础教育、普通中等教育或职业教育。

二　教育体系

独立后，白俄罗斯建立了本国的国民教育体系。教育内容从苏联时期
侧重于俄罗斯文化教育转变为侧重于白俄罗斯语言、历史、文学与文化的
教育。白俄罗斯现行教育体系包括学前教育、普通中等教育、中等职业教
育和高等教育等。

（一）学前教育

学前教育是白俄罗斯国民教育体系的最初阶段。白学前教育机构包括
托儿所、幼儿园和儿童学前发展中心，负责为两个月婴幼儿到 6 岁的儿童

提供照料和教育服务。1991 年独立时白俄罗斯有学前教育机构 5400 所，受教育儿童为 60 万人（占相应年龄儿童的 68%）。之后，随着白俄罗斯人口逐年减少，学前教育机构和受教育儿童数量也呈减少态势：1995 年学前教育机构降为 4600 所，受教育儿童为 50 万人（占相应年龄儿童的59%）；2000 年学前教育机构为 4400 所，受教育儿童为 39.1 万人（占相应年龄儿童的 70.9%）；2005 年学前教育机构为 4200 所，受教育儿童为36.7 万人（占相应年龄儿童的 82.5%）；2010 年学前教育机构为 4099所，受教育儿童为 38.4 万人（占相应年龄儿童的 76.7%）；2017 年学前教育机构为 3812 所，受教育儿童为 42.63 万人（占相应年龄儿童的75.8%）；2018 年学前教育机构为 3803 所，受教育儿童为 43.51 万人（占相应年龄儿童的 79.5%，预测值）。① 目前，白俄罗斯学龄前儿童入园率在独联体国家中名列前茅，其中 1~3 岁婴幼儿入园率为 39.9%（农村地区为 20.6%），3~6 岁儿童入园率为 95.8%（农村地区为 67.2%）。儿童在学前教育机构的大部分费用由国家承担，2017 年国家为每名在学前教育机构接受教育的儿童提供经费 2852.77 白卢布，2018 年为 2997.96白卢布。

（二）普通中等教育

1932 年白俄罗斯已实现了普及初等义务教育。1972 年 6 月 23 日，白俄罗斯苏维埃社会主义共和国通过了普及中等义务教育的决议，并在第 9个五年计划末（1975 年）基本实现了普及中等义务教育。到 1979 年，共和国识字率达 99.9%，已基本扫除了文盲。1991 年白俄罗斯独立时有普通中等学校 5200 所，学生 148.9 万人。2000 年初普通中等学校减为 4700所，学生人数增至 152.4 万人。2005 年普通中等学校数量为 4100 所，学生数量为 122.2 万人。2010 年普通中等学校数量为 3654 所，学生数量为96.23 万人。2018 年白有普通中等教育机构 3035 所，学生数量为 101.04万人（比上一学年增加近 1.6 万人）。随着学校及学生数量的减少，普通

---

① Образование в Республике Беларусь （2018/2019 учебный год），http：//www.belstat.gov.by/upload/iblock/27c/27cc511d8ef6268925a94c81607f1a63.pdf.

中等教育机构教师的数量也逐年减少：2000 年为 13.35 万人，2005 年减至 12.22 万人，2010～2011 学年初为 11.17 万人，2014～2015 学年初为 9.99 万人，2018～2019 学年初为 9.73 万人。其中受过高等教育的教师比重由 2010～2011 学年初的 91.3% 升至 2018～2019 学年初的 93.9%。[①]

　　白俄罗斯普通中等教育发展较为成熟，分为三个级别：一级为初等教育（1～4 年级），二级为基础教育（5～9 年级），三级为中等教育（10～11 年级）。儿童从 6 岁开始接受学校教育，且必须完成 1～9 年级的普通基础教育。完成基础教育后，年轻人可继续在普通中等学校接受普通中等教育，也可转入专科学校或职业技术学校接受职业培训。学生在获得普通中等教育或中等专科教育毕业证后才有资格进入高等院校接受教育。普通中等教育机构一周有 6 天学习时间，其中 5 天为在校学习，1 天为课外实践，包括开展体育活动、组织劳动培训等。白俄罗斯语和俄语是普通中等教育机构学生必须学习的课程，此外，学生可在英语、德语、法语、西班牙语和汉语中任选一种作为外语学习。少数民族（波兰、立陶宛、乌克兰和其他民族）可学习本民族语言、文化和传统。除上述语言类课程外，白中学还开设了物理、数学、信息技术、化学、地理、生物、历史和其他社会学科，以及音乐、艺术、体育及医疗培训等课程。在必修课的基础上，学生还可根据自己的兴趣参加选修课的学习，选修课通常 3～5 人一组，由国家预算拨款。为完善教育评价体系、提高教育质量，从 2002 年开始，普通中等教育机构、职业技术学校、中等专科学校和高等教育机构以"十分制评定体系"取代之前的"五分制评定体系"。从 2015～2016 学年开始提高第二级别（基础教育）学习的完整性，并在第三级别（中等教育）学习中引入专业教育。从 2015 年 9 月 1 日起，有 1118 所普通中等教育机构在 10 年级开设了专业班，有约 2.9 万名 10 年级学生在此学习高级课程。从 2015～2016 学年开始开设 103 个教育专业班，有 1220 名学生在此学习高级课程。

---

① Образование в Республике Беларусь（2018/2019 учебный год），http：//www.belstat.gov.by/upload/iblock/27c/27cc511d8ef6268925a94c81607f1a63.pdf.

（三）中等职业教育

中等职业教育包括中等职业技术教育和中等专业教育，其主要任务是培养国民经济所需的、全面发展的、掌握某种职业技能的工人以及具有中等专业知识和普通中等教育水平的专业人才。2000 年后，白俄罗斯中等职业技术学校及其学生数量逐年减少：2000～2001 学年初职业技术学校有 248 所，学生人数为 13.77 万人；2010～2011 学年初学校数量减至 229 所，学生人数为 10.6 万人；2018～2019 学年初学校数量进一步减至 180 所，学生人数为 6.50 万人。中等专业学校的发展趋势与职业技术学校相反，2003～2004 学年初，中等专业学校数量为 193 所，到 2010～2011 学年初增至 214 所，到 2018～2019 学年初增至 226 所。但学生人数却逐年下降，从 2010～2011 学年初的 16.76 万人减至 2018～2019 学年初的 11.33 万人。中等专业学校开设的专业与职业技术学校类似，其中技术和工艺专业招生人数最多，且学生人数占比保持微弱增长（从 2010 年的 29.7% 增至 2018 年的 33.2%）；通信、法律、经济学和管理专业招生人数居第二位，但学生人数占比呈下降趋势（从 2010 年的 29% 降至 2018 年的 19.9%）；居第三位的是农林经济及园艺建设专业，其招生人数也呈下降态势，从 2010 年的 13.3% 将至 2018 年的 11.9%。职业技术学校主要开设 9 个专业，包括艺术与工艺设计，通信、法律、经济学生产管理，技术和工艺，建筑与施工，农林经济和园林建设，社会保护，体育、旅游，公共餐饮和日常服务，安全服务等。其中技术和工艺专业的毕业生数量最多，几乎占全体毕业生人数的一半（2013 年为 49.8%，2018 年为 49.4%）；居第二位的是建筑与施工专业，2013 年该专业毕业生人数占全体毕业生人数的 20.1%，之后逐年下降，2018 年降至 14.8%；公共餐饮和日常服务专业的毕业生人数占比近年呈上升趋势，2013 年为 9.7%，到 2018 年增至 12.4%，从第 5 位跃升至第 3 位。①

（四）高等教育

高等教育的主要任务是为国家培养各种高等专业人才。高等学校的具

---

① Образование в Республике Беларусь （2018/2019 учебный год），http：//www.belstat. gov. by/upload/iblock/27c/27cc511d8ef6268925a94c81607f1a63. pdf.

体职能是：培养高水平的专门人才；培养高水平的科研、教育干部；提高师资水平；为国民经济各领域的专门人才提供进修和再培训的条件；提高居民的教育水平。高校招生是通过入学考试，择优录取。此外，高校还接受事业单位和其他部门的定向培养和委托培养，并帮助企事业等单位进行第二专业的职业培训。

白俄罗斯第一所大学创建于 18 世纪末，名为格罗德诺医科大学。1921 年创建白俄罗斯国立大学（2017~2018 学年有学生 2.39 万人，教师 2700 人）。卫国战争后新建了一批大学。1997 年白俄罗斯成为《里斯本条约》成员国，2015 年 5 月白签约欧洲"博洛尼亚进程"，成为欧洲高等教育空间的一员。白高等教育分为本科（4~6 年），硕士（1~2 年）以及博士、副博士三级。据白俄罗斯国家统计局发布的数据，2018~2019 学年初白共有 51 所高等教育机构，其中 42 所为国有机构，9 所为私立机构。在校大学生共计 26.81 万人，硕士研究生 1.47 万人。进入高等教育机构学习要根据集中测试的结果进行选拔，学习方式分为全日制、夜校和函授。无论以哪种学习方式毕业，都可获得国家颁布的毕业证书。公费全日制大学毕业生可保证按其所学专业就业。据白俄罗斯国家统计局的数据，2016 年白 5 所大学进入 Webometrics 世界大学排名的 4000 强之列（白俄罗斯国立大学、白俄罗斯国立工业大学、白俄罗斯共和国总统管理学院、格罗德诺扬卡·库帕拉国立大学与白俄罗斯国立信息和无线电电子大学）；两所大学进入 QS 世界大学排名前 1000 院校（白俄罗斯国立大学和白俄罗斯国立工业大学）。白俄罗斯国立大学是该国规模最大、最负盛名的高校。创建于 1921 年，是原苏联四大著名国立高校之一，目前在独联体各国高校中名列第二位，仅次于莫斯科罗蒙诺索夫国立大学，2016 年进入《泰晤士高等教育》发布的欧洲大学 400 强之列。其他比较著名的大学还有白俄罗斯国立医科大学、白俄罗斯国立农业大学、白俄罗斯国立师范大学、白俄罗斯国立经济大学等。白高等教育领域有 384 个专业，专业结构不断完善，除传统专业外，还出现了与信息通信技术、核能、机器人、太空探索等领域发展相关的新专业。在大学各专业中，通信、法律、管理和经济学报考率最高，2010~2011 学年初该专业学生人数占比为 40.8%，2018～2019 学年初占 30.8%。居第二位的是技术和工艺专业，其就读人数占大学生总人数的比重从 2010～2011 学年初的 18.7% 升至 2018～2019 学年初的 20.8%。教育学和农林经济及园林建设专业的学生人数并列第三位，2018～2019 学年初这两个专业的学生占比均为 9%。2018～2019 学年初，白各类高校教师共计 2.03 万人，其中具有博士、副博士学历的占 47.3%，具有教授、副教授职称的占 41%。

白俄罗斯的教育秉承了苏联时期的优良传统，很多学科专业在世界上都名列前茅，欧美国家均承认白俄罗斯的高等教育学历。此外，白俄罗斯高等院校的师资队伍拥有强大的教学和科研能力，教学环境和设施先进，治学严谨，学科齐全，教学制度完善，这些因素增强了白俄罗斯教育的吸引力。近年赴白留学的外国学生数量逐年增长，从 2010～2011 学年初的 9357 人增至 2018～2019 学年初的 1.55 万人。其中，土库曼斯坦留学生数量最多，2018～2019 学年初为 7749 人，占白留学生总数的近 50%；居第二位的是俄罗斯留学生，为 1389 人，占近 9%；中国留学生居第三位，为 1113 人，占 7.2%。2010～2018 年白俄罗斯教育预算支出情况和各类教育机构及学生情况分别见表 7-1 和表 7-2。

表 7-1 2010～2018 年白俄罗斯教育预算支出情况

单位：万亿白卢布，%

年份	2010	2011	2012	2013	2014	2015	2016	2017	2018
统一预算中的教育支出	8.90	14.39	27.16	33.60	38.83	43.05	46.97	50.71	59.07
占统一预算支出总额的比重	16.8	18.1	17.5	17.9	18.4	17.2	17.2	17.7	17.9
占 GDP 的比重	5.2	4.7	5.0	5.0	4.8	4.8	4.9	4.8	4.9
各阶段教育支出									
学前教育	1.69	3.03	5.81	7.26	8.78	10.12	11.39	12.15	13.94
普通中等教育	4.18	6.72	12.55	15.33	17.66	19.47	21.35	23.02	26.91
中等职业技术教育	0.57	0.88	1.60	1.81	1.94	2.05	2.16	2.18	2.42
中等专业教育	0.40	0.69	1.33	1.62	1.87	2.09	2.24	2.45	2.82
高等教育	1.12	1.80	3.53	4.24	4.65	5.10	5.30	5.85	7.11
教育预算支出占比									
学前教育	19.0	21.1	21.4	21.6	22.6	23.5	24.2	24.0	23.6

白俄罗斯

续表

年份	2010	2011	2012	2013	2014	2015	2016	2017	2018
普通中等教育	46.9	46.7	46.2	45.6	45.5	45.2	45.4	45.4	45.5
中等职业技术教育	6.4	6.1	5.9	5.4	5.0	4.8	4.6	4.3	4.1
中等专业教育	4.5	4.8	4.9	4.8	4.8	4.8	4.8	4.8	4.8
高等教育	12.6	12.5	13.0	12.6	12.0	11.8	11.3	11.5	12.0

注：2016～2018年单位为亿白卢布。

资料来源：Статистический ежегодник Республики Беларусь. 2019 г. http：//www. belstat. gov. by/upload/iblock/35d/35d07d80895909d7f4fdd0ea36968465. pdf。

表7-2　2010～2018年各学年初白各类教育机构及学生情况

单位：家，万人

学年	2010～2011	2011～2012	2012～2013	2013～2014	2014～2015	2015～2016	2016～2017	2017～2018	2018～2019
学前教育机构数量	4099	4081	4064	4027	3972	3951	3879	3812	3803
在园儿童数量	38.4	38.74	39.8	40.7	41.06	40.98	41.81	42.63	43.51
普通中等教育机构数量	3654	3707	3579	3395	3293	3230	3155	3067	3035
学生数量	96.23	93.81	92.82	93.13	94.61	96.91	98.23	99.45	101.04
中等职业技术教育机构数量	229	229	226	219	213	206	196	182	180
学生数量	10.60	9.86	7.99	7.46	7.28	7.22	7.03	6.69	6.50
中等专业教育机构数量	214	220	225	231	231	231	230	226	226
学生数量	16.76	16.29	15.22	13.84	12.90	12.13	11.78	11.41	11.33
高等教育机构数量	55	55	54	54	54	52	51	51	51
学生数量	44.29	44.56	42.84	39.53	36.29	33.64	31.32	28.43	26.81

资料来源：http：//www. belstat. gov. by/ofitsialnaya - statistika/solialnaya - sfera/obrazovanie/godovye - dannye_ 5/osnovnye - pokazateli - obrazovaniya/。

第二节 科学技术

一 科技发展状况

白俄罗斯是独联体中较具科技实力的国家。近年，白俄罗斯非常重视科学技术的发展，并制定了创新发展国家纲要，以此为基础，科学技术在构建知识经济过程中发挥着重要作用。科技在白俄罗斯日益成为一个强大的知识产业。根据国际分析人士的评估，白俄罗斯是具有高度科学潜力的国家之一。在2016年"好国家指数排名"中白位列第79名（共163个国家），其中"科学技术"一项名次最高，为第37名。白俄罗斯拥有发展科技的人力资源，并拥有一套较为先进的高科技人才培养体系。2018年共有近6000名硕士生和博士生在读，其中50人取得博士学位、489人取得副博士学位。国内科研人员共计2.74万人，其中65%直接参与科研活动。在这些科研人员中，具有博士学位的有626人，具有副博士学位的有2829人；女性科研工作者占39.3%，她们在医学、农业科学、人文和社会经济研究领域占主导地位；科研人员队伍日益年轻化，29岁以下的科研人员占比为22.6%。机械工程、仪器制造、能源、微生物、医药、制药等是科技研发的重要领域，科技成果的转化率也相对较高。在国家的鼓励下，白有近1/4的工业企业开展了积极的创新活动，在计算、电子和光学设备生产、制药以及运输机械制造业中，进行创新研发的企业比重分别约占73%、77%和50%。创新产品在工业产品中的份额持续增长，2018年达到20%。目前，在白俄罗斯的出口产品中，高科技产品的比重已达1/3。

白俄罗斯科学院是白最高国家科研机构。它是一个智力和分析中心，在确定国家发展方向和发展路径上发挥着重要作用，是形成现代知识和创新系统的核心。科学院归总统直接管理，须向部长会议汇报工作，其主席团主席由科学院全体会议选举产生，职务等同于部级，并是部长会议成员。白科学院的工作是保证在自然科学、科技和人文等重要的科学领域进行基础性研究，它还是国家系统科学地保证信息化发展的主要机构。2005年后科学院进行了结构改革：建立了一些新型机构（如科学实践中心和协会），完善了管理创新活动的方式方法。该院设有72个研究所，在激光物理和技术、高温等离子体物理和技术、传热传质理论和技术、精密机械零件轧制等科学技术领域拥有世界领先的研究成果。白俄罗斯科学院现有工作人员1.6万多名，包括科研人员、技术人员、科研辅助人员和服务人员，平均年龄不到47岁。其中研究人员约5350人，科学博士399人、副博士1619人。其基础研究和应用研究的选题基本都是依照经济领域的优先任务确定。白俄罗斯国家科学技术委员会是调节和管理科学、科技、创新和知识产权保护活动的国家行政管理机构。它的主要任务是创建以生产具有高附加值出口导向型产品为主的创新型企业，促进科学思想的研究及推广，并使之商业化。

全国科研费用约有一半是通过国家预算资金来保证的。独立后，在国家支持下，已建立了共和国基础研究基金、白俄罗斯创新基金、共和国信息基金。国家实行科技政策的方向是"优先扶持较有前景的、定位于解决共和国社会经济发展问题的一系列科学研究、科技开发和创新项目，科学研究和开发的管理体系以使用针对性方案的方法为基础"。近年，创新发展提上政府议事日程，其优先发展领域是：资源保护和节能技术，工业生物技术，纳米材料和新能源，医药，信息和航空航天技术，生产工艺，农产品生产、加工和储存技术以及生态和环境管理。为此，白正在实施新的经济创新发展战略，并取得了一定成果，包括建立创新发展法律基础和中央创新基金等。目前白已着手开展创新基础设施建设和创新性经营活动，大力发展航天技术、纳米技术和生物技术等，信息技术也得到快速发展，有望成为新的经济增长点。截至2017年年底，白全国已建立10个高科技园区和8个技术转化中心。高科技园区已成为中东欧地区主要的创新IT集群之一，为信息技术领域的业务发展创造了有利环境，包括前所未有的税收优惠和IT行业训练有素的专业人员。2011～2017年，白俄罗斯服务出口总额中计算机服务出口份额增长2.1倍，2017年为15.4%（2016年为14%）。其中约84%的计算机服务出口由高科技园区的公司提供。在提高科技与产业间的互动效率方面，技术转化中心在创新基础设施中占据着重要地位。创新研究定位于工业及其他经济领域的具体需求。研究人员的活动主要是解决工业现代化问题并形成新型创新经济，创建使用第 5 代和第 6 代技术工艺的新型生产模式。2017 年 1 月 31 日，白发布第 31 号总统令——《2016~2020 年白俄罗斯创新发展国家纲要》，其目的是集中资源发展高科技领域，以保证国民经济的竞争力及其高质量发展。2018 年 2 月，白出台《2018~2040 年科技发展战略》，以促进本国知识经济的发展，其中包括实现经济端到端的数字化、大力发展 IT（信息技术）产业。该战略将分三个阶段实施，其中 2020 年前为第一阶段，主要是完成科技工作；在 2030 年前的第二阶段要完成传统产业的数字现代化，在经济各主要领域形成发展优势；在 2040 年前的第三阶段，要提高各经济目标领域的竞争力、实现社会智能化、提高新兴工业综合体应对第四次工业革命挑战的能力并建设高度智能化社会等。

2002 年该国在 44 个基础研究国家方案的框架内已完成了在自然科学、技术科学和社会科学领域的研究。参加和完成这些研究的有科学院、教育部、卫生部与农业和食品部的科研机构。国家方案的实行，保证了国家主要扶持机械制造、信息、医学、生态学、农业等领域科技发展的优先方向，进一步发展激光和等离子技术、光学电子、特殊性能新材料、技术诊断方法、物质的化学合成、植物育种、生命科学、信息处理方法和专门计算机技术这些领域内有前景的科学研究和开发。根据白俄罗斯科技学者的研究，白国有企业已掌握新一代汽车技术和农业技术、无轨电车技术和机床技术，掌握了用于轻工业、计算机技术和光纤技术的新型微电子合成技术，掌握了光测量新设备，掌握了新型药剂和农业植物新品种。应该说，白科学家在基础科学和应用科学各领域的研究成果已被国际社会认可。在相对较短的一段时期内白成功地建立起一套可正常运作的国家创新体系，创新活动的法律基础也正在发展成熟。近十年白科研领域的一大突出成就是 2012 年 7 月 22 日发射地球遥感卫星。该航天器的工作轨道为 500~520 公里，机动性强，可迅速调整轨道以对所需的位置进行拍摄。卫星重 400 多公斤，全色范围的分辨率为两米左右，它将与俄罗斯卫星

"Канопус-В"协同工作。此外，白科学技术领域的主要成就还包括：白俄罗斯国立大学国家粒子物理和高能中心的科学家参加了位于瑞士和法国边境的欧洲核子研究组织（CERN）的大型强子对撞机的实验，负责监控一个对撞机探测器。白俄罗斯科学院斯捷帕诺夫物理研究所的研究人员研制出新一代激光器。这是现代激光物理发展的最新方向，是尺寸、重量和节能方面的新型激光发射器，应用领域非常广泛——从医学到工业。与传统激光器相比，它对眼睛的伤害更小、更安全。新型激光器体积更小、功能更强大。这项新成果在国外已经有很高的需求。该研究所的研究人员还研制出一种用于癌症肿瘤的非接触式快速光学诊断仪器。这种新仪器不仅有助于减少诊断癌症的时间，还有助于降低诊断癌症的经济成本，可在外科手术中直接监测和定位癌症肿瘤。白俄罗斯科学院物理有机化学研究所科研人员研制出一系列基于氨基酸及其改性衍生的原始制剂。它们被引入新的生产工艺以生产各类内科药物，包括治疗心血管疾病的"Аспаркам"、辐射防护剂"Таурин"、免疫调节药物"Лейщин"、抗酒精制剂"Тетурам"和"Глиан"。此外，抗肿瘤药、抗贫血药等药物正在研制中。白科学院遗传与细胞学研究所开设了一个 DNA 生物技术中心。该中心可以在卫生保健、农业、体育和环保领域更有效地推广遗传和细胞学成果。该研究所的专家还建立了一个实验基地，用于实验转基因植物。在医学和制药领域，白科研人员开发和制造了一种独特的主动脉支架－移植系统，用于人造血液循环手术中胸主动脉瘤的体内修复（该系统成本比进口的类似产品便宜约 90%）。白科学院建立了 HLA 供体配型信息分析系统，用于造血干细胞的移植。2017 年 7 月 1 日，该系统在 29 家卫生保健机构中进行推广。白科学院信息学联合研究所学者在 12 核 AMD Opteron 处理器和快速图形处理器的基础上研制出超级计算机"格里特－赛艇"（СКИФ-ГРИД），在图形处理器的帮助下其未加速的数据处理峰值为 8TFLOPS。2016 年研制出一台个人超级电脑，其功率比"格里特－赛艇"高 2.5 倍。在农工生产领域，建立了荷斯坦奶牛的国内选种种群（96 万头），其平均产奶量比白本国的黑斑点奶牛多 506 公斤；开发了一套准确监控牛奶生产过程的管理系统，预计经济效益不低于 300 万美元。

二 国际科技合作

发展国际科技合作是白俄罗斯科技政策的一个重要组成部分。截至
2017年7月，白与44个国家在政府间协议的基础上开展了科学、技术和
创新合作。其中2016～2017年签订了7项国际合作协议，签署国家有格
鲁吉亚、土耳其、沙特阿拉伯、斯洛伐克、苏丹、阿联酋和中国。正在
与西班牙、阿根廷、澳大利亚和泰国谈判达成类似协议。在俄白联盟范
围内与俄罗斯合作和与独联体国家合作是白俄罗斯科技领域合作的优
势。同时，白积极致力于与欧盟的科技合作。从20世纪90年代初开始，
白俄罗斯便被纳入欧盟科学计划。在与欧盟的科技合作中白俄罗斯参与
的最大的项目是欧盟委员会拨款10亿欧元的"石墨烯旗舰技术"项目，
该项目的主要任务是用10年时间将这种新型材料投入广泛的工业应用。
2016年白与欧盟签订了两项科学创新协议。一是MESMERISE项目，白
俄罗斯私营企业"адани"参与了非侵入式扫描仪的开发和测试，该扫
描仪具有高分辨率和独特的性质，可以检测隐藏在人体内的化学物质和
物体。二是波洛茨克州立大学参与的STIMEY项目，旨在激发10～18岁
儿童和青少年对科学、技术、工程和数学教育的兴趣。此外，白俄罗斯
与中国、印度、越南、伊朗和叙利亚等国的科技合作也正在有效地
推进。

第三节 新闻出版与文化传媒

一 新闻政策及其管理体制

白俄罗斯新闻媒体活动的法律依据是《白俄罗斯共和国宪法》和
《新闻媒体法》。前者规定国家实行新闻自由政策，"保障每位公民享有
观点和信息自由并能将之自由地表达"，"不允许国家、社会团体或某
些公民对国家宣传工具实行垄断以及进行检查"。后者则巩固了白俄罗
斯新闻媒体的基本原则：信任、平等、尊重人权和自由、舆论多元化、

维护公共道德和遵守职业道德；同时，该法规定成立媒体公共协调理事会，包括媒体代表、记者组织、专家协会，以对媒体领域进行自我调节。苏联时期，新闻、出版和广播电视由苏共宣传部门统一规划和管理。1992 年后，根据白俄罗斯共和国最高委员会决议撤销原国家广播电视委员会和国家新闻出版委员会，在其基础上建立信息部。之后，为了提高国家管理机关的工作效率，使其结构符合经济改革的要求，白削减了国家机构工作人员的数量及财政拨款。1994 年根据部长会议决议合并文化部和信息部，组建文化和新闻出版部。1995 年白俄罗斯总统发布关于调整共和国中央管理机关结构的命令，将文化和新闻出版部拆分为文化部和国家新闻出版委员会。2001 年，根据第 516 号总统令国家新闻出版委员会改组为信息部，隶属于部长会议。目前，信息部是负责制定和实施媒体、图书出版、印刷和图书发行领域国家政策的国家管理机构，被赋予对广播电视和信息传播领域进行国家监管的职能。从事出版活动的经营主体需要根据国家相关法律进行许可登记。

二　报刊

1990 年白俄罗斯全国共发行 224 种报纸，年发行量 9.85 亿份；发行期刊 129 种，年印总数 5410 万份。1991 年年初至 2001 年年底，白俄罗斯共出版发行了 1223 种报刊。截至 2019 年 1 月 1 日，白共出版纸质媒体 1609 种，包括 743 种报纸和 866 种杂志（其中超过 2/3 为私人企业出版）。白俄罗斯纸质媒体优先出版白俄罗斯语和俄语报刊，还出版英语、波兰语、乌克兰语和德语报刊。目前，白国内发行量最大且最具影响力的报纸是《苏维埃白俄罗斯报》。该报 1927 年创刊，为总统办公厅机关报，用俄、白两种文字出版。其他较有影响的报纸有《明斯克晚报》《共和国报》《7 日报》《人民报》《青年旗帜报》《农业报》等。

目前，白俄罗斯共有 4000 多种外国印刷媒体，分属俄罗斯、乌克兰、哈萨克斯坦、美国、英国、德国、意大利、法国、荷兰、波兰、立陶宛和拉脱维亚等国。其中俄罗斯大型报社在白俄罗斯当地发行的《共青团真理报》和《论据与事实报》广受欢迎。①

三 新闻机构

截至 2018 年 9 月 1 日，白国内共有 9 家新闻机构，其中 7 家为非国有新闻机构。白俄罗斯通讯社（白通社）是白俄罗斯最大的新闻机构，其通讯员网络遍布国家各个地区，在各州中心城市和莫斯科都设有记者站。白俄罗斯通讯社前身是 1921 年 1 月 12 日成立的俄罗斯电讯社白俄罗斯分部，1931 年改称白俄罗斯通讯社，现隶属总统办公厅。该社向国内和世界很多国家的 700 多家新闻单位提供白俄罗斯语、俄语、英语、德语、西班牙语和汉语新闻，其合作伙伴包括俄罗斯、摩尔多瓦、哈萨克斯坦、亚美尼亚和其他独联体国家的通讯社，以及中国、古巴、伊朗、马来西亚和韩国的新闻机构。

四 图书出版

独立前的 1990 年，国内主要有白俄罗斯出版社、文学技术出版社、科学与技术出版社、教育出版社等出版社，年出版政治、科技、文艺、教学等各类书籍 3000 种，年印总数 5000 万册。白俄罗斯独立后，原有的印刷企业和国有出版社保留下来，它们的出版重点仍然是教科书、参考书、中等和高等学校使用的教育方法文献、学术书籍、科普书籍、参考文献、白俄罗斯历史书籍、文学和艺术类书籍以及地方志。20 世纪 90 年代初白俄罗斯出现了第一批私人出版公司。这些公司不是根据意识形态而是根据市场需求制订出版计划，选题多样，出版周期短，因而经济效益较好。在白俄罗斯社会经济转轨期间，由于消费者对图书产品的需求下降以及从事图书贸易的经验不足，图书市场渐趋衰落，一部分出版社和出版机构停止了出版活动，剩下的企业则减少了印刷产品的产量。为支持出版事业发展，国家对重要出版物实施了税收优惠，如对用白俄罗斯语出版的文学书

---

① https：//www. belarus. by/ru/about－belarus/mass－media－in－belarus.

籍免征利润所得税、对儿童文学书籍免征增值税等。同时，采取各种措施为出版事业提供保障，如对该领域进行不同方向的研究，由白俄罗斯国家书刊局负责定期出版统计汇编《白俄罗斯出版》，国家图书馆定期发布新书通告，由白俄罗斯国立大学和明斯克印刷学院为出版业培训专业人员等。2002 年，白俄罗斯取消对国家出版物的所有税收优惠，并对一些国有出版社进行了合并重组。这虽然对出版印刷活动造成了一定的消极影响，却刺激了私人出版机构的发展，为其提供了公平的竞争环境。

目前，白俄罗斯从事图书、手册和其他印刷品出版发行的不仅有信息部系统内的国有出版社，还有其他国有企业、各种出版机构、各政府机关以及私人企业。2018 年上述出版社和出版机构共出版图书（包括各类小册子）9665 种，总印数为 2560 万册，比 2017 年分别增长 0.8% 和10.8%，人均发行图书和手册 2.7 册，平均每本书的发行量为 2650 册。在 2018 年出版的所有图书中，俄语图书 7485 种，印数为 1850 万册，占品种总数的 77.4% 和总印数的 72.3%；白俄罗斯语图书 1323 种，印数为426 万册，占 13.7% 和 18.77%；英语图书 616 种，印数为 237 万册，占6.37% 和 9.3%；德语图书 56 种，印数为 12.5 万册，占 0.6% 和 0.8%；法语图书 30 种，印数为 4.3 万册，占 0.3% 和 0.2%；用其他语言出版的图书 131 种，印数为 18.5 万册，占 1.36% 和 0.7%。在出版的各类图书中，教育学习类图书无论是出版数量还是总印数占比都是最大，分别为49.5% 和 72.4%（2012 ~ 2017 年的占比分别是 43.8% 和 47.8%，46.8%和 55%，47.2% 和 60.1%，48.3% 和 65.5%，51.4% 和 76.0%，50.9%和 76.2%）。2018 年，科学类、科普类、文学艺术类和儿童青少年书籍的出版种类相比于 2017 年都有所增加，而教育方法类、参考类、信息类和生产类出版物的出版种类减少（见表 7 - 3 和表 7 - 4）。此外，翻译类出版物无论从发行种类还是从发行量上看都呈增长态势：翻译类出版物从品种上看占 8.9%（2017 年为 6.35%、2016 年为 5.1%、2015 年为 5.3%），从发行量上看占 10.4%（2017 年为 6.5%、2016 年为 5.0%、2015 年为6.1%）。2018 年翻译类出版物共出版 857 种（2017 年为 609 种、2016 年为 486 种、2015 年为 545 种），发行量为 266 万册（2017 年为 151 万册、

2016 年为 116 万册、2015 年为 130 万册)。其中,翻译成白俄罗斯语的图书为 234 种,发行 67.4 万册;翻译成俄语的图书为 393 种,发行 183 万册;翻译成其他语言的图书为 230 种,发行 15.7 万册。

表 7 – 3 2013 ~ 2018 年白各类图书的品种数量及其占比

单位:种,%

图书种类	2013 年	2014 年	2015 年	2016 年	2017 年	2018 年
官方出版物	73/0.6	77/0.67	93/0.9	90/0.9	67/0.7	64/0.7
大众政治类	5/—	5/—	8/—	4/—	—	—
科学类	1341/11.7	1353/11.65	1329/12.9	1180/12.3	1150/12.0	1200/12.4
科普类	714/6.2	765/6.6	602/5.86	454/4.7	522/5.4	688/7.1
生产类	546/4.8	649/5.6	851/8.3	694/7.2	682/7.1	530/5.5
教科书	3259/28.5	3365/29	2879/28	3101/32.4	2973/31	3003/31.1
教育方法类	2092/18.3	2114/18.2	2089/20.3	1822/19	1907/19.9	1783/18.4
文学艺术类	1090/9.5	912/7.86	655/6.4	569/5.9	635/6.6	670/6.9
儿童青少年出版物	980/8.6	1044/9	529/5.15	566/5.9	559/5.8	741/7.7
参考类	634/5.5	685/5.9	700/6.8	634/6.6	623/6.5	532/5.5
信息类	183/1.6	168/1.45	201/1.96	150/1.6	145/1.5	125/1.3
娱乐休闲类	302/2.6	240/2.07	110/1.07	121/1.3	124/1.3	114/1.2
精神教育类	154/1.35	170/1.5	167/1.6	128/1.3	80/0.8	102/1.1

资料来源:http://www.mininform.gov.by/activities/kolichestvennye – pokazateli – vypuska – izdaniy – v – respublike/。

表 7 – 4 2013 ~ 2018 年白各类图书的印数及其占比

单位:万册,%

图书种类	2013 年	2014 年	2015 年	2016 年	2017 年	2018 年
官方出版物	17/0.5	19/0.6	14/0.65	12/0.5	12/0.5	87/3.4
大众政治类	0.46/—	0.7/—	2/—	0.3/—	—	—
科学类	22/0.7	23/0.74	22/1	17/0.7	16/0.7	16/0.6
科普类	193/6.1	186/6	93/4.3	59/2.5	73/3.15	127/5.0
生产类	50/1.6	63/2	69/3.2	50/2.2	37/1.6	27/1.05
教科书	1550/49.3	1680/53.85	1261/58.5	1590/68.7	1560/67.7	1656/64.7
教育方法类	178/5.7	194/6.2	150/6.96	170/7.3	197/8.5	197/7.7

白俄罗斯

续表

图书种类	2013	2014	2015	2016	2017	2018
文学艺术类	250/8	138/4.4	42/1.95	28/1.2	23/1	22/0.9
儿童青少年出版物	475/15.1	462/14.8	215/10	160/6.9	203/8.8	328/1.3
参考类	93/3	100/3.2	88/4.1	65/2.8	54/2.3	40/1.6
信息类	27/0.9	22/0.7	22/1	17/0.7	18.5/0.8	150/0.6
娱乐休闲类	150/4.8	110/3.5	60/2.7	52/2.2	63/2.7	70/0.3
精神教育类	118/3.8	106/3.4	110/5.1	78/3.4	29/1.4	35/1.4

资料来源：http：//www. mininform. gov. by/activities/kolichestvennye – pokazateli – vypuska – izdaniy – v – respublike/。

截至 2018 年 9 月 1 日，白共有出版社 531 家，包括国有出版社 185 家，非国有出版社 346 家。其中，出版 11～50 种图书的出版社有 89 家，出版 51～100 种图书的有 30 家，出版 101～200 种图书的有 15 家，出版 201～500 种图书的只有 5 家出版社，分别是白俄罗斯国家医学院出版中心、"Харвест"公司、"Выснова"出版社、"Колорград"公司和"Попурри"公司，这 5 家出版机构出版的图书种类及其印数分别占 2018 年白图书出版市场的 15.1% 和 10.5%。白出版市场的领军出版社是"Аверсэв"出版社，其图书出版种类和发行量长期占据首位，2018 年共出版 606 种图书，总印数为 573.6 万册，分别占出版市场的 6.3% 和 22.4%（见表 7–5）。2017 年为 562 种、494 万册（分别占 5.9% 和 21.4%）。2015 年为 469 种、444 万册（分别占 4.6% 和 20.6%）。2010 年为 345 种、287 万册（分别占 3.1% 和 6.6%）。

表 7–5　2018 年白俄罗斯主要出版社图书出版情况

出版社名称	图书及手册的数量（种）	印数（万册）
Аверсэв	606	573.6
Попурри	324	121.6
Выснова	312	57.9
Харвест	306	85.3
白俄罗斯国家医学院	273	3.9

出版社名称	图书及手册的数量(种)	印数(万册)
Колорград	245	4.7
国家教育学院	182	343.7
维捷布斯克国立大学	179	1.8
书屋	169	101.4
布列斯特国立大学	162	1.8

资料来源：http：//www.mininform.gov.by/activities/kolichestvennye – pokazateli – vypuska – izdaniy – v – respublike/。

五　广播与电视

白俄罗斯独立初期，全国的广播电视活动由国家广播电视局统一管理。当时，国家统一的广播电视系统包括 6 个电视中心、50 台发射机和 2000 多条无线电中继线路，日平均播放时间为 14.5 小时。1993 年 1 月白俄罗斯广播电视局成为欧洲广播联盟正式成员。1994 年 8 月，根据白俄罗斯总统令，在国家广播电视局的基础上组建了国家广播电视公司，开始了白俄罗斯无线电广播新的发展阶段。首先，对广播电台进行了结构改革，对节目设置、内容创意和意识形态做了改进；1995 年建立电视新闻社，开始使用新的信息技术和广播模式，如直播、电视辩论和脱口秀等；2000 年国内开始形成广播电视市场，在国家广播电视公司系统内创建了多个电视频道：国家第一频道（2000 年）、ЛАД（2003 年）、白俄罗斯－电视（2005 年）；1998 年"首都"电台开始播音，2003 年向数字广播过渡，全苏电台第一套节目的频率转到"白俄罗斯电台"，2002 年"文化"和全苏电台第三套节目的频率转到"首都"电台，"白俄罗斯电台"的老频率转到各地区的国家广播电视公司，从 2005 年开始，"白俄罗斯电台"的所有频道和广播电台都可进行网络实时播出；2011 年 11 月，对广播电视节目进行更名重组，第一频道改为"白俄罗斯 1 套"，ЛАД 改为"白俄罗斯 2 套"，国际频道"白俄罗斯 TB"于 2013 年 1 月改为"白俄罗斯 24

套"，2013 年 2 月 8 日推出数字社会文化频道"白俄罗斯 3 套"，2016 年
4 月 1 日关闭白俄罗斯电台第一频道的中长波广播。

截至 2018 年 3 月 1 日，白俄罗斯共计播放 176 个广播电台节目和 103
个电视节目。其中有 27 个广播电台节目和 59 个电视节目属于私人企业
出品。

白俄罗斯 FM 波段共有 30 家电台，其中包括 FM - 半径电台、
UNISTAR 电台（白俄罗斯和德国媒体项目）、"欧洲加"电台等。"白
俄罗斯广播电台"是白最大的广播电台，创建于 1925 年 11 月，现有
专业人员 400 名。在两个无线电波段上用单声道和立体声播出四套节
目：第一套节目每天播出 19 小时，第二套节目每天播出 16 小时，"首
都"广播电台每天播出 12 小时。以上三套节目混用俄、白两种语言广
播，乌克兰、波兰、立陶宛、拉脱维亚与白相邻地区及俄罗斯乌拉尔
以西地区也可收听到。同时，为满足国外听众的需要，"白俄罗斯"国
际电台每天用白俄罗斯语、俄语、德语、英语、汉语、法语、西班牙
语、波兰语对美国、加拿大、澳大利亚及 20 多个欧洲和非洲国家进行
广播播报。

白俄罗斯电视频道包括：国家电视频道——"白俄罗斯 1 套"、"白
俄罗斯 2 套"（青年）、"白俄罗斯 3 套"（社会文化）、"白俄罗斯 5 套"
（运动）和"国家电视台"（OHT）、"首都电视"（CTB）；2015 年 9 月
开播的地方电视频道"白俄罗斯 4 套"；国际卫星频道"白俄罗斯 24
套"（24 小时播放，在 100 个国家有 2.7 亿名观众，主要播放新闻与白
俄罗斯国内和国际重大事件，以及其他电视节目和电影，其播放的节目
中多数是关于白俄罗斯的电视节目，如历史文化、美食、著名品牌、白
著名人物等，节目全天使用白俄罗斯语和俄语播放，互联网用户可以在
线观看）。

白俄罗斯境内可对 200 多个国外频道进行重播，其中包括"Euronews"、
BBC、"Eurosport"等。到 2015 年 6 月，白俄罗斯地面电视实现了由模拟向数
字化转换。目前数字广播（由 8 个电视节目和 1 个广播节目组成的第一个多
路传输）几乎 100% 覆盖白俄罗斯全境。

第四节 文学与艺术

一 文学

白俄罗斯文学起源于丰富的民间口头文学和基辅罗斯文学，开始于13~14世纪，即白俄罗斯形成时期。14世纪白俄罗斯归属于立陶宛大公国，白俄罗斯语成为官方语言。16世纪立陶宛大公国同波兰合并，殖民化与天主教统治在白俄罗斯得到加强。杰出的文化活动家和启蒙学家弗兰齐斯科·斯科林纳（1490~1541年）对白俄罗斯文学和文学语言的发展有重要贡献。他曾将《圣经》《赞美诗》等20余种著作译为白俄罗斯语出版。16世纪和17世纪中期，所谓辩论文学有很大发展。费利波维奇、卡尔波维奇、波洛茨基等都为反对天主教封建思想而斗争。但在天主教反动势力的压制下，白俄罗斯书面文学在17世纪末开始衰落，只有民间文学中还保存着反对民族压迫的精神。18世纪末白俄罗斯并入俄罗斯，但文学发展的条件并没有得到改善，只能以抄本流传，因而许多作品后来均已失传。19世纪初出现了长诗《塔拉斯在帕尔纳索斯山上》。这首长诗表达了对被压迫农民的同情、对农奴制的憎恨，语言丰富，形象生动。19世纪前半期的著名农奴诗人巴甫柳克·巴赫里姆，其父亲曾因参加农民起义被判死刑。巴赫里姆则因写诗反对地主被罚当兵，四部诗集也遭没收，流传至今的仅有一首诗。在卡林诺夫斯基领导的农民起义时期（1863~1864年），有过不少用白俄罗斯语写的诗歌和诗体宣言（包括卡林诺夫斯基自己的作品）。另外，反动作家雷平斯基的作品则反映了波兰农奴主和民族主义者的利益，以牧歌情调描绘农民生活。这个时期白俄罗斯自由主义贵族文学的代表人物是诗人和剧作家杜宁·马尔钦克维奇（1808~1884年），他在农奴解放前写的作品中用现实主义手法描写农民的劳动，但也美化农民与地主之间的关系和宗法制的农村生活。在19世纪60年代以后写的作品中，尖锐地刻画了沙皇官吏的贪污受贿和资产阶级的剥削本性。他的作品虽然有其局限性，但至今仍有艺术上的价值。19世纪后半期，白俄罗斯最杰出的诗人是博古舍维奇（1840～1900年）。他出生于小贵族家庭，就学于彼得堡大学，因参加学生运动被开除。1863年，他因参加卡林诺夫斯基的起义队伍（在战斗中受伤），流亡乌克兰达15年之久。最初的两部诗集《白俄罗斯牧笛》（1891年）和《白俄罗斯弦音》（1894年），都以假名发表。他熟悉农民生活，诗中充满对社会的抗议精神，可以说是白俄罗斯现实主义的代表。19世纪80～90年代的民主主义诗人中，较著名的有扬卡·鲁钦纳（1851～1897年）、阿达姆·古里诺维奇（1869～1894年）、阿利盖尔德·阿布霍维奇（1840～1905年）、费利克斯·托普契夫斯基（生卒年月不详）等。扬卡·鲁钦纳出生于没落贵族家庭，受过高等教育，曾在铁路上任职。他的诗触及了白俄罗斯农村的阶级矛盾。

　　1905～1907年的俄国革命席卷了白俄罗斯的城市和乡村。白俄罗斯第一个革命女诗人乔特卡（1876～1916年）就出现在这个时期。她出生于贫农家庭，经过艰苦奋斗，曾就学于彼得堡高等师范学校，积极参加革命运动。早期诗集《自由的洗礼》和《白俄罗斯的琴》（均为1906年）充满反对专制的激情。小说《在血染的田地上宣誓》（1906年）号召农民进行革命斗争。后期诗中有孤独忧伤的情绪。这个时期是革命文学创作的高峰，是两位大诗人扬卡·库帕拉（1882～1942年）和雅库布·科拉斯（1882～1956年）的诗歌奠定了白俄罗斯苏维埃文学的基础。另一位著名的白俄罗斯诗人马克西姆·鲍格丹诺维奇（1891～1917年）出生于教师家庭，他的父亲同高尔基有长期的友谊。他写有小说《音乐家》（1907年）和诗集《花环》（1913年）等。他的创作活动处于文学中"为艺术而艺术"倾向盛行、颓废悲观情绪泛滥时期，但他的诗接受民间诗歌影响，洋溢着革命和民族解放思想，对劳动人民怀有真挚的同情。这个时期还有两位诗人：季什卡·加尔特奈伊（1887～1937年），其作品以工人生活为题材；扬卡·茹尔巴（1881～1964年），其作品主要表现农民生活。小说方面的代表作家是兹米特洛克·皮亚杜利亚（1886～1941年），他的早期小说真实地表现了白俄罗斯农民的生活和心理。

　　白俄罗斯民族长期遭受立陶宛、波兰领主和俄国官吏的压迫和剥削，他们的语言和文学备受摧残，但白俄罗斯文学在极其困难的条件下顽强地发展着。随着十月革命的胜利，白俄罗斯于 1919 年从德国占领下获得解放，建立了白俄罗斯苏维埃社会主义共和国，白俄罗斯社会主义的新文学迎来了新的天地。诗歌在新的白俄罗斯文学中占有主要地位。恰洛特的长诗《赤脚站在火场上的人》（1921 年）是 20 年代反映十月革命和国内战争的第一部重要作品。老一代作家（如库帕拉、科拉斯、皮亚杜利亚、加尔特奈伊等）陆续创作出新的诗歌和小说。20 世纪 30～40 年代，特别是在白俄罗斯解放后，一批新的作家进入白俄罗斯文坛，如布罗夫卡、潘琴柯、唐克、彼斯特拉克、克拉皮瓦等。50 年代中期，白俄罗斯的长篇小说《深流》（沙米亚金著）、《明斯克方向》（梅列日著）、《难忘的日子》（雷恩科夫著），都是很有影响的作品。十月革命、国内战争、农业集体化，在 50 年代白俄罗斯的小说和诗歌中仍然是主要的题材。但是年轻一代的作家是卫国战争的参加者，他们从不同的角度反映了这场战争。勃雷利（1917～2006 年）、阿达莫维奇（1927～1994 年）、贝科夫（1924～2003 年）等人的作品，代表了白俄罗斯文学的新发展，在全苏联获得了广泛的读者。当代白俄罗斯文学中涌现的一批著名作家中，以贝科夫创作的有关卫国战争题材的小说最为有名，他的作品多次获奖。20 世纪白俄罗斯文学领域涌现的著名民族诗人和作家主要包括：Я. 库帕拉、Я. 科拉斯、Р. 鲍罗杜林、П. 布罗夫卡、Н. 基列维奇、А. 库列绍夫、П. 潘琴柯、М. 唐克、В. 贝科夫、Я. 勃雷利、К. 克拉皮瓦、М. 雷恩科夫、А. 马卡延克、И. 梅列日、И. 纳乌缅科、И. 奇格里诺夫、И. 沙米亚金。在相对较短的时间内，他们的作品以及其他很多诗人、作家和剧作家的作品使白俄罗斯文学与世界领先的文学相提并论。

　　白俄罗斯独立后，文学诗歌创作在题材和形式上更加丰富，题材集中于民族、切尔诺贝利核事故、斯大林主义和爱情等方面。2015 年，白俄罗斯创立国家文学奖，对优秀文学作品予以奖励。2016 年，白俄罗斯有公共图书馆 2722 个，藏书共计 5780 万册，读者为 310 万人。位于明斯克的白俄罗斯共和国国家图书馆是白最大的图书馆，有接受出版物缴送本的权利，收集有俄罗斯境外的大多数俄语出版物文集。2016 年馆藏图书为970 万册，读者为 7.74 万人。白俄罗斯每年都举行白俄罗斯文献节。节日主要是为了研究白俄罗斯文献和印刷出版物的历史进程，促进现代白俄罗斯文学和文化的发展。

二 艺术

几个世纪以来，白俄罗斯民族创造了丰富和独特的艺术文化遗产，开办过很多建筑和艺术学校，创作出了优秀的音乐和文学作品。目前，知名的白俄罗斯艺术杰作皆处于国家保护之下，是白俄罗斯最大的博物馆和图书馆的馆藏作品。白俄罗斯音乐和戏剧艺术经典剧目经常在剧院舞台和音乐厅演出，并经常举办艺术展览和音乐节、电影节。2018 年，白国家级的历史文化遗产共计 5355 处，其中建筑类 1797 处、历史类 1211 处、艺术类 66 处、考古类 2266 处、其他 15 处。各类博物馆计 159 座，其中综合博物馆 97 座、历史博物馆 43 座、艺术类博物馆 13 座、其他 6 座；馆藏品数量为 342.9 万件，游客数量达 695.8 万人次（最受欢迎的博物馆分别是白俄罗斯卫国战争历史博物馆、"布列斯特英雄要塞"纪念馆和"涅斯维日"国家历史文化博物馆保护区）。①

（一）造型艺术（绘画、雕刻等）

白俄罗斯最古老的艺术品出现在旧石器时代早期，主要是用动物骨头制成的器皿、带有装饰图案的陶器和数量不多的动物塑像。10～11 世纪，随着基督教的传播，壁画、圣像画和小型雕塑开始在白俄罗斯出现并日渐普及，到 12 世纪白俄罗斯形成了独具风格的艺术流派——波洛茨克和格罗德诺派。它们与建筑风格相结合，形成和谐统一的有机艺术合成体。17～18 世纪，巴洛克风格的雕塑开始在教堂建筑中应用，同时，圣像画艺术空前繁荣，教堂的壁画和圣像壁画成为那一时期主要的艺术作品。17 世纪以后，宗教绘画，尤其是人物肖像画在很长一段时间内盛行。到 19 世纪初，白俄罗斯绘画艺术在古典主义影响下形成了历史画、描写风俗人情的艺术画及风景画等几种新体裁。

---

① Беларусь в цифрах. 2018г. https：//www. belstat. gov. by/ofitsialnaya – statistika/publications/izdania/index_ 8771/.

白俄罗斯的实用装饰艺术也颇有造诣。15～16 世纪，彩釉制陶、浮雕瓷砖已经普及。17 世纪珠宝加工、镀金技术达到鼎盛期。当时，白俄罗斯木制艺术浮雕和用于教堂的瓷砖装饰都具有很高的水平，甚至对俄罗斯的装饰艺术产生了一定影响。从 18 世纪末到 20 世纪初，白俄罗斯的架上雕塑——半身人物像和塑像有较大发展。同时，水彩画、墨笔、石印图画、木刻画和铜版画也得到广泛发展。实用装饰艺术与民间艺术相结合，在木雕、编织、陶艺方面均取得了很大的成绩。那一时期生产的艺术瓷砖、瓷器及精致的器皿都具有很高的艺术价值。在苏联时期，白俄罗斯的艺术创作同各加盟共和国一样，强调党性和人民性。卫国战争后，造型艺术的主要形式是具有政治宣传意义的装饰城市的大型雕塑和绘画，包括英雄人物、工农兵群体雕像、纪念塔、纪念碑等。此外，实用装饰艺术也有了进一步发展，并应用到各种日常用品中，使得白俄罗斯的木雕、工艺玻璃器皿、陶瓷制品和织毯在世界上都享有盛名。白俄罗斯在苏联时期的绘画、雕刻等造型艺术风格一直延续至今。

（二）戏剧与电影

白俄罗斯戏剧艺术起源于古代民间仪式及流浪音乐家和艺人的创作。16 世纪出现了在城镇的集市和广场上表演的木偶剧，16～18 世纪校园剧开始传播，18 世纪宫廷剧和城市剧兴起。渐渐地，一部分民间戏班子转变为专业剧团。18 世纪白俄罗斯剧作家 B. 杜宁·马尔钦克维奇被称为白民族戏剧的创始人。白俄罗斯戏剧艺术的复兴发生在 20 世纪初，1920 年 Ф. 日达诺维奇组建了白俄罗斯第一国家剧院，即今天的扬卡·库帕拉国家模范剧院，1926 年白俄罗斯第二国家剧院（今天的雅库布·科拉斯国家模范话剧院）在维捷布斯克创建。2018 年，白俄罗斯有 29 家专业剧院及大量民间艺术团体。在这 29 家剧院中，有 20 家戏剧和音乐剧院、8 家少年儿童剧院和 1 家歌剧芭蕾舞剧院，其中 4 家具有国家地位，它们分别是扬卡·库帕拉国家模范剧院、高尔基国家模范话剧院（明斯克）、雅库布·科拉斯国家模范话剧院（维捷布斯克）和白俄罗斯国家模范歌剧芭蕾舞大剧院。白俄罗斯国家模范歌剧芭蕾舞大剧院是白俄罗斯最负盛名的剧院，演出的剧目很受国内外观众的欢迎。2018 年，有近 178.3 万名观众在剧院观看演出，其中接待观众人数排在前 3 位的剧院分别是白俄罗斯国家模范歌剧芭蕾舞大剧院（24.72 万人次）、白俄罗斯国家模范音乐剧院（13.61 万人次）、戈梅利戏剧院（9.43 万人次）。为促进戏剧艺术的繁荣发展，白俄罗斯定期举办戏剧艺术节及戏剧艺术会演和比赛，如"斯拉夫戏剧会演"（戈梅利市）、"白帐篷"国际戏剧节（布列斯特市）、"全景"国际戏剧艺术会演（明斯克市）、"白俄罗斯国际木偶剧院节"（明斯克市）、"剧院箱子"国际大学生剧院会演（明斯克市）和"M@ art 联络"国际青年剧院大会（莫吉廖夫市）等。2011 年白俄罗斯首次设立国家戏剧奖。①

白俄罗斯电影艺术始于 20 世纪 30 年代。1924 年 12 月 17 日成立白俄罗斯国家电影和摄影总局；1928 年在列宁格勒市成立苏维埃白俄罗斯电影制片厂，主要发行艺术影片、新闻片和科普片，1930 年开始制作有声电影；1939 年电影制片厂迁至明斯克市，1946 年更名为白俄罗斯电影制片厂。

1926 年导演尤里·塔里奇执导的《森林故事》是白俄罗斯第一部文艺片，塔里奇也因此被认为是白俄罗斯电影艺术的创始人。二战前白俄罗斯电影制片厂拍摄的喜剧片获得了很大成功，如《基热中尉》《女孩着急去约会》《寻求幸福的人》《我的爱》，契诃夫的短篇小说《套中人》和《熊》也被搬上银幕。卫国战争期间，根据前线发回的报道拍摄了很多纪录片。人民悲剧主题是战后白俄罗斯导演创作的主要内容之一。1954 年拍摄了第一部彩色电影《儿童游击队员》，1970 年拍摄了第一部宽银幕电影《帝国崩溃》。20 世纪 50~70 年代白俄罗斯电影艺术达到鼎盛时期，这一时期拍摄出很多优秀的影片，如《康斯坦丁·扎斯洛夫》《红叶》《时钟停留在午夜》《寻找父亲的女孩》《第三枚火箭》《大师之城》等，还有一些经典的儿童片，如《童年的最后一个夏天》《青铜鸟》《匹诺曹历险记》《小红帽》等。白俄罗斯纪录片在世界上也享有盛誉。

---

① http：//president. gov. by/ru/culture _ ru/；http：//www. belarus. by/cn/about - belarus/culture.

现代白俄罗斯电影继承老一辈优良传统，继续寻找新的发展之路。白俄罗斯影片在国际电影节上取得了不少成绩，如《领路人》《1944年8月》《布列斯特要塞》《在雾中》等。在2012年第65届戛纳电影节上，根据瓦西里·贝科夫小说改编的电影《在雾中》（谢尔盖·洛兹尼察执导）获得了国际影评人颁发的特别奖。白俄罗斯与俄罗斯、德国、伊朗等国的电影工作者合作拍摄了很多影片。

白俄罗斯大型电影节有明斯克"落叶"国际电影节和"落叶"青少年影片竞赛单元、白俄罗斯国家电影节（布列斯特）、"阿尼马耶夫卡"国际动画电影节（莫吉廖夫）和"Magnificat"国际基督电影与电视节目天主教电影节（格卢博科耶）。

(三) 音乐

白俄罗斯音乐艺术起源于东斯拉夫民间音乐，长期以来乐器演奏在白俄罗斯乡村生活中扮演着重要的角色，人们所喜爱的民间乐器包括木笛、扎列卡、古多克琴、里拉琴、小提琴和钹。白俄罗斯的教堂礼仪音乐发展很快，15~17世纪声乐器乐作品集《波洛茨克笔记本》和《自鸣钟》是白俄罗斯音乐艺术的里程碑。18世纪，一些大地主的合唱团和私人剧院成为音乐文化中心，有名的作曲家包括 Я.戈兰德、Э.凡如拉、М.拉德齐维尔。

现代白俄罗斯音乐艺术在致力于保持民族传统的同时紧跟世界音乐发展潮流。无论是职业音乐家还是业余音乐家，都在表演白俄罗斯作曲家创作的世界古典和流行音乐作品。很多优秀乐队取得了巨大的成功，如白俄罗斯总统乐队、国家模范交响流行乐团、国家艺术交响乐队、希尔玛国家艺术合唱团、茨托维奇国家民族艺术合唱团、"纯之音"歌唱团、"别斯尼娅"声乐器乐艺术团和"霞波蕾"声乐器乐艺术团等。白俄罗斯每年举办30多场国际性、国家性和地区性音乐节，其中规模较大的有"白俄罗斯音乐之秋"、"明斯克之春"、"维捷布斯克斯拉夫巴扎"和"涅茨维日诗才"。一年一度的"维捷布斯克斯拉夫巴扎"国际艺术节已成为白俄罗斯节日活动的象征，吸引了来自世界许多国家的著名演员参加。

三 体育

白俄罗斯是原苏联和独联体中的体育强国，其体育实力仅次于俄罗斯、乌克兰和哈萨克斯坦。白俄罗斯体育有悠久历史，自古以来，白俄罗斯人就喜爱体育运动，以此锻炼体魄、磨炼意志。早在古代，居住在现今白俄罗斯境内的人民就利用体操、竞技和带运动性质的角逐（投掷、游泳、赛跑、射箭、拳击、骑马）对青少年进行体育训练。从 17 世纪末起，在普通学校开设必修的综合体育课（体操、射击、击剑）。19 世纪上半期，明斯克等城市出现了体育学校、体育俱乐部和体育协会，举办各种体育比赛。最早的体育运动团体创建于 19 世纪末 20 世纪初，如明斯克体育爱好者协会、白俄罗斯自行车旅游协会、"萨尼塔斯"体育协会、"萨克尔"体育协会等。当时该国最具大众性的运动项目是摔跤、自行车、体操、田径、举重和足球，而今这些项目大多成为白俄罗斯具有优势的项目。1910 年约有 70 个体育馆投入使用，从此开始举办一些正规的体育比赛，如 1911 年莫吉廖夫市举行足球锦标赛，1913 年戈梅利市举行田径比赛，1913～1914 年明斯克市举办摔跤和举重比赛。1920 年出现了普及军体训练的军体俱乐部和一批新的运动团体（"星""斯巴达克"等），排球、网球等运动项目也发展起来。1923 年白俄罗斯中央执行委员会成立了最高体育委员会（1936 年改为体委）。1924 年举办了有 22 个项目的全国体育比赛，并在明斯克举办了该国第一届体育节；从这年开始，白俄罗斯定期举办摔跤、滑冰、滑雪、竞技等项目的全国冠军赛。1931 年制定"劳卫制"，1937 年在推行"劳卫制"过程中规定了统一的体育运动等级，分一、二、三级运动员以及运动健将、功勋运动员（1956 年年初设立）。卫国战争后，白俄罗斯体育运动迅速发展。政府投入大量资金建设各类体育运动场馆，为人们从事体育运动创造条件。到 1981 年，全国共培养了 1 万多名苏联运动健将，有 200 多人获苏联"功勋运动员"称号，有 100 多人获苏联"功勋教练员"称号。从 1952 年起白俄罗斯运动员开始参加奥运会，1956 年起参加夏季奥运会。明斯克是 1980 年莫斯科奥运会的比赛城市之一。

　　白俄罗斯独立后，国家对体育工作给予全面支持。1991 年成立国家奥林匹克委员会。1993 年加入国际奥委会。同年 6 月 18 日颁布《白俄罗斯共和国体育法》。体育法规定，体育运动是白俄罗斯文化和社会生活的组成部分，国家、社会体育组织实行的一系列措施都是为了使人民的体力和智力得到均衡发展，增强人民的体质。领导全国体育工作的是国家体育与旅游部和国家奥委会，下设田径、球类、体操、射击、举重、游泳等各类分支机构。1997 年以来国家奥委会主席一直由总统卢卡申科亲自担任，足以说明该国对体育的重视。白俄罗斯有很多职业运动员培训中心，全国最高体育学府是白俄罗斯国立体育文化大学。此外，各综合性大学（如白俄罗斯国立大学等）和师范院校都开设体育教育系，各州都建有少儿体校、奥林匹克预备学校、普通体育运动技能学校。目前，除国立体育文化大学外，全国共有 11 所奥运预备学校、165 所专业奥运储备学校和 250多所青少年体育运动学校，在校生达 17.5 万人。白俄罗斯致力于全民健身，不断加强体育基础设施建设，不仅各大、中、小学乃至学前教育机构都配备有完善的体育设施，还兴建了许多专业级和社会体育设施。目前，全国共有 2.3 万个体育运动场所，其中包括 144 个体育场、332 个游泳馆、4588 个运动厅、52 个体育表演厅和 35 个人工冰场。其中，"拉乌比奇"国家奥林匹克冬季项目训练中心被认为是世界上现代两项滑雪运动最好的体育中心场地之一。此外，具有世界水平的体育设施还包括"斯塔依卡"国家奥林匹克训练中心、位于拉托姆卡的国家奥林匹克马上运动训练中心、"洛戈伊斯克"（Локойск）山地滑雪疗养中心、"西里奇"（Силичи）国家山地滑雪中心、多功能体育和表演场馆"明斯克竞技场"以及多功能体育文化和娱乐场馆"奇若弗卡竞技场"。

　　白俄罗斯运动员对本国和世界体育事业做出了巨大贡献。在国际大赛中，白俄罗斯具有传统优势的田径、体操、摔跤、举重、乒乓球等项目都曾取得优异成绩。1994 年，白俄罗斯作为独立国家首次参加利勒哈默尔冬奥会并赢得 2 枚银牌。在 2008 年北京奥运会上，白俄罗斯在田径、举重和皮划艇等项目上共获得 19 枚奖牌，其中包括 4 枚金牌和 5 枚银牌，列奖牌榜第 16 位。在 2010 年温哥华冬奥会上，自由式滑雪为白俄罗斯赢得首枚冬奥会金牌，现代两项滑雪分获 1 枚银牌和 1 枚铜牌。2012 年伦敦奥运会白代表团共获得 12 枚奖牌，其中包括 2 枚金牌和 5 枚银牌，奖牌榜排名第 26 位。2014 年索契冬奥会白运动员共获得 6 枚奖牌（5 金 1 铜），打破了奖牌榜历史排名纪录，列第 8 位。2016 年里约夏季奥运会白运动员赢得 9 枚奖牌（1 金、4 银、4 铜）。2018 年平昌冬奥会白运动员赢得 2 枚金牌和 1 枚银牌。白俄罗斯残奥会代表团队同样成绩显著。在 2008 年北京残奥会上白俄罗斯共获得 13 枚奖牌，其中包括 5 枚金牌。在 2010 年加拿大冬季残奥会上，白俄罗斯运动员共获得 9 枚奖牌（2 金 7 铜），列该届残奥会奖牌榜第 9 位，追平 2006 年都灵冬季残奥会总奖牌纪录（1 金 6 银 2 铜）。在第 14 届夏季残奥会上，白俄罗斯代表队收获了 10 枚奖牌（5 金 2 银 3 铜），列奖牌榜第 25 位，其中游泳选手伊戈尔·鲍金一人在 S13 和 SM13 级游泳比赛中独得 6 枚奖牌。在 2014 年索契冬季残奥会上白代表队共获得 3 枚铜牌，列奖牌榜第 18 位。[①]

在白俄罗斯近 30 年的体育史中，首枚奥运金牌获得者是皮划艇运动员叶卡捷琳娜·卡尔斯坚，她曾于 1996 年和 2000 年连续两次获得奥运会皮划艇项目金牌；阿列克谢·格里申在 2006 年为白俄罗斯赢得首枚冬奥会金牌；在 2004 年雅典奥运会上，白俄罗斯选手尤里·尼斯特连科在女子 100 米短跑中以 10 秒 93 的成绩夺冠，打破美国 20 年的垄断，成为新的"百米女飞人"，引起世界瞩目；在 2014 年索契冬奥会上，达里娅·多姆拉乔娃一人夺得 3 枚金牌，被誉为"白俄罗斯英雄"。除此以外，还有许多优秀的运动员在奥运会和其他国际赛事中为国家赢得了荣誉。

随着白体育运动水平的提高和体育基础设施的不断完善，白开始积极申办国际大型体育赛事，已成功申办的赛事有：青少年花样滑冰世锦赛、艺术体操世界杯决赛（2012 年），自行车场地世锦赛、欧洲青少年赛艇锦标赛、欧洲拳击锦标赛（2013 年），冰球世锦赛、大学生皮划艇世锦赛（2014 年），青少年冬季两项世锦赛、自由式特技飞行世界杯、五人足球世界杯（室内）、艺术体操欧洲杯、现代五项世界杯决赛和欧洲杯男女 3

---

① http：//www.belarus.by/cn/about - belarus/sport.

人篮球对抗赛（18 岁以下）（2015 年），青少年赛艇和皮划艇世锦赛、女
子足球欧锦赛（17 岁以下）、速度滑冰欧锦赛、女子曲棍球欧锦赛决赛
（2016 年），青年击剑欧锦赛（U – 23）（2017 年）。2019 年举办了第二届
欧洲运动会，2021 年将与拉脱维亚联合举办世界冰球锦标赛。

第八章

外　交

第一节　外交政策

一　对外政策的原则、目标和主要方向

2005 年 11 月 4 日，白俄罗斯颁布《关于确定白俄罗斯共和国内外政策主要方向》的法律，后于 2013 年和 2015 年进行了修改补充，以法律形式规定了本国对外政策的原则、目标和主要方向。该法规定，白俄罗斯外交政策的基本原则是遵守公认的国际法准则；平衡国家在政治、经济、国防、科技和智力潜力等方面的外交政策目标，确保这些政策的实施以加强白俄罗斯的国际地位，提高其国际威望；在全球化背景下提高政治、法律、对外经济和其他保护白俄罗斯国家主权及其国民经济的工具的有效性；在遵守国际法准则和公认的行为规范的基础上发展与外国、国际组织和国家间组织的合作，与国际社会成员相互关照并维护所有国际社会成员的利益；自愿加入国际组织和国家间组织；致力于国际关系非军事化；不对邻国提出领土要求，也不承认别国对白俄罗斯的领土企图。

白外交政策的首要战略目标是保护个人、社会和国家的利益，即"保护白俄罗斯共和国的主权和领土完整，保护公民的权利、自由和其他合法利益，保护社会和国家利益"。为此，白外交政策的主要任务是：促进在公认的国际法原则基础上建立稳定、公平、民主的世界秩序；平等地融入世界政治、经济、科学、文化和信息空间；创造有利的对外政治经济

环境，改善人民福祉，发展国家的政治、经济、智力和精神潜力；与邻国建立睦邻友好关系；保护境外白俄罗斯公民的权利、自由和合法利益；促进白俄罗斯人在国外行使民族、文化和其他权利并维护其合法利益；协助加强国际安全、防止大规模杀伤性武器扩散及军备控制；扩大应对紧急情况、环境保护、信息和人道主义领域的国际合作；吸引外部智力和科学资源，以促进白俄罗斯的教育、科学和文化发展；参与人权保护方面的国际合作。

在发展与世界各国的关系时，白俄罗斯在遵循一致原则的同时也有所侧重，其对外活动的主要方向如下。（1）重点发展与邻国，尤其是与俄罗斯的外交关系。白俄罗斯希望最大限度地发挥与俄罗斯无论是在双边，还是在联盟国家和后苏联空间一体化框架内的战略伙伴关系的潜力。与俄罗斯的互利合作应严格遵守无条件维护国家主权和领土完整的原则，并负责任地履行国际义务。（2）始终坚持一体化思想，在后苏联空间——独立国家联合体、欧亚经济联盟和集体安全条约组织的建设中发挥积极和建设性的作用。白俄罗斯在后苏联地区寻求与其他国家开展多方面的合作，其外交活动重点是保持建设性的政治对话、增进相互贸易、建立合作关系以及扩大与独联体国家和格鲁吉亚的科学、技术和文化合作。（3）加强与欧盟在经贸和投资领域的合作。白俄罗斯对欧洲外交政策的重点是加强与欧盟在共同关心领域的伙伴关系，如贸易和投资、能源和环境保护。（4）将与亚洲、非洲、拉丁美洲的合作提高到一个新水平。白俄罗斯意欲加强并扩大与亚洲、非洲、拉丁美洲地区盟友和伙伴的外交关系，并将与这些地区重点国家的合作上升到战略伙伴关系。对这些地区外交活动的主要方向是积极开展与传统伙伴（阿根廷、巴西、委内瑞拉、越南、埃及、印度、伊朗、中国、古巴、阿拉伯联合酋长国、叙利亚、日本、南非）的政治经济合作，与具有巨大互利合作潜力的国家（安哥拉、澳大利亚、玻利维亚、印度尼西亚、柬埔寨、卡塔尔、哥伦比亚、老挝、马来西亚、莫桑比克、蒙古、尼日利亚、尼加拉瓜、巴基斯坦、秘鲁、沙特阿拉伯、苏丹、斯里兰卡、厄瓜多尔、埃塞俄比亚等）建立对话关系，积极开拓并巩固其市场。（5）实现与美国关系的正常化。白俄罗斯主张与美国发展平等的建设性对话，在全球热点问题上扩大与美国的双边合作。

二　独立后的外交调整

白俄罗斯是一个欧洲小国，既没有出海口也没有丰富的自然资源，位于俄罗斯与欧盟之间，这种外部环境客观上制约着白外交政策的制定与实施。自 1991 年独立至 2017 年，随着国内外形势的不断变化以及白领导人对国际局势认识的变化，白俄罗斯外交政策经历了不同的调整。

1. 中立外交（1991～1993 年）

1991 年独立后，由于独立基础脆弱不稳，白外交的当务之急是争取国际社会的广泛承认，确立本国的国际地位。这一时期白俄罗斯确定的外交基本指导思想是：大力开展外交活动，为贯彻政治上巩固独立、经济上求取发展和繁荣、外交上谋求使国家成为中立国家、军事上确保本国安全的基本国策和战略服务。其外交目标是使国家"成为中立国家"。白俄罗斯首任国家元首、最高苏维埃主席舒什克维奇在 1992 年 1 月发表声明说，独立后白俄罗斯"奉行中立、不参加任何军事集团、在白俄罗斯领土上建立无核区的方针"。在中立原则的指导下，白在外交上主要采取了以下步骤和措施。

第一，与世界各国广泛建立联系，积极谋求参加各种国际组织，参与国际合作。白俄罗斯独立后通过大力开展外交活动很快得到国际社会的普遍承认，世界各国纷纷同白俄罗斯建立外交关系。到 1995 年白已同世界上 101 个国家建立了外交关系；同年年底白加入欧洲安全与合作组织、欧洲经济委员会、世界银行、欧洲复兴开发银行、国际货币基金组织、各国议会联盟等 20 多个世界和地区性国际组织。须指出的是，由于白俄罗斯与乌克兰一样，是 1945 年联合国的创始成员国，因此，独立后不存在能否加入联合国的问题。此外，白独立后的经济外交也很活跃，到 1995 年已同世界上 114 个国家和地区建立了经济贸易关系。

第二，保持和革新同原苏联中新独立各国的关系。独立后，白领导人一方面强调应恢复原苏联各加盟共和国之间日益削弱的联系，处理好同俄罗斯等独联体国家的关系，另一方面又强调共和国之间的合作"必须建立在相互平等、尊重和明确履行义务的基础上"，"平等和互利是共和国之间的两大基石"。以此思想为指导，白独立初期与俄罗斯、乌克兰、摩尔多瓦、中亚五国、高加索三国等国家先后签订了诸如友好合作条约、贸易和经济合作协定以及交通、科技、教育、文化等领域的一系列双边和多边合作协定。但当时白最高苏维埃主席舒什克维奇希望白俄罗斯能以无核国家身份加入核不扩散条约，既不想走与俄罗斯联合和一体化道路，又拒绝参加俄罗斯在独联体中所倡导的集体安全体系，始终强调白俄罗斯的中立地位。

第三，大力发展与西方国家的关系。白俄罗斯首任国家元首舒什克维奇于1992年强调，"白俄罗斯是欧洲国家"，因此，西方国家，特别是欧美国家是独立后白俄罗斯外交优先考虑的重点。独立后该国元首舒什克维奇、总理克比奇、外长克拉夫琴柯同美国、德国、英国、意大利等许多西方国家频频开展往来，其目的是在政治上获取西方国家的支持，在经济上谋求本国所急需的资金和技术。

2."亲俄"外交（1994~2013年）

1994年7月20日卢卡申科当选总统后，根据北约加紧东扩对白俄罗斯造成威胁的新形势，出于本国内外利益的考虑，开始对舒什克维奇的外交政策进行重大调整，奉行以俄为重点、多方位、以国家安全和经济利益为中心的务实外交政策，其外交核心是同俄罗斯联盟，积极支持独联体一体化。这主要表现在以下几个方面。

第一，加速发展对俄关系，将促进两国经济一体化当作头等大事。1994~1999年，白俄罗斯与俄罗斯一体化加速发展：1995年1月6日俄白签署关税同盟协议，同年2月签署今后10年自动延续的睦邻友好与合作条约；1996年4月2日成立"俄白共同体"；1997年4月2日两国签订《俄白联盟条约》；1999年12月签订建立俄白联盟国家条约。

第二，对俄罗斯主导的独联体一体化采取积极支持的方针。1993年年底，白加入独联体集体安全条约组织，同时强调，各共和国"各自独立振兴经济是不可能的"。卢卡申科总统在1994年10月举行的独联体第16次元首会议上积极支持建立独联体跨国经济委员会。其后，在1996年

3 月，白俄罗斯同俄、哈、吉三国签订四国在经济和信任领域加深一体化条约。2000 年 10 月，白俄罗斯又同俄、哈、吉、塔四国建立欧亚经济共同体。2010 年 1 月 1 日，俄白哈关税同盟启动，2011 年 7 月 1 日起三国间建立统一海关空间，统一认证，取消海关关境。2014 年 5 月 29 日，俄罗斯、白俄罗斯和哈萨克斯坦三国总统签署《欧亚经济联盟条约》，宣布欧亚经济联盟将于 2015 年 1 月 1 日正式启动。

第三，2000 年后，随着白俄罗斯与西方国家关系的恶化，其外交政策进行了部分调整，开始加强与其他地区国家的互利合作，如中国、印度、委内瑞拉、伊朗、利比亚、越南、南非等。同时不断尝试在某些国际合作领域（主要是人道主义和文化领域）与一些欧洲国家发展建设性的关系。在这段时期，虽然俄白一体化进展放缓，俄白两国间的社会经济（包括某些政治方面）矛盾有所增加，但白俄罗斯依然与俄罗斯保持密切的联盟关系，在其外交政策中也并未真正形成"多边外交"策略。

3. "全方位"外交的尝试（2014 ~ 2017 年）

早在 2009 年白俄罗斯便提出了"全方位"外交的思路。2009 年 4 月白俄罗斯总统卢卡申科向国民议会发表年度国情咨文时说，白俄罗斯在国际舞台上应奉行东西方平衡的对外政策，白俄罗斯坚决捍卫本国利益，其对外政策的基本原则是"全方位"外交。2013 年后，地区军事政治冲突（首先是乌克兰顿巴斯地区和中东地区冲突）的增加和国际恐怖主义的活跃导致全球局势动荡，为了保证国家安全和国内政治经济稳定，白俄罗斯外交政策中明确形成了"全方位"策略，外交工作重点是有效实施国家元首确定的多向外交政策，与世界各国建立互利关系，同时无条件地尊重国家利益，为经济稳定发展创造条件，提高公民的生活水平。这主要表现在：

——白外交政策的首要目标是保护白公民及境外侨民的利益，保护国家和社会利益，这是与任何一个国家合作的根本原则。

——在加强与俄罗斯战略伙伴关系的基础上全面发展与独联体其他国家的关系，尤其是通过加强与哈萨克斯坦等国的合作来平衡与俄罗斯的关系，积极推进独联体地区一体化建设。

——缓和与欧美国家的关系，加强与欧盟的务实互动（经贸和投资领域的合作），加强与美国的对话。卢卡申科在第五届全白俄罗斯人民大会上表示，白需要同美国和欧盟发展正常关系，欧盟是白第二大出口市场，白将努力实现与欧盟关系的全面正常化，并达成基础协议。

——积极参与联合国和其他国际组织的活动，寻求为解决全球和地区问题做出贡献，以提高白俄罗斯的国际地位和威望。2013年乌克兰危机后，白以中立立场积极介入调解工作，促成相关各方在明斯克会晤，获得国际社会的好评，为缓和白与西方国家关系打开了缺口。

——积极发展与亚洲、非洲和拉丁美洲国家的关系，推行经济外交，以吸引投资和实现出口多元化。在《关于确定白俄罗斯共和国内外政策主要方向》的法律文件中明确表示，白俄罗斯意欲加强与亚洲、非洲、拉丁美洲地区国家的外交关系，并将与这些地区重点国家的合作上升到战略伙伴关系。除继续开展与传统伙伴的政治经济关系外，还应与具有合作潜力的国家建立对话关系，积极开拓其市场。

第二节　与俄罗斯的关系

与俄罗斯的关系始终是白俄罗斯外交活动的中心，这不仅由于两国拥有共同的历史，种族相近、地理相邻，还因为两国在政治和经济利益上具有一致性。但两国关系的发展历程并非一帆风顺，其间（尤其是2008年后）也经历了"冷战"和各种摩擦。

一　白俄罗斯与俄罗斯关系的整体走势

白俄罗斯独立后，由于两国围绕如何瓜分原联盟财产、分担外债和协调经济利益以及处理苏联遗留的军事问题等方面产生了一系列问题和矛盾，又由于舒什克维奇突出强调"中立"，对俄抱有戒心和疑虑，拒不参加以俄为核心的独联体集体安全体系，使俄罗斯不满，双方存在隔阂，因而两国关系虽然从总体上说比其他独联体国家对俄关系要密切，但并不顺畅。

1994 年卢卡申科出任白俄罗斯总统，大幅调整外交政策，与俄罗斯联盟，走同俄罗斯一体化道路，两国关系迅速发展、升温。两国由 1996 年结成俄白共同体、1997 年建立俄白联盟，到 1999 年签订《关于成立俄白联盟国家的条约》及《关于实施条约的行动计划》，正式成立俄白联盟，俄罗斯自此成为白俄罗斯最亲密的盟友。当时的国际舆论普遍认为，在独联体中，俄白关系最为密切，俄白一体化是最高层次的一体化。

2000 年后，俄白一体化进程受阻，发展缓慢。一方面，普京入主克里姆林宫后加大了对俄白一体化进程的掌控度，更注重一体化的实际意义，认为任何一体化方案都应该从俄罗斯的实际利益出发，遵循"先经济一体化，后政治一体化"的原则。普京这种将政治问题与经济问题分离、提倡"亲兄弟明算账"的做法导致 2002 年后两国频繁的天然气价格纠纷，并分别于 2004 年、2007 年和 2010 年爆发三次"天然气危机"——俄方停止向白供气，白方则关闭俄罗斯的过境石油管道，并相应大幅度提高俄罗斯石油的过境费用。另一方面，白总统卢卡申科虽然极力推进俄白一体化进程，但对主权让渡问题没有丝毫让步，坚持在俄白联盟中两国应处于平等地位。在联盟国家体制问题上，2002 年普京建议俄白建立统一的联邦制国家，白俄罗斯的 6 个州和明斯克市可作为单独的联邦主体加入俄罗斯，或者按照欧盟模式建立俄白联盟国家。这一提议遭到卢卡申科拒绝，他表示，建立俄白统一国家是"不能接受的"，联盟国家不能使白俄罗斯丧失国家主权，同时按照欧盟模式发展俄白关系也是"不合适的"，在两国建立"权利平等和友好联盟的道路上"，白俄罗斯方面不存在困难，但它永远都不会接受导致俄白联盟不复存在的建议。两国在对联盟国家的认知和诉求上的差异导致俄白一体化进程受阻，使得统一货币计划（两国于 2000 年签署了将俄罗斯卢布定为统一货币的协议，并定于 2005 年开始流通）和联盟国家宪法草案的全民公决（定于 2006 年）相继宣告"流产"。

2004 年 10 月，白俄罗斯通过全民公决取消宪法中关于总统任期的条款，这一事件使白受到美国及西方国家的孤立，客观上增强了俄白两国的合作关系。2004 年 10 月俄罗斯公开谴责美国对白实施的经济制裁；12 月俄罗斯向白俄罗斯提供总额为 1.75 亿美元的 5 年期国家贷款。2005 年 4 月 20 日，俄白国防部长会谈后表示，两国在今后几年将建立联合通信和控制系统，双方还将在军事计划及解决关于部队行动法律问题等方面进一步加强协调；9 月 10 日，俄白签署关于俄向白提供 S-300 防空导弹系统的合同，该系统将用于装备白俄罗斯的一个防空导弹旅，并成为俄白统一防空体系的组成部分。2005 年 3 月俄罗斯天然气工业股份公司宣布提高天然气供应价格，但根据普京的指示，2006 年对白俄罗斯的天然气供应价格保持不变。之后，虽然两国在油气供应问题上仍摩擦不断，但最后都得以协商解决。2006 年年底两国签订天然气供应协议，规定俄方向白方的天然气供应价格为每千立方米 100 美元，俄过境白俄罗斯的天然气过境关税为每百公里管道对每千立方米天然气收取 1.45 美元，同时俄罗斯天然气工业股份公司在 4 年内以 25 亿美元的价格购买白俄罗斯天然气运输公司 50% 的股权。2007 年 1 月，俄白两国签署《关于规范石油和石油产品出口领域的贸易和经济合作措施》的协议，俄罗斯保留对白的石油出口税，但税率从每吨 180 美元降至 53 美元（以后会逐年递增）。同时还达成了俄罗斯"亚马尔—欧洲"天然气运输管道和石油产品运输管道继续免费租用白俄罗斯土地的协议，以及维持俄罗斯在白俄罗斯军事设施的协议。2007 年 3 月 24 日俄罗斯时任总理米哈伊尔·弗拉德科夫访问白俄罗斯期间，两国签署了包括经贸协定在内的一系列重要文件。

2008 年爆发的国际金融危机和俄格冲突使白俄罗斯与俄罗斯的关系趋冷。为应对国际金融危机带来的影响，白俄罗斯向俄罗斯和国际社会多方寻求贷款，俄方在答应白俄罗斯贷款请求的同时，要求白方承认南奥塞梯和阿布哈兹独立，但白方数次推迟承认南奥塞梯和阿布哈兹独立的期限。同时，白开始尝试改善与欧盟的关系，于 2009 年 5 月签署了欧盟的《东部伙伴关系计划》草案。2009 年 6 月卢卡申科在会见斯洛文尼亚外长时表示，"欧盟在技术、信贷资源、投资等方面具有优势，我们将加强与它的关系"，并表示白俄罗斯与欧盟的合作不是游戏，而是国家的战略方针。白俄罗斯的上述做法引起俄罗斯不满，导致俄采用经济手段对白施加压力。2009 年 5 月 28 日俄财长库德林宣布，由于白俄罗斯操纵汇率，俄方暂时搁置对其 5 亿美元贷款计划，同时暗示白方经济处于破产边缘，可能无力偿还俄方贷款，导致白居民抛售白俄罗斯卢布，在白国内掀起一场"兑换狂潮"；次日，卢卡申科在政府工作会议上公开批评俄财长库德林和总理普京，认为他们与白俄罗斯反对派相互勾结对政府施加压力，并要求停止与俄方有关贷款的谈判，另辟新的资金来源渠道。2009 年 6 月，俄罗斯以白奶制品未达到其新颁布的食品卫生标准为由对白奶制品颁布进口禁令，挑起"奶品争端"，作为回应，白总统卢卡申科拒绝出席 6 月 14 日在莫斯科举行的集体安全条约组织首脑峰会，并表示不承认此次会议中达成的所有协议；6 月 17 日，白俄罗斯开始在边界设立海关检查站查验从俄罗斯进口的货物，这是 1995 年以来白首次在两国边界设立海关检查站。2010 年 6 月，两国因天然气债务问题再次爆发"天然气危机"——俄方大幅减少向白方的供气量，而白方则切断了俄经白对欧输气管道。两国议会还相继发表声明，指责对方阻碍了俄白关系的发展。

2010～2013 年，随着独联体一体化进程的深化——2010 年 7 月俄白哈关税同盟正式启动、2012 年 1 月 1 日三国启动统一经济空间、2012 年 2 月 2 日负责三国一体化进程的超国家机构欧亚经济委员会开始运行，白俄罗斯与俄罗斯的关系重新升温，两国之间经济、政治和军事合作开始增加。俄罗斯逐渐调整了对白政策，加大对白经济扶持力度，特别是在石油、天然气等能源价格问题上做出重大让步，不仅每年向白提供 2000 多吨的免关税石油，还大幅降低卖给白俄罗斯的天然气价格（2011 年为每千立方米 266 美元、2012 年降为 168 美元、2013 年再降至 166 美元、2014 年为 171 美元，而同期卖给欧洲的在 400 美元以上）。① 2011 年白爆发金融危机，为应对严重的货币短缺，白俄罗斯与俄罗斯主导的欧亚经济共同体签署贷款协议，以 3 年内变卖价值 75 亿美元的国有资产为条件，获得 30 亿美元贷款；俄罗斯再出资 25 亿美元，购买白俄罗斯天然气运输公司剩下的 50% 股份，"俄气"自此成为该公司唯一的所有者；俄罗斯以每千立方米 164 美元的价格与白签署 2012～2014 年天然气供货合同；俄

---

① 李自国：《欧亚经济联盟：绩效、问题、前景》，《欧亚经济》2016 年第 2 期。

向白提供 100 亿美元出口信贷建设核电站。上述种种合作推进了俄白经济一体化，加强了两国能源安全及企业间的直接联系。2012 年普京再次出任俄罗斯总统后将首个出访国家定为白俄罗斯，两国总统在会晤后发表联合声明表示，"根据 1999 年 12 月 8 日签订的建立联盟国家条约、海关同盟和统一经济空间、欧亚经济共同体、集体安全条约组织和独联体的主要文件，俄罗斯与白俄罗斯在国家间合作的所有领域的关系具有战略性质"，针对 2010 年 12 月白总统选举后美国和欧盟对白实施的制裁，两国总统表示"莫斯科与明斯克将联合对抗干涉统一经济空间成员国内政的企图"。2013 年 3 月 15 日，在俄白联盟国家最高国务委员会会议上，两国总统表示将继续加强经济伙伴关系和人文合作，并就在国际舞台协调立场、开展安全合作达成共识。双方还就进一步发展俄白联盟国家签署了 10 项文件。白俄罗斯总统卢卡申科在会议上表示，建立俄白联盟国家是自觉的选择，在世界经济全球化的条件下除此之外别无他途。这一切均表明两国重新走上紧密合作的道路。

2014 年克里米亚危机和顿巴斯战争爆发，俄罗斯将原属于乌克兰的克里米亚纳入自己的版图。为此，美国等西方国家对俄实施一系列经济制裁，并加强了在东欧地区的军事存在。在此背景下，白俄罗斯一方面积极缓和与欧美国家长期保持的冷淡关系，另一方面继续巩固和发展与俄罗斯的关系（尤其是经济和军事关系）。2014 年后白外交政策的主要任务便是在复杂的国际局势下保护国家利益，确保国家经济持续稳定发展，使外部不利因素对白的影响最小化。这一时期，白在加强与俄军事、经济合作的同时，进一步增强了对俄关系中的独立性，两国关系在曲折中前行。

在军事合作方面，白俄罗斯和俄罗斯继续奉行联合防务和边境政策，协调军事建设领域的活动。2014 年 3 月 13 日，应白总统卢卡申科要求，俄派战机前往白俄罗斯，维护俄白联盟国家领空安全。白俄罗斯国防部同时表示，如果北约在白邻国的军事活动进一步增强，俄白两国将采取回应措施。2015 年 8 月 20 日，白俄罗斯国防部副部长兼白俄罗斯军备负责人洛特恩科夫少将表示，俄白两国在联盟国家框架内开始共同研发防空导弹系统，以替换两国军队现役的箭 – 10M（Strela – 10M）可移动防空导弹系统。2015 年 9 月 10 日，俄白两国进行"联盟之盾－2015"联合军演，有超过 8000 名俄罗斯和白俄罗斯军人参加演习，使用约 400 件武器装备。2017 年 9 月 14～20 日，俄白举行"西部－2017"大规模联合军演，以应对北约在波罗的海三国和波兰不断加强的军事部署。其间，白俄罗斯国防部新闻发言人马卡罗夫表示，白俄罗斯奉行多元的和平外交政策，但与此同时也在进行军事建设，实施结盟的军事政策，"这种政策的优先方向是与俄罗斯开展军事技术合作"。同时，白俄罗斯认为两国的军事合作仅限于保护本国安全，不针对任何第三方，因此在合作中始终保持谨慎的态度。针对 2015 年俄罗斯提出的在白境内建立空军基地的建议，白方予以拒绝，认为在白境内建俄军事基地无助于维护地区稳定，反而会对俄白两国关系造成负面影响。2018 年 5 月 31 日，白俄罗斯外交部部长弗拉基米尔·马凯在比利时首都布鲁塞尔再次表示，白方目前并无计划允许俄罗斯在境内驻军，但如果波兰要为美军建永久性基地，白将考虑俄驻军事宜。

在政治合作方面，两国外交部门在对外政策上密切协作，以加强在国际舞台上的地位。2014 年，针对克里米亚入俄一事，白俄罗斯总统卢卡申科虽然给予了委婉的批评，称俄罗斯此举树立了"不好的先例"，但同时也承认克里米亚"事实上已是俄罗斯的一部分"，并在 2014 年 3 月 27 日联合国大会有关"乌克兰的领土完整"决议草案的投票中和俄罗斯一起投了反对票；2016 年和 2017 年，两国在联盟国家外交协调活动纲领框架内针对外交机构合作的多个领域分别进行了 20 多次协商。

在经济合作方面，2015 年 3 月，俄白通过政府间行动计划，旨在为发展经贸合作创造额外条件，以进一步促进经济共同发展、减少相互贸易中的行政壁垒。2016 年 2 月 25 日，在俄白联盟国家最高国务委员会会议上，两国总统商定将进一步协调行动，以确保联盟国家经济稳定增长。2017 年 4 月 13 日，俄白签署关于石油和天然气的一揽子协议，其中特别对 2011 年两国达成的俄对白供气定价机制协议做出修改，至此，俄白两国持续一年多的油气争端全部解决；12 月 8 日，俄白召开俄白联盟国家部长理事会会议，会议通过了关于 2018～2022 年中期发展优先方向和首要任务的决议，确定两国将协调宏观经济、工业和金融政策等。根据该决议，两国将制定共同

白俄罗斯

措施进一步减少双边贸易中的壁垒和限制，为两国经营主体的经济活动创造良好条件。俄罗斯依然是白最重要的贸易和投资伙伴，两国贸易额约占白对外贸易额的50%，白进入俄罗斯五大贸易伙伴之列。两国实施了大型联合投资项目，其中最大的是白俄罗斯核电站建设项目。

在地区合作方面，两国地区合作蓬勃发展。2014年俄白代表团多次访问对方国家的不同地区，并在西伯利亚举办了首届"白俄罗斯和俄罗斯地区论坛"；2015年有40个由俄罗斯地区领导人率领的代表团访问了白俄罗斯，9月在索契召开了有两国领导人参加的关于统一产业政策问题的第二届"白俄罗斯和俄罗斯地区论坛"；2016年有68个俄罗斯地区代表团访问了白俄罗斯，其中24个代表团由州长亲自带队，6月在明斯克召开了第三届"白俄罗斯和俄罗斯地区论坛"；2017年有80个俄罗斯地区代表团访问白俄罗斯，其中11个代表团由州长带队，6月29~30日在莫斯科召开有两国总统参加的、主题为扩大高科技和创新领域合作的第四届"白俄罗斯和俄罗斯地区论坛"。

在人文合作领域，两国系统地开展工作，扩大文化交流，确保两国公民具有平等的权利。2015年在莫斯科开设白俄罗斯驻俄大使馆商业和文化中心，以促进两国在人文领域的合作；12月，普京总统签署法律，允许白俄罗斯公民在获得俄罗斯定居、临时居住和工作等时免于参加有关考试。① 2017年12月8日，在俄白联盟国家部长理事会会议上两国讨论了建立统一移民空间、加强安全与防务合作及人文合作等问题，并签署了20多个合作文件。

二 白俄罗斯与俄罗斯的经济关系

白俄罗斯与俄罗斯建交以来，两国的经济关系是独联体国家中最为密切的。白俄罗斯在经济上对俄罗斯具有很强的依赖性，其90%的石油、

---

① 2014年俄罗斯总统普京签署法律，要求外国人在申请获得俄罗斯定居、临时居住、工作或者专利许可时必须提交相关文件，证实掌握俄语、俄罗斯历史和俄罗斯法律基础。如果申请人在入境时没有1991年9月1日前苏联发放的文凭，那么就必须通过俄语考试并获得相关许可证。

天然气能源依靠俄罗斯提供，加工业所需的原料也大都由俄罗斯供应。白俄罗斯生产的大部分产品（如农产品、农业机械等）销往俄罗斯。1996年两国结盟后，双边贸易快速发展，俄罗斯始终是白最重要的贸易伙伴，无论是贸易总额还是进出口额，俄罗斯在相应指标中的占比都是最高的，且远远高于其他国家。1996~2002年，两国贸易额（货物贸易额）从62.220亿美元增至98.964亿美元，占白外贸总额的比重保持在60%左右。2005年俄白贸易额为158.340亿美元，2010年为280.342亿美元，2014~2017年分别为373.712亿、275.416亿、261.140亿和324.934亿美元①，虽然在白对外贸易总额中的比重有所下降，但依然保持在50%左右。具体到进出口额，对俄出口额2000年占白出口总额的50.6%、2005年占35.8%、2010年占39.4%、2014年占42.1%、2017年占44.1%；自俄进口额2000年占白进口总额的64.8%、2005年占60.6%、2010年占51.8%、2014年占54.8%、2017年占57.2%（见表8-1）。同时，白俄罗斯亦是俄罗斯重要的贸易伙伴，是俄罗斯五大贸易伙伴之一。

表8-1 2000~2017年白进出口额排前三位的国家

排名	出口国	占白出口总额的比重（%）	进口国	占白进口总额的比重（%）
2000 年				
第一名	俄罗斯	50.6	俄罗斯	64.8
第二名	乌克兰	7.6	德 国	6.8
第三名	波 兰	6.4	乌克兰	3.9
2005 年				
第一名	俄罗斯	35.8	俄罗斯	60.6
第二名	荷 兰	15.1	德 国	6.7
第三名	英 国	7.0	乌克兰	5.4
2010 年				
第一名	俄罗斯	39.4	俄罗斯	51.8
第二名	荷 兰	11.3	德 国	6.8
第三名	乌克兰	10.1	乌克兰	5.4

---

① 根据白俄罗斯统计局相关数据计算而出，http：//www.belstat.gov.by/upload/iblock/b5e/b5eeb063dcad3c19ec3f27d642270471.pdf。

排名	出口国	占白出口总额的比重(%)	进口国	占白进口总额的比重(%)
		2014 年		
第一名	俄罗斯	42.1	俄罗斯	54.8
第二名	乌克兰	11.3	德 国	6.1
第三名	英 国	8.1	中 国	5.9
		2015 年		
第一名	俄罗斯	39.0	俄罗斯	56.5
第二名	英 国	11.0	中 国	7.9
第三名	乌克兰	9.4	德 国	4.6
		2016 年		
第一名	俄罗斯	46.5	俄罗斯	55.4
第二名	乌克兰	12.1	中 国	7.7
第三名	英 国	4.6	德 国	4.8
		2017 年		
第一名	俄罗斯	44.1	俄罗斯	57.2
第二名	乌克兰	11.5	中 国	8.0
第三名	英 国	8.2	德 国	5.0

资料来源：http://www.belstat.gov.by/upload/iblock/b5e/b5eeb063dcad3c19ec3f27d642270471.pdf。

近年，在白俄罗斯对俄罗斯的进出口商品结构中，出口商品主要是载重汽车、奶酪和奶渣、新鲜或冷藏牛肉以及拖拉机和鞍式牵引车等，进口商品主要是原油（包括凝析油）、天然气、石油产品和（小）汽车，其中原油的进口额几乎占白进口总额的1/3。在两国贸易中白长期居于逆差状态，2012~2017 年的贸易差额分别是 - 112.42 亿、- 60.67 亿、- 70.09 亿、- 67.45 亿、- 43.59 亿和 - 67.01 亿美元。①

在经济合作方面，迄今白俄罗斯同俄罗斯已签订了诸如经贸合作协定、科技合作协定、海关同盟协定、统一管理海关机构协议、运输合作协定、自由贸易协定等涉及经济各领域的一系列合作协定。卢卡申科总统当政后，从 1995 年起俄白取消对两国之间边界和海关的监管。在投资

① 白俄罗斯驻俄罗斯大使馆网站，http://www.embassybel.ru/trade - relations/。

合作方面，俄罗斯是白俄罗斯在独联体乃至全世界最大的投资国，截至
2003 年 1 月 1 日，俄对白投资额为 2570 万美元，在独联体国家中居首
位。2010～2017 年，俄罗斯对白实体经济部门的投资名列各国之首，分
别为 65.55 亿、94.40 亿、66.91 亿、72.81 亿、62.75 亿、48.96 亿、
44.09 亿和 36.96 亿美元，分别占白实体经济部门吸引外资总额的
72.1%、50.0%、46.7%、48.6%、41.6%、43.2%、51.5% 和 38.0%。
其中直接投资共计 378.67 亿美元，占 2010～2017 年白实体经济部门吸引
外国直接投资总额的 52.43%。[①] 目前两国有 8000 多家企业存在合作关
系，相互提供原材料、生产材料和零部件。在白俄罗斯有 2200 多家拥
有俄罗斯资本的单位（组织），其中 1300 多家是俄白合资企业，占白外
商投资企业（组织）总数的近 40%。在俄罗斯境内注册有 45 家俄白联
合装配厂，并建立了 154 个带有白俄罗斯法定资本的商品分销网络
主体。

三 白俄罗斯与俄罗斯的军事合作

白俄罗斯是独联体中同俄罗斯军事关系最为密切的国家。在两国建立
俄白联盟前，早在 1991 年 12 月 23 日两国就已签定了一项重要军事协定，
协定规定"如一国受到他国进攻，另一国要采取军事干预行动，确保对
方的安全"。1995 年 12 月 9 日，两国签订多达 18 个扩大军事和军事技术
合作的文件。1997 年俄白建立联盟后，两国军事关系已完全具有军事联
盟性质，同俄联盟成为白俄罗斯军事安全战略的核心。根据俄白联盟条约
的规定，俄罗斯在白俄罗斯境内有驻军并设有军事基地，白俄罗斯边界由
俄白共同保卫。1999 年两国签订建立联盟国家条约后，根据北约加紧东
扩向独联体紧逼的新形势，俄白两国建立了联合防御体系，包括防空体
系，并建立俄白军事集群（亦称俄白联军）。

白俄罗斯与俄罗斯的军事合作主要集中在军事政策、军事技术和军事
活动等方面，旨在确保联盟国家的军事安全，维持必要的军事潜力和高质

---

① 根据 2018 年白俄罗斯统计年鉴数据计算得出。

量的武装力量培训，规划和组织联合行动以预防无论是针对联盟国家，还是集体安全条约组织或独联体共同防御空间的军事威胁和侵略。自建立联盟国家后，两国在以下方面进行了密切的合作。

（一）制定标准法律基础

在军事合作领域，俄白两国签订了约 35 个国际条约，以协调在空军和防空等军事领域的联合行动，解决军事技术合作中的问题，履行军备控制、军事侦察及军事设施共享等方面的责任，确保区域安全，建立区域集团部队联合系统（包括俄白军事合作信息保障系统和统一的区域防空系统）。

（二）定期召开国防部联合委员会会议

每年两国都会举行国防部联合委员会会议，研究两国在军事合作中存在的现实问题，如研究制定联合演习的方法，讨论两国国防部联合行动计划以及两国间、政府间和部门间有关军事合作协议的实施情况等。

（三）保障区域集团部队的运作

保障区域集团部队的运作始于 2000 年，为此，两国采取措施共同规划了一批区域部队，在完善和保证区域部队管理系统、建立统一的军事体系（包括情报、通信、后勤、技术支持等）、完善白境内区域部队共同使用的军事设施等方面做了大量工作。两国武装部队总参谋部以及俄罗斯西部军区联合战略司令部每两年举行一次联合军事演习。同时，两国每年都实施联合行动计划以确保区域集团部队的运作及开展作战训练。

（四）军事技术合作

在供应武器装备、军事设备配件以及武器和军事设备维修及现代化方面，俄罗斯是白俄罗斯主要的合作伙伴。与俄罗斯在军事产品供应方面的合作受两国签署的有关发展军事技术合作协议的调整，这可使白方绕过中间商，直接从俄生产商手中购买军事产品，从而大大缩短了交货时间并降低了购买价格。根据该协议，双方已签署了约 50 份合同。此外，每年两国都会举行白俄罗斯 - 俄罗斯政府间军事技术合作委员会会议，以解决军事技术合作中出现的问题，并寻找继续开展这种合作的方法。

（五）空军和防空领域的合作

在空军和防空领域的合作旨在执行双边和多边协议。2009 年 2 月 3

日，俄白签署共同保卫联盟国家领空外部边界及建立统一地区防空系统协定，统一地区防空系统将包括 5 支空军部队、10 支防空导弹部队、5 支无线电技术部队和 1 支无线电电子对抗部队。2012 年 2 月 13 日，卢卡申科签署第 65 号总统令正式批准该协议。2013 年 8 月 28 日，白俄罗斯空军和防空部队司令奥列格·德维加列夫少将被任命为统一地区防空系统司令。目前两国已确定了统一地区防空系统的指挥和指挥所条例、在统一地区防空系统组织并执行作战执勤的细则以及分配给防空系统的军事管理机构、联合部队、编队和军事单位的清单。此外，两国正在开展白空军、防空部队与俄罗斯航空航天部队合作指挥所之间的自动化信息交换工作。在联合作战训练方面，根据两国每年的武装力量训练计划，在俄罗斯空军 185 作战训练和作战应用中心对空军防空导弹部队进行战术演习以及对防空部队进行实弹演练；为提高战斗编队在消灭空中敌人时的实际作战技能，每年在俄罗斯 1517 教学训练中心对空军导弹部队和防空部队的战斗编队进行协调作战训练。

（六）军事科学合作

俄白两国的军事科学合作在两国国防部制订的"军事科学合作综合计划"框架内展开。该计划旨在为两国武装力量建设的优先领域提供科学支持，并为两国地区集群部队研制和优化武器及军事装备。

（七）军事人员培训

从 2006 年开始，在"集体安全条约组织成员国军事人员培训协定"框架内，白军事人员在俄罗斯国防部军事学院接受长期或短期培训，白武装部队军官大多数接受过此类培训。目前有 400 多名白军事人员在俄罗斯国防部军事学院（或分院）学习。

第三节　与独联体、集安组织和欧亚经济联盟的关系

受历史、经济、政治和文化等因素的影响，与独联体国家发展双边关系一直是白俄罗斯重要的外交政策之一，也是其对外经济政策的优先方向之一。目前，白俄罗斯同独联体各国都建立了外交关系，并保持着友好密

切的合作。白俄罗斯同独联体各国签订了诸如经济和贸易合作协定，友好
睦邻合作条约，科、教、文、卫以及交通运输等一系列政治和经济上的双
边合作条约和协定，合作的重点主要集中在经贸领域。2010～2017 年，
白俄罗斯与独联体国家（不包括俄罗斯）的贸易额占其外贸总额的比重
保持在 10% 左右，2017 年贸易额为 60.7 亿美元，约占白对外贸易总额的
9.6%。① 在独联体地区合作问题上，白俄罗斯一直是独联体最主要的支
持国之一，认为独联体是一个具有巨大合作潜力的重要一体化联盟，支持
独联体国家进一步加强合作，深化区域一体化进程。目前，白俄罗斯是独
联体地区两大多边组织——集体安全条约组织和欧亚经济联盟的成员国。

一　独立国家联合体

1991 年 12 月 8 日，俄罗斯总统叶利钦、乌克兰总统克拉夫丘克和白
俄罗斯最高苏维埃主席舒什克维奇在白俄罗斯的别洛韦日会晤，共同签署
了建立独立国家联合体（简称独联体）的协定。该组织不是国家，也不
拥有凌驾于成员国之上的权力，它为各成员国进一步发展和加强友好、睦
邻、族际和谐、信任、谅解和互利合作关系服务。总部设在白俄罗斯首都
明斯克。目前成员国包括俄罗斯联邦、白俄罗斯共和国、摩尔多瓦共和
国、亚美尼亚共和国、阿塞拜疆共和国、塔吉克斯坦共和国、吉尔吉斯斯
坦共和国、哈萨克斯坦共和国和乌兹别克斯坦共和国。

二　独联体集体安全条约组织

独联体集体安全条约组织的前身是"独联体集体安全条约"，自 2002
年 5 月改为独联体集体安全条约组织后，集体安全条约组织集体安全理事
会就议程上的迫切议题通过了 1100 多项决议，成员在该组织的机制建
设、强化军事能力、协调各国外交立场等方面取得了不少成果。2003 年 4
月，成员国一致决定成立集体安全条约组织联合司令部和快速反应部队，
以应对在中亚增长的安全威胁。联合司令部于 2004 年 1 月开始运作。

① 根据 2018 年白俄罗斯统计年鉴数据整理而得。

2003 年 10 月 7 日，成员国总统签署了该条约组织章程以及有关该组织法律地位的协议。2004 年 8 月 3 ~ 6 日，独联体集体安全条约组织在吉尔吉斯斯坦北部伊塞克湖州的埃杰利韦斯军事演习场举行"防线 – 2004"军事演习，主要目的是检验集体安全条约组织应对恐怖袭击、制定先发制人的措施、跨越国境调遣部队以及采取快速行动的能力。2004 年 12 月 2 日，联合国大会通过一项决议，授予集体安全条约组织联合国大会观察员地位。2005 年 6 月 23 日，独联体集体安全条约组织 6 个成员国元首在莫斯科举行年度峰会后通过一项声明，表示该组织的战略目的是促进建立公正民主的国际秩序、保持欧亚大陆的繁荣和安全，成员国准备在独联体、上海合作组织和欧亚经济共同体框架内开展全面合作，希望同欧盟发展关系，并重申愿意同北约进行沟通和协调。2006 年 8 月 16 日，正式批准关于恢复乌兹别克斯坦在独联体集体安全条约组织中正式成员国地位的文件。2007 年 9 月 28 日，在吉尔吉斯斯坦首都比什凯克举行的独联体集体安全条约组织国防部长理事会会议上，各成员国代表就加强军事合作签署了一系列协议，涉及维和行动、军事技术合作、军事经济合作等多个领域。签署的文件规定，当独联体集体安全条约组织的某个成员国遭到入侵或面临入侵威胁并提出援助要求时，该组织可在征得各成员国元首的一致同意下向这个国家提供军事技术援助。文件还规定，独联体集体安全条约组织的维和行动应由各成员国元首批准。独联体集体安全条约组织维和部队可应联合国的要求，在该组织覆盖地域之外开展行动。2009 年 2 月 4 日，成员国首脑在莫斯科举行的特别峰会上一致同意组建集体快速反应部队。2009 年 6 月 14 日，因为与俄罗斯的奶制品贸易纠纷，白俄罗斯宣布拒绝参加当天在莫斯科举行的独联体集体安全条约组织峰会。2009 年 7 月 31 日，独联体集体安全条约组织非正式峰会决定将在俄罗斯成立旨在保障各成员国信息安全的信息技术中心。2010 年 6 月，集体安全条约组织元首会议通过集体安全条约组织应对危机局势行动程序的"新条例"，该条例不仅为集体安全条约组织出兵应对类似吉尔吉斯斯坦 2010 年 4 月和 6 月发生的突发事件提供了法律依据，还扩大了组织的权限。2010 年 12 月，集体安全条约组织签署了修改章程的议定书，以强化集体安全机制。2011

年 12 月，该组织成员国达成协议，任何成员国要想在其领土上建立外国军事基地，必须得到所有成员国同意。2012 年 5 月 15 日，在莫斯科举行的该组织成立 10 周年纪念峰会上，各成员国首脑发表宣言，就欧洲反导系统、叙利亚局势、阿富汗问题及伊朗核问题表达了共同立场。舆论认为，集体安全条约组织就如此众多的重大和敏感问题共同发声实属罕见。

三 欧亚经济联盟

欧亚经济联盟的前身是俄白哈三国建立的关税同盟。2014 年 5 月 29 日，俄罗斯、白俄罗斯和哈萨克斯坦总统签署《欧亚经济联盟条约》，宣布欧亚经济联盟将于 2015 年 1 月 1 日正式启动。根据条约，俄、白、哈三国将在 2025 年前实现商品、服务、资本和劳动力的自由流动，并推行协调一致的经济政策，终极目标是建立类似于欧盟的经济联盟，形成一个拥有 1.7 亿人口的统一市场。欧亚经济联盟是一个国际性组织，俄、白、哈三国在联盟内拥有完全平等的权力，三国在联盟所属机构中拥有平等的表决权。欧亚经济联盟总部设在莫斯科。目前成员国包括俄罗斯、哈萨克斯坦、白俄罗斯、吉尔吉斯斯坦和亚美尼亚，摩尔多瓦和乌兹别克斯坦为观察员国。2018 年 5 月 17 日，中国与欧亚经济联盟正式签署经贸合作协定。

2009 年 11 月 27 日，俄罗斯、白俄罗斯、哈萨克斯坦三国元首签署《关税同盟海关法典》，标志着俄白哈关税同盟正式成立。2010 年 1 月 1 日俄白哈关税同盟开始运作，同年 7 月《关税同盟海关法典》正式生效。这意味着三国对内将逐步取消关税，对外实行统一关税和非关税措施，并将统一协调劳动力市场和相关的宏观经济政策。之后，关税同盟逐步向统一经济空间过渡。2011 年 11 月 18 日，三国元首在莫斯科签署《欧亚经济一体化宣言》和《欧亚经济委员会条约》及欧亚经济委员会章程等文件，2012 年 1 月 1 日三国统一经济空间全面运作，负责三国一体化进程的超国家机构——欧亚经济委员会也同时投入运行。三国将在商品自由流通的基础上，实现服务、资金和劳动力的自由流动；实行统一的货币政策和统一的海关税率；反对保护主义，共同扶持农业发展；三国企业将面临统一的市场，将在平等条件下竞争；三国企业家在雇佣统一经济空间成员国劳工时可免办理劳务许可及劳务配额。这标志着俄白哈三国一体化进程进入新阶段。2014年5月29日，俄白哈三国元首在阿斯塔纳签署《欧亚经济联盟条约》，条约规定，三国将保证商品、服务、资金和劳动力的自由流动，将在能源、工业、农业和运输四个重要经济部门实施协商一致政策，终极目标是建立类似于欧盟的经济联盟。2015年1月1日，欧亚经济联盟正式启动，同年，亚美尼亚和吉尔吉斯斯坦加入该组织。2018年1月1日，欧亚经济联盟新海关法生效。欧亚经济联盟最高权力机构欧亚经济委员会表示，该法旨在引进数字化技术，简化成员国通关手续，刺激出口。

第四节　与美国和欧盟的关系

一　与美国的关系

白俄罗斯与美国于1991年12月28日建立外交关系，1992年在华盛顿设立白俄罗斯驻美大使馆。长期以来，两国关系经历了合作、僵冷与缓和阶段，但自始至终白俄罗斯都不希望看到与美国关系的恶化，主张与美国发展建设性的平等对话关系。

1997年之前，两国外交关系发展态势良好，双方在政治、经贸、军事和人文等领域开展了很多积极的合作。从1997年开始，因白俄罗斯全民公决以及白与俄罗斯结盟，反对北约东扩，白美两国关系发生逆转并趋于恶化。1997年，美国以白"不尊重人权"为由，中断对白经济援助，宣布对白实施政治经济制裁，并停止高级官方往来；白方则关闭了在明斯克的美国"索罗斯基金会"。1998年，白美两国围绕"鹈鸟"外交官邸问题斗争剧烈，双方关系严重恶化。1999年，白俄罗斯政府多次表示要改善同美国的关系，虽然双方低级别往来有所增加，但美国拒不承认白俄罗斯1996年全民公决结果，不承认卢卡申科总统和国民会议的合法地位，要求白政府同反对派进行谈判，以进行自由、民主的议会选举。

2004年8月，美国参议员麦凯恩在一次新闻发布会上表示，美国计划使专政的白俄罗斯总统卢卡申科下台。他指出，推翻卢卡申科政权不会使用武力，而是要借助国际社会的压力。10 月 6 日，美国国会通过《白俄罗斯民主状况法案》。法案要求卢卡申科释放政治犯，撤回对反对派和独立记者的政治指控，提供详细的反对派人士和记者失踪情况说明，停止对独立媒体、独立工会、非政府组织和宗教组织、反对派的镇压以及根据欧安组织标准在白俄罗斯举行自由公正的总统和议会选举。在满足这些要求之前，美国政府不得向白俄罗斯提供任何贷款、信用担保、保险、融资或其他财政援助，美国派驻国际货币基金组织、世界银行和其他国际组织的代表也受命投票反对对白俄罗斯的任何援助计划。同时，美国总统和国会还共同负责该法案的实施，并加强与其他国家，特别是欧洲国家的合作，共同对白实施制裁措施，直至"美国总统确认白俄罗斯政府在民主方面已出现明显的进步"。10 月 21 日，美国时任总统布什签署《白俄罗斯民主状况法案》，对白俄罗斯的经济制裁正式生效。在对卢卡申科政权进行制裁和打压的同时，美国还有针对性地扩大了"美国之音"电台对白俄罗斯的广播。面对美国制裁，白方表现强硬。10 月 18 日，白情报部门逮捕了在白国内活动的美国人伊利亚·马弗德尔，原因是"反对派的各种信息中心都是由马弗德尔资助的"。

2006 年 3 月白俄罗斯举行总统选举，卢卡申科第三次出任白总统，美国白宫发言人在新闻发布会上表示，白总统选举存在舞弊和侵犯人权现象，美国拒绝接受白俄罗斯总统选举结果。2006 年 6 月和 2007 年 11 月，美国以总统选举存在舞弊以及侵犯人权为由两度宣布对白实施经济制裁，其中包括冻结白俄罗斯总统卢卡申科在美国的个人资产，以及冻结白俄罗斯石油化工康采恩在美国管理下的所有资产。作为对美国制裁的回应，白决定从 2007 年 12 月 20 日开始以欧元作为向欧洲出口能源及石化产品的结算货币，并开始考虑以卢布作为从俄罗斯进口石油的结算货币。卢卡申科强调，若美国扩大对白俄罗斯的经济制裁，白将立即在政治、经济等各领域对美国进行"最严厉的"回击，美国驻白大使将首先被驱逐出境。

2008 年 3 月初，美国发布执行先前经济制裁决定的细则，白美关系进一步恶化。3 月 7 日白俄罗斯召回驻美大使并迫使美驻白大使卡伦·斯图尔特于 12 日离开白俄罗斯。随后白将其驻美外交人员减少到 7 人，并要求美国采取对等行动。3 月 19 日，美驻白大使馆宣布暂停为白俄罗斯公民办理赴美签证。5 月，美国财政部再次以白俄罗斯破坏人权为由，宣布对白一家大型石油化工企业的 3 家重要合作公司及有关人员实施经济制裁。

2009～2010 年，白美关系出现缓和迹象。2009 年 6 月和 2010 年 10 月，美国国会代表团对白俄罗斯进行了正式访问，并与卢卡申科进行了会谈。2010 年 12 月，白俄罗斯外交部部长和美国国务卿举行近年来的首次会谈，双方通过了关于白俄罗斯和美国在核安全和核不扩散领域合作的联合声明，并在声明里表示将把两国关系提升到新水平。同时，两国在国际组织中的合作以及在打击国际恐怖主义方面的合作也将有所加强。

2010 年 12 月卢卡申科第四次赢得总统选举，美国以选举存在"舞弊"行为和卢卡申科对反对派进行"打压"为由继续对白实施政治经济制裁。8 月，美宣布对白俄罗斯国家石油和化工康采恩旗下的 4 家企业实施制裁，白外交部发言人回应说白俄罗斯保留对美国实行报复性制裁措施的权利。

从 2013 年开始，白俄罗斯对美政策表现出积极的一面，两国外交部层面的伙伴合作有所增强，两国执法机构在预防高科技犯罪、打击非法精神药物和网上儿童色情制品传播、打击人口贩卖等领域进行了积极有效的合作。合作领域还扩展至医疗保健领域。2013 年美方为白俄罗斯专家组织了有关医疗机构管理的培训课程，共同研究医疗机构管理的先进经验。2014 年 2 月白俄罗斯肿瘤学家和心脏病学专家访问美国进行学习交流。两国签署了许多关于医疗行业合作的协议。2014 年 9 月，在白俄罗斯开办了一家非营利性信息教育机构"制度发展"（Информационно-просветительское учреждение "Институционального развития"），其主要目标是促进加强白俄罗斯与美国之间的对话和伙伴关系。2014 年 9 月，第一届白俄罗斯 - 美国投资论坛在美国举行，率团参加此次论坛的白总理米亚斯尼科维奇表示，白拟扩大在美金融市场上的合作。2014 年 9 月，包括美国国际发展署、国防部和国务院官员在内的美国政府跨部门代表团访问白俄罗斯。美国积极评价白在克里米亚问题上的立场，称美国对白的立场会有所改变，双边关系有望改善。

之后，白美关系逐步走向正常化，白方与美国政府之间的接触层次和接触频率均有所提高。2015 年 2 月 27 日，美国副助理国务卿埃里克·鲁宾访问白俄罗斯，卢卡申科和白俄罗斯外交部部长弗拉基米尔·马克伊与其会谈，双方讨论了白美关系中存在的现实问题，并希望进一步发展双边关系。2015 年 3 月 18 日，白俄罗斯和美国签署了一项关于改进国际税收规则和对外国金融机构账户实施美国税收监管法律的政府间协议。2015 年 9 月，卢卡申科赴美参加联合国大会并与美国总统奥巴马进行了礼节性会面。从 2015 年 10 月开始美国暂停对白俄罗斯国家石油和化工康采恩及其旗下企业的制裁。2017 年 7 月，美国国会代表团访问白俄罗斯，出席欧安组织议会大会，其间卢卡申科与代表团成员举行了会谈。目前，两国在保证全球和地区安全、打击国际恐怖主义以及在国际组织中的合作日益扩大，特别是在防止非法转运核材料及放射性材料问题上进行了合作。白方希望在全球热点问题（打击人口贩卖、网络犯罪和麻醉品及精神药物的传播，保护核设施、防止大规模杀伤性武器扩散等）上全面扩大与美国的双边合作。

在经贸合作方面，美国是白俄罗斯重要的贸易伙伴之一。2018 年，白俄罗斯与美国的商品贸易额计 7.08 亿美元，其中对美出口额为 2.71 亿美元，自美进口额为 4.37 亿美元（见表 8 - 2），主要出口商品为钾肥和氮肥、黑色冶金产品、高精密设备和器具、家具、亚麻织物以及食品。2016 年美国对白经济部门投资共计 511 万美元，约有 400 家带有美国资本的合资和外资企业在白注册。

表 8 - 2　2000 ~ 2018 年白俄罗斯与美国商品贸易额

单位：亿美元

年份	2000	2005	2010	2015	2016	2017	2018
贸易总额	2.36	4.82	4.95	5.69	6.46	6.05	7.08
出口额	0.97	2.50	0.73	1.23	1.31	2.26	2.71
进口额	1.39	2.32	4.22	4.46	5.15	3.79	4.37
贸易差额	- 0.42	0.18	- 3.49	- 3.23	- 3.84	- 1.53	- 1.66

资料来源：Внешняя торговля Республики Беларусь, 2019, http：//www.belstat.gov.by/ofitsialnaya - statistika/publications/izdania/public_ compilation/index_ 14655/。

二　与欧盟的关系

白俄罗斯位于欧洲大陆不同地区重要交通和贸易路线的交会处，无论从地理、历史上看，还是从文化的角度看，它都是欧洲不可分割的一部分。白俄罗斯独立后始终重视发展与欧洲国家的关系，目前白与所有的欧洲国家均建立了外交关系，在 20 个欧洲国家开设了 26 个外交和领事机构，包括奥地利、保加利亚、比利时、匈牙利、英国、德国、意大利、拉脱维亚、立陶宛、荷兰、波兰、罗马尼亚、塞尔维亚、斯洛伐克、土耳其、法国、捷克、芬兰、瑞士和爱沙尼亚。

发展与欧盟的合作是白外交政策的重要方向。1991～1995 年，白俄罗斯与欧盟的关系发展较为顺利。在此期间，白俄罗斯不仅同德、法、英、意、奥等欧盟国家建立了合作伙伴关系，而且在政治、经济等领域签订了诸如贸易协定、经济合作协定以及交通、科技、文化、教育等一系列合作条约和协定。1995 年 3 月，白同欧盟签订伙伴合作协定，成为欧盟的合作伙伴国。同年加入欧洲经济委员会。

1996 年 11 月白俄罗斯全民公决后，因西欧国家同白俄罗斯在人权等问题上发生龃龉，双方关系趋于冷淡。欧盟单方面暂停批准伙伴合作协定并对白俄罗斯采取了一系列限制性措施，包括禁止双方高层接触、限制各领域的实际合作以及对一些白俄罗斯官员的签证进行限制。1997～2007 年，双方关系出现全面倒退：政治对话受限，法律基础建设止步不前；白俄罗斯被限制参加欧盟各项计划，特别是"欧洲睦邻政策"计划。2004 年 9 月和 12 月，欧盟分别对 6 名白俄罗斯官员实行禁发签证措施。2006 年 4 月 6 日，欧洲议会通过一项决议，认为白俄罗斯 3 月份进行的总统选举不符合国际民主标准，呼吁禁止向对此负有责任的白中央和地方高级官员发放进入欧盟的签证，并建议冻结白俄罗斯政府在国外的账户，对与白一些官员有直接联系的公司和企业采取限制措施；10 日，欧盟决定对卢卡申科和另外 30 名行政、立法、司法和选举方面的白俄罗斯官员实行禁发签证的限制性措施。同年 5 月 18 日，欧盟发表声明，宣布冻结包括白俄罗斯总统卢卡申科在内的 36 名白高官在欧盟境内的资产。2007 年 6 月，由于未

履行国际劳工组织的建议，白被排除在欧盟一般特惠制度之外。

2008～2010年，白俄罗斯与欧盟就寻求关系正常化的方式进行了积极对话，双方僵冷的关系出现缓和迹象：3月白俄罗斯与欧洲委员会签订关于欧洲委员会在白开设代表处的协议；8月，白俄罗斯释放最后一批政治犯，同时允许国内销售独立报纸，作为回应，10月13日欧盟宣布暂停执行针对卢卡申科的入境禁令6个月，但将继续对白俄罗斯高官实施资产冻结。2009年年初，白总统卢卡申科在其国情咨文中表示，白对外政策的基本原则是全方位外交，强调白俄罗斯的外交任务是成为"连接东西方的桥梁"；4月，卢卡申科访问罗马，完成他数年来对西欧国家的首次访问；5月，白俄罗斯参加了欧盟与6个前苏联加盟共和国之间的"东部伙伴关系"会议，并签署白俄罗斯与欧盟委员会能源合作宣言①；12月，白俄罗斯外长出访奥地利。

2010年12月白俄罗斯举行总统选举，卢卡申科第四次当选白总统。因欧盟质疑此次选举结果并严厉谴责卢卡申科镇压反政府游行以及逮捕反对派成员的行为，双方关系再次恶化。2010年12月31日，白外交部发表声明，决定关闭欧洲安全与合作组织驻该国的代表处。

2011年白欧关系持续僵冷状态。1月31日，欧盟外长会议决定对白俄罗斯多名高官进行制裁，禁止包括总统卢卡申科在内的158名官员（3月21日增加到177名）进入欧盟境内，并冻结他们在欧盟国家的账户和资产，对白3家企业进行制裁，对白进行武器禁运；3月22日，白外交部宣布对欧美制裁采取反制措施，禁止多名欧盟和美国官员入境；9月，白宣布退出在华沙举行的"东部伙伴关系"峰会。

2012年白欧关系继续恶化。2月，欧盟以压制反对派为由对白实行进一步制裁，为此白宣布驱逐欧盟理事会驻白俄罗斯代表和波兰驻白大使，同时召回本国驻欧盟代表和驻波兰大使，欧盟随之宣布，各成员国召回驻

---

① 2019年5月7日，欧盟正式启动"东部伙伴关系计划"，该计划旨在提升欧盟与东邻国家间的合作关系，使其向欧盟靠拢，保证双方的能源安全。计划涉及的6个欧亚国家是乌克兰、白俄罗斯、格鲁吉亚、摩尔多瓦、亚美尼亚和阿塞拜疆。

白俄罗斯大使；3 月 23 日，欧盟委员会通过扩大对白俄罗斯制裁的决议，决议涉及 29 家白俄罗斯企业和 12 名白俄罗斯公民，白方称此举使白俄罗斯和欧盟双方"关系正常化及就敏感问题恢复对话"的前景更趋渺茫；4 月，白欧持续近两个月的外交风波暂时平息，欧盟大使陆续返回白俄罗斯，但双方政治关系并未改善；7 月初，欧安组织议会大会、欧洲议会和联合国人权理事会通过关于白俄罗斯的决议，要求白政府释放政治犯并恢复其权利；8 月，因瑞典一架民用飞机非法闯入白领空并空投带有标语的毛绒玩具一事，白俄罗斯与瑞典关系急剧恶化，两国互撤外交官，使馆停止正常工作，白欧关系再次处于紧张状态；10 月，欧盟理事会在卢森堡举行的会议上以"人权状况未得到改善"等问题为由，决定将对白俄罗斯的制裁措施延长至 2013 年 10 月 31 日，白方称此举将导致双方关系冻结，表示白俄罗斯不会屈从于西方压力，呼吁欧盟放弃强硬立场，通过对话改善双方关系。但 2012 年年底，白俄罗斯与欧盟机构及欧盟成员国之间官方代表的高层接触开始恢复。

2013 年，白俄罗斯在改善与欧盟关系方面表现出较为积极的态度。4 月 16 日，总统卢卡申科在接受立陶宛驻白大使递交国书时表示，白方希望在立陶宛 2013 年下半年担任欧盟主席国期间实现同欧盟关系正常化；4 月 19 日卢卡申科在发表年度国情咨文时再次表示白方准备改善同美国和欧盟国家的关系，希望实现同西方关系正常化，但欧盟仍以"人权状况未得到改善"为由继续对白实施制裁。2013 年 10 月，欧盟理事会发表声明表示将对白制裁再延长一年，至 2014 年 10 月底。

2013 年年底乌克兰危机爆发后，俄罗斯遭受美国等西方国家制裁，白俄罗斯出于自身利益的考虑，对欧盟采取了更加积极主动的外交政策，以改善双方关系，缓解因俄罗斯遭受制裁而对本国造成的经济压力。首先，在克里米亚入俄和乌克兰东部事件中保持中立，并积极为乌克兰东部危机提供调解平台，改善了白俄罗斯的国际形象。① 其次，积极参与欧盟

---

① 乌克兰危机爆发后，应时任乌总统波罗申科的请求，卢卡申科同意将白首都明斯克作为调解乌克兰危机的平台。2015 年 2 月，俄、德、法、乌四国在此签署有关处理乌克兰危机的《明斯克协议》，之后，明斯克成为乌克兰危机三方联络小组会议的长期举办地。

的"东部伙伴关系计划"。自 2009 年欧盟推出"东部伙伴关系计划"后，欧盟与"东部伙伴关系"国峰会便每两年举办一次。2011 年因白欧关系紧张，白宣布退出峰会。之后，随着国际国内局势的变化，白对"东部伙伴关系计划"的态度重新积极起来，分别于 2013 年、2015 年和 2017 年参加了在维尔纽斯、里加和布鲁塞尔举行的历届欧盟与"东部伙伴关系"国峰会，并积极参与计划框架内的诸多多边行动，包括倡议边境一体化管理，在经济和能源安全方面建立平台等。最后，赦免反对派人士，以缓和与欧美关系。从 2014 年开始，白政府陆续释放了一些持不同政见者和在 2010 年总统选举后被捕的反对派人士。2015 年 8 月白政府再次赦免 6 名被捕在狱的反对派人士，其中包括参加 2010 年总统选举的前总统候选人尼古拉·斯塔特克维奇。欧盟负责外交事务的官员表示，此次释放囚犯的举动标志着"欧盟和白俄罗斯的外交关系取得了重要的进步"。

对此，欧盟方面做出了积极回应。2015 年白总统大选结束，卢卡申科再次当选，欧盟不仅承认了选举结果，还表示此次选举过程完全符合国际法，并宣布将对白制裁暂停 4 个月。

2016 年白欧关系出现重大进展。2 月，欧盟表示近两年白俄罗斯积极参与欧盟"东部伙伴关系计划"，双方关系得以改善，欧盟对进一步发展双边关系持开放态度，同时宣布解除对白俄罗斯的大部分制裁，其中包括解除对卢卡申科等 170 名白俄罗斯人在欧盟的资产冻结和出入欧盟禁令，终止对 3 家白俄罗斯公司的经济制裁等；4 月，设立白俄罗斯－欧盟协调小组，为双方多领域合作提供了一个新的对话平台，白俄罗斯、欧洲委员会和欧洲对外活动局的代表均定期参加协调小组召开的会议；5 月，白俄罗斯和欧盟委员会首次在维也纳联合举办白俄罗斯投资论坛；8 月，欧盟恢复关于白俄罗斯加入世贸组织的谈判；9 月，在欧盟的支持下欧洲复兴开发银行批准了针对白俄罗斯的 2016～2019 年新战略，新战略规定欧洲复兴开发银行将与白国有部门进行合作（以前该银行只对白私人项目提供资助）。此外，欧盟驻白俄罗斯代表维克多琳表示，2016 年欧盟将对白项目的资金投入增加近一倍，达 2900 万欧元，主要包括三个优先发展领域：一是移民问题，二是白地区经济发展，三是对白技术援助。

2017 年白欧关系继续向好的方面发展。7 月，在欧盟支持下白俄罗斯首次举办欧安组织会议；8 月，欧盟批准了欧洲投资银行在白俄罗斯的工作，早先签署的白俄罗斯－欧洲投资银行框架协议生效，白准备在欧洲投资银行和欧洲复兴开发银行的资助下实施一些大型的基础设施项目；10 月，在卢森堡举办了白俄罗斯－欧洲经济论坛。

2018 年，白俄罗斯继续加强与欧盟的政治接触。欧盟委员会邻国政策和欧盟扩大谈判事务委员、欧盟委员会数字经济和社会事务委员以及欧盟委员会卫生和消费者保护事务委员分别出访白俄罗斯；白外交部部长马克伊也于 5 月 31 日至 6 月 1 日赴布鲁塞尔进行工作访问。目前，白俄罗斯与欧盟就 2017～2020 年伙伴关系优先事项进行谈判，具体包括国家的有效治理，经济发展和市场机会，交通通信、能源、气候和生态问题，以及人与人的接触问题。与欧盟简化签证协议的谈判工作也进入最后阶段。

在经贸合作方面，欧盟是白俄罗斯第二大经贸合作伙伴，欧盟市场是白俄罗斯产品最重要的出口目的地。过去十年中，白俄罗斯与欧盟之间的贸易额增长了 10 倍。2008 年全球经济危机前夕，白俄罗斯与欧盟的贸易额达 230 亿美元，其中白方出口额为 144 亿美元，进口额为 86 亿美元，与欧盟的贸易顺差为 58 亿美元。2009～2010 年，受全球经济危机影响白欧贸易额减少 30%。2010 年双方贸易额为 146 亿美元，其中白方出口额比 2008 年下降近 50%，只有 76 亿美元，与欧盟的贸易顺差缩减为 0.6 亿美元。2011 年，白欧贸易额恢复增长，并超过 2008 年的水平——贸易额达 242 亿美元，其中白方出口额为 157 亿美元，与欧盟的贸易顺差达 72 亿美元。2012 年白欧贸易额再创新高，达 269 亿美元，其中白方出口额为 176 亿美元，与欧盟的贸易顺差为 83 亿美元。2013 年，由于欧盟对白进行经济制裁，双方贸易出现下滑趋势。当年白欧贸易额同比下降 21.9%，为 210 亿美元，其中白方出口额同比下降 46.4%，为 105 亿美元，进口额同比增长 12.9%，为 105 亿美元。2016 年，欧盟取消了针对白俄罗斯的大部分制裁措施，并启动与白俄罗斯的一揽子经济合作计划。得益于与欧盟关系的回暖，2017 年白欧贸易重拾升势，双边贸易额升至 145 亿美元，2018 进一步升至 173.3 亿美元（见表 8 – 3）。目前，欧盟仍然是白仅次于俄罗斯的第二大贸易伙伴，白对欧盟出口额占其出口总额的 30% 左右，白俄罗斯在欧盟的主要出口伙伴包括英国、荷兰、德国、波兰、立陶宛、拉脱维亚、比利时和爱沙尼亚。[①]

表 8 – 3　2008 ～ 2018 年白俄罗斯与欧盟贸易数据

单位：十亿美元

年份	2008	2009	2010	2011	2012	2013	2014	2015	2016	2017	2018
贸易总额	23.0	15.9	14.6	24.2	26.9	21.0	20.2	14.4	11.2	14.5	17.33
出口额	14.4	9.3	7.6	15.7	17.6	10.5	10.8	8.6	5.7	7.8	10.18
进口额	8.6	6.6	7.0	8.5	9.3	10.5	9.4	5.8	5.5	6.7	7.15
差额	5.8	2.7	0.6	7.2	8.3	0	1.4	2.8	0.2	1.2	3.03

资料来源：http：//belgium. mfa. gov. by/ru/bel_ eu/economy/。

在投资合作上，欧盟国家是白俄罗斯重要的投资来源地。2017 年欧盟主要国家，包括奥地利、德国、塞浦路斯、拉脱维亚、立陶宛、荷兰和波兰对白俄罗斯实体经济的直接投资额共计 15.56 亿美元，约占白吸引外国直接投资总额的 20%。值得一提的是，2017 年脱欧的英国，当年对白实体经济的直接投资额为 24.56 亿美元，占白吸引直接投资总额的 32.2%。如果将两者加在一起，则欧盟国家和英国对白实体经济的直接投资额已超过俄罗斯，占 52.2%（俄罗斯为 37.3%）。[②] 2018 年，白俄罗斯吸引外资总额共计 108.42 亿美元，其中英国投资 27.9 亿美元，占白吸引外资总额的 25.7%，是白第二大外资来源国。欧盟国家投资约 24.9 亿美元，占白吸引外资总额的 23.0%，是白第三大外资来源地。塞浦路斯、

---

① 白欧贸易数据均源自白俄罗斯共和国驻比利时大使馆，http：//belgium. mfa. gov. by/ru/ bel_ eu/economy/。

② Статистический ежегодник Республики Беларусь. 2018г. https：//www. belstat. gov. by/ upload/iblock/0be/0becfeb4ff8551d54808f25ebc33ca51. pdf.

波兰、德国是欧盟对白投资最多的国家，分别为 8.48 亿美元、4.45 亿美元和 3.64 亿美元。①

第五节 与东欧邻国的关系

一 与乌克兰的关系

对白俄罗斯来说，乌克兰是仅次于俄罗斯的重要邻国，是白俄罗斯外交政策的重点国家之一。由于地理、历史和文化的相近性，发展双边关系对两国来说都很重要。1991 年 12 月 27 日两国建立外交关系，1993 年 10 月白俄罗斯驻乌克兰大使馆正式投入工作，至今两国已签署 210 多项双边国际条约和其他国际法律文件，其中规范双边政治和经济合作的基本文件是 1995 年 7 月 17 日签署的《乌克兰和白俄罗斯睦邻友好合作条约》和 1992 年 12 月 17 日签署的《乌克兰政府与白俄罗斯共和国政府关于自由贸易的协定》。

长期以来，两国经济关系的发展比政治关系更积极。2005～2017 年，乌克兰在白出口额中始终位列前三名，是白俄罗斯商品重要的出口市场，出口产品以石油产品和农产品为主。2017 年白乌贸易额达 45.9 亿美元，其中对乌出口额为 34 亿美元，占白对外出口总额的 11.5%，在白出口对象国中位列第二名。在乌克兰，白俄罗斯拥有由 100 多家公司组成的发达的出口商分销网络，包括在白俄罗斯经济中占有重要地位的白俄罗斯汽车制造厂、明斯克汽车制造厂、明斯克拖拉机厂等。此外，在乌克兰有 8 家两国联合装配厂，主要生产拖拉机、联合收割机、电梯设备、无轨电车等。2017 年 7 月 20 日，白总统卢卡申科访乌，两国总统商定将加强两国各领域合作，尤其是电力、石油天然气工业等能源领域合作，并尽快提高双边贸易额（至 50 亿美元）。

① Беларусь в цифрах. 2019 г. http：//www. belstat. gov. by/upload/iblock/cf4/cf4915a5e6ade2 69f20c0bf5a332a7a3. pdf.

得益于良好的经济关系，两国的政治关系也在稳定发展。2014 年乌克兰危机爆发，白俄罗斯最初采取偏向俄罗斯的政策：在原亲俄派总统亚努科维奇被罢免后，卢卡申科公开表明支持亚努科维奇政权；对克里米亚公投入俄一事表示默认；在联大有关"乌克兰领土完整"的决议投票中与俄罗斯一起投了反对票。这些事件使白乌关系一度恶化，但很快，出于经济和安全利益的考量，白调整了对乌政策。首先，在克里米亚入俄和乌克兰东部事件中保持中立。2014 年 10 月，白俄罗斯总统卢卡申科对俄罗斯地方媒体表示，白俄罗斯在俄罗斯与乌克兰围绕克里米亚问题的冲突中谨守中立立场。白俄罗斯不承认克里米亚是俄罗斯的一部分。同时他严厉谴责乌克兰东部冲突，批评乌东部民间武装，表示将对那些参加乌东部民间武装的白俄罗斯志愿者绳之以法。其次，为乌克兰危机的调解提供平台。在卢卡申科的倡议下，白俄罗斯首都明斯克成为调解乌克兰危机的重要地点。这里不仅举行过俄、乌、法、德四国领导人会晤，也是乌克兰危机三方联络小组（乌克兰、欧安组织、俄罗斯）会议的长期举办地。2015 年 2 月，德、俄、法、乌四国在明斯克签署了关于处理乌克兰危机的协议书。2017 年白乌两国总统进行了 3 次会晤，其间卢卡申科表示白方将一如既往地为解决乌东部冲突问题提供力所能及的支援，包括继续为乌克兰问题三方联络小组提供会议场地，并同乌方一道为顿巴斯难民提供人道主义援助。最后，与乌克兰新政权保持正常的政治经济交往。2014 年 6 月 7 日，波罗申科就任乌克兰新一届总统，卢卡申科出席了他的就职典礼。白俄罗斯外交部发表声明称，"白俄罗斯尊重乌克兰人民的选择，并准备与邻国开展进一步的建设性合作"。

二 与立陶宛的关系

争取和平与稳定是维护和加强白俄罗斯独立及其稳定发展的关键。因此，白俄罗斯在欧洲外交政策的目标是发展与立陶宛的互利、睦邻关系，缓解紧张和不信任，消除分界线，最终走向一个共同、强大和繁荣的欧洲。鉴于此，白俄罗斯始终把发展与立陶宛的关系作为其外交政策的优先方向之一，在睦邻和务实合作的原则基础上积极发展与立陶宛的关系。

1993～1997 年两国关系发展较快。1993 年 3 月 16 日，白俄罗斯时任总理克比奇访立，两国政府签署了贸易协定和经济合作协定。1995 年 2 月 6 日，两国总统签署睦邻友好合作条约。1997 年 9 月 5 日，卢卡申科访问立陶宛，参加民族共存和睦邻关系国际会议。同年，白立两国签订了边界协定，解决了划界问题。1996 年白俄罗斯全民公决后，一心要加入北约和欧盟的波罗的海三国，在白俄罗斯与西方国家关系僵化的情况下，疏远了同白俄罗斯的政治关系。在 1998 年 11 月 12 日两国总统举行会晤后，白俄罗斯与立陶宛的高层接触中断。2001 年，波罗的海三国公开支持白俄罗斯反对派，一定程度上影响了双方关系的发展。2004 年 3 月 29 日，波罗的海三国加入北约以及当日北约战斗机进驻立陶宛，使白俄罗斯国家安全面临"遭到威胁"的新形势，而立陶宛方面以欧洲国家的政策为导向，关闭了与白俄罗斯的政治对话，2000～2006 年两国外交机构基本没有接触。2007 年，欧盟在其邻国政策框架内启动了拉脱维亚－立陶宛－白俄罗斯合作计划，以此为契机，立陶宛对白俄罗斯的政策再次转入实用主义轨道。2008 年，立陶宛领导人与白俄罗斯官方进行了对话，并表示支持将白俄罗斯纳入欧盟"东部伙伴关系"倡议的提议；同年，两国成功完成边界划界工作。2009 年 9 月 16 日，白总统卢卡申科访问维尔纽斯，两国恢复元首会晤；同一天在立陶宛举行了"白俄罗斯经济、科学和文化日"以及白俄罗斯－立陶宛国际经济论坛"白俄罗斯和波罗的海国家：扩大合作的新机遇"开幕式。2010 年 10 月 20 日，立陶宛总统格里包斯凯特回访白俄罗斯，双方讨论了两国关系的发展动态、发展前景和其他问题。2010 年 12 月白俄罗斯举行总统选举，其结果使白俄罗斯与立陶宛的关系再次趋于冷淡，虽然立陶宛未对白俄罗斯实施孤立政策，但也暂停了一些联合项目。2013 年，随着欧盟对白制裁的逐步解除，白俄罗斯与立陶宛关系出现缓和。当年，白俄罗斯总理米亚斯尼科维奇和白俄罗斯外交部部长马克伊对立陶宛进行了工作访问，进行了两轮外交磋商。2014 年，两国政治关系发展趋于活跃：2 月底至 3 月初，白外交部部长访问维尔纽斯；7 月，立陶宛外交部部长回访明斯克。访问期间双方表示愿意就任何合作问题（包括"东部伙伴关系"方面的问题）进行对话。2014~2016年，两国外交接触更加频繁，地区合作发展较快。2015年3月，白俄罗斯在立陶宛的克莱佩达设立名誉领事馆。截至2016年，两国超过70个城市（地区）签署了合作协议。

相比政治关系，白俄罗斯与立陶宛的经贸合作关系发展得更充分。立陶宛是白俄罗斯的重要经济伙伴之一，在白外贸总额方面排名第8位，在白出口额方面排名第7位。2011年两国商品贸易总额为11.54亿美元，占白对外贸易总额（服务贸易额除外）的1.3%，2015年该比重升至2.2%，2018年为2.1%。2018年两国贸易额为15.17亿美元，比2017年增长29.7%。其中出口11.6亿美元，同比增长36.3%，进口3.57亿美元，同比增长12%。白向立出口的商品种类多样，2018年达642项，主要出口产品是石化复合产品（石油产品、乙烯聚合物）、肥料、黑色金属（非合金钢棒、线材）、木材和木制品、动植物油脂、设备。白俄罗斯从立陶宛进口的商品主要是锅炉、机械设备、塑料及其制品、电气设备以及纸张和纸板。在投资合作方面，立陶宛是白俄罗斯经济的十大投资国之一。2018年在对白投资国中排名第7位，在欧盟国家中排名第4位。2014~2018年，立陶宛每年对白经济领域的投资额均超过1.5亿美元。2018年立陶宛共向白投资1.97亿美元，其中直接投资1.66亿美元。投资领域集中在建筑、零售贸易、木材加工、农业和交通物流网络建设方面。截至2018年，在白俄罗斯境内有600多家立资企业，而在立陶宛约有250家白资企业。①

三 与拉脱维亚的关系

发展与拉脱维亚的合作关系也是白俄罗斯外交政策的优先方向之一。白俄罗斯致力于加强与拉脱维亚共和国的睦邻关系，开展政治、经济、科学、技术、文化、教育、环境和其他领域的合作。两国于1991年12月16日签署睦邻关系原则宣言，1992年4月7日正式确立外交关系。1993

---

① http://lithuania.mfa.gov.by/ru/bilateral_ relations/trade_ economic/.

年两国分别在对方国家开设大使馆，1994 年在拉脱维亚的道加瓦皮尔斯和白俄罗斯的维捷布斯克开设总领事馆。1994 年、1995 年和 2009 年拉脱维亚总理曾访问白俄罗斯，1998 年、2001 年、2008 年和 2010 年白总理访问了拉脱维亚。2010 年白俄罗斯总统选举后两国关系发展停滞，2014 年随着欧盟与白俄罗斯关系的缓和，两国各层级的交往亦开始恢复。2016 年 11 月白总理 A. 科比亚科夫访问拉脱维亚，参加"16＋1"成员国首脑会议；2018 年 2 月拉脱维亚总理对白俄罗斯进行工作访问。2014～2018 年，两国外交机构之间的互动明显增多；2014 年 2 月、2016 年 7 月和 2018 年 7 月白外交部部长对拉进行工作访问；2015 年两国外交部部长分别在明斯克和里加举行了会晤；2017 年 7 月拉外交部部长对白俄罗斯进行工作访问。双方磋商的主题包括政治、领事和法律问题，泛欧合作和东方伙伴关系，国际组织内部的安全和互动，欧亚一体化问题，与亚洲国家的合作以及参与"16＋1"和"南北"运输走廊问题。在议会层面，2016 年 5 月两国议会就安全问题进行了磋商，白俄罗斯国民会议代表院常务委员会主席参加了此次磋商；2017 年白俄罗斯国民会议共和国院副主席访问拉脱维亚，拉脱维亚议会副主席访问了白俄罗斯；2018 年 7 月，由国防、内部事务和反腐败委员会主席率领的拉脱维亚议会代表团访问白俄罗斯，其间代表团与白俄罗斯国民会议代表院及其国家安全常务委员会领导人进行了正式会晤。此外，两国其他部委（经济部、交通部、信息部、农业部、环境保护部、卫生部、旅游部、文化部、内务部以及边防和海关处、中央银行等）的接触也十分频繁。2016 年 12 月白俄罗斯国防部部长首次对拉脱维亚进行正式访问；2017 年 12 月拉脱维亚国防部部长回访白俄罗斯，双方签署了国防部合作协议以及交换航空器飞行信息的协议，目前两国正在实施开展双边合作的年度计划；2018 年 9 月，白俄罗斯武装部队总司令、国防部第一副部长首次对拉脱维亚进行正式访问。在地区交往方面，两国签署了 60 多个友好城市和伙伴合作协定，举行了三次友好城市和合作伙伴会议，加强了两国首都行政管理部门之间的工作联系，实施了 2015～2017 年合作计划。两国还在欧盟的倡议和方案框架内进行互动，包括"东部伙伴关系"、"拉脱维亚－立陶宛－白俄罗斯"跨国合作

计划和欧洲 "湖区" 方案等。两国重点关注的联合项目是改善边境和海关基础设施、协调数字市场、生态保护、提高能源效率和区域发展等。截至 2018 年，两国已在各领域签署了约 60 项国际条约和文件。

在经贸合作方面，拉脱维亚是白俄罗斯的重要贸易伙伴和投资者，也是白俄罗斯向第三国出口的主要过境通道。2014～2018 年，两国贸易额整体呈下降趋势，从 2014 年的 6.52 亿美元降至 2016 年的 3.4 亿美元，2018 年升至 5.83 亿美元，比 2017 年增长 32.9%，其中出口 4.86 亿美元（同比增长 38.8%），进口 9710 万美元（同比增长 9.7%）。白俄罗斯对拉脱维亚的主要出口产品包括林业产品和工业用木材加工品、石油产品、石化产品、金属制品、肥料、绝缘电线和电缆、建筑材料和烈性酒。拉脱维亚向白俄罗斯出口的商品主要有药品、设备、食品、纺织和塑料制品。2018 年，拉脱维亚向白经济领域投资 1.075 亿美元，比 2017 年减少 14.3%。目前，在白俄罗斯的拉资企业有 585 家，涉及贸易、服务、木材加工、制药、食品加工等领域。过境运输是白俄罗斯与拉脱维亚合作的战略方向，木材加工、制药、食品生产和旅游业则是双方有前景的合作领域。

四　与波兰的关系

波兰是白俄罗斯 5 个邻国之一，是白俄罗斯对东欧外交优先发展的重点国家。白俄罗斯独立初期，两国高层往来频繁，双方关系较为密切。1996 年白俄罗斯全民公决后，以加入北约、欧盟和回归欧洲为目标的波兰，在欧美西方国家与白俄罗斯关系僵冷的情况下疏远了与白俄罗斯的关系，并在政治上产生摩擦。1999 年，波、匈、捷 3 国加入北约，北约东扩至白俄罗斯边境，对白国家安全 "构成威胁"，白俄罗斯抨击北约东扩是 "侵略性的"，坚决反对北约东扩。围绕北约东扩问题，白波发生龃龉。2001 年，已加入北约的波兰公开支持白俄罗斯反对派，一定程度上影响了双方关系的发展。2004 年，随着波兰加入欧盟，波兰与白俄罗斯之间建立了签证制度。2005 年，因白国内最大的民间团体——白俄罗斯波兰裔联盟选举一事，两国关系急剧恶化。白官方指责波兰操纵该联盟选举，目的是要在白俄罗斯策划 "颜色革命"，而波兰则指责白俄罗斯在选举中侵犯人权。两国相互驱逐外交官，波兰外交部甚至召回了波兰驻白俄罗斯大使。2006 年白波关系持续恶化，波兰一些官员对白俄罗斯 3 月进行的总统选举发表否定言论，白俄罗斯则拘捕了一些参与白反对派集会的波兰公民，3 月 31 日白俄罗斯临时召回白驻波兰大使拉图什科，以就近来恶化的两国关系进行磋商。2009 年，波兰宣布单方面对一批白俄罗斯官员实施制裁，指责他们迫害白俄罗斯波兰裔联盟成员。2010 年白俄罗斯总统选举后，两国关系进一步恶化。2011 年年初，波兰抗议白官方迫害反对派并镇压群众游行，禁止白总统卢卡申科和其他一部分官员入境波兰，白方则指责波兰和德国参与组织了 2010 年 12 月 19 日在明斯克发生的抗议活动。2012 年 2 月 28 日，白俄罗斯宣布驱逐欧盟驻白俄罗斯代表和波兰驻白俄罗斯大使，同时召回本国驻欧盟代表和驻波兰大使，以抗议欧盟对白俄罗斯的新一轮制裁。1996～2012 年白俄罗斯与波兰之间的这种僵冷政治关系在 2013 年被打破。2013 年欧盟与白俄罗斯恢复了对话。2014 年乌克兰危机后白俄罗斯与欧盟及美国的关系进一步缓和，明斯克与华沙之间也开始了频繁的对话与谈判，两国关系开始改善。2013 年，白俄罗斯外交部部长访问了华沙；两国共同召开了"白俄罗斯－华沙睦邻论坛"、白俄罗斯－波兰联合政府间经济合作委员会会议（华沙）和"白俄罗斯－波兰投资论坛"（明斯克），白俄罗斯和波兰副总理在这些论坛和会议期间进行了两次会谈。2015 年 5 月波兰举行新一届总统选举，波兰议会最大的反对党——法律与公正党总统候选人安杰伊·杜达胜选，随后组成的保守派政府将实施新型的外交政策（包括对白俄罗斯关系的实用主义）作为政府工作的优先事项之一，两国各层级的官方接触有所增多。2016 年，白波高层重启对话，两国关系进入新的发展阶段：3 月 22～23 日，波兰外交部部长瓦什奇科夫斯基访问白俄罗斯，这是继 2010 年 11 月上一任波兰外长访白后波兰外长首次出访白俄罗斯；10 月，白俄罗斯外长马克伊回访华沙，并受到波兰总统杜达的接见；同月，波兰副总理、经济发展部部长莫拉维茨基访问明斯克；12 月，波兰参议长斯坦尼斯拉夫·卡尔切夫斯基出访白俄罗斯，称波兰希望白俄罗斯和欧盟关系能够正常化，愿做二者之间的桥梁。他表示此次出访明斯克是双方坚定而长久合作的开端，波兰会和白俄罗斯保持对话，以消除两国间的误解。2017年3月2日，两国总统在庆祝白波建交25周年之际交换了议定书信息。2019年2月，白俄罗斯国民会议主席对波兰进行首次访问。两国还建立了若干双边政府间合作机制，如经济合作委员会、跨界委员会、文化和历史遗产委员会等。两国外交部之间也确立了定期磋商机制。

作为近邻，尽管白俄罗斯与波兰在很长一段时间内政治关系发展停滞，但两国在经贸合作方面有着良好的经验。2011～2018年白波贸易额总体在20亿美元和25亿美元之间波动。2018年达创纪录的25.5亿美元，其中白对波出口额超过13亿美元，自波进口额为12亿美元，首次实现贸易顺差。波兰成为白俄罗斯第六大贸易伙伴国。同年，波兰对白经济领域投资共计4.45亿美元，在对白投资国中排名第5位，主要投资领域包括建筑和建材生产、家具制造、农产品加工、铁路基础设施建设和银行业。目前，在白俄罗斯注册的含有波兰资本的企业共计330家，其中有200家是合资企业。白俄罗斯政府十分关注与波兰的经贸合作，两国在经贸合作方面有很大的发展潜力。

第六节　与中国的关系

一　政治关系

发展同中国的关系是白俄罗斯对外政策的优先方向。双方建立了高层定期互访机制，高层往来密切。同时，两国积极进行议会间对话，国家机构间的关系也得到迅速发展。从白方看，白俄罗斯总统卢卡申科分别在1995年、1997年、2001年、2005年、2008年、2010年、2013年和2016年访问了中国。白俄罗斯总理分别在1996年、2014年，第一副总理分别在2007年、2010年，国民会议代表院主席分别在1998年、2005年和2009年，国民会议共和国院主席在2002年访问中国。从中方看，江泽民主席（2001年），习近平主席（2015年），全国人民代表大会常务委员会委员长李鹏（2000年）和吴邦国（2011年），胡锦涛副主席（2000年），

习近平副主席（2010 年），国务院总理李鹏（1995 年）和温家宝（2007
年），国务院副总理李岚清、吴邦国和回良玉（1995 年、1996 年和 2009
年），中共中央政治局常委刘云山（2013 年）均出访过白俄罗斯，全国人
民代表大会常务委员会副委员长曾六次访问白俄罗斯。

2005 年 12 月，白俄罗斯总统卢卡申科对中国进行国事访问。访问期
间，两国元首共同签署了《中华人民共和国和白俄罗斯共和国联合声
明》，宣布中白关系进入全面发展和战略合作的新阶段。同时两国还签署
了经济技术合作等方面的 12 项文件。

2007 年 11 月，时任中国国务院总理温家宝对白俄罗斯进行正式访问，其
间双方签署了一系列双边合作文件，并就以下问题达成共识。第一，保持高
层及其他各层次的交往。及时就双边关系等重大问题交换意见，加深相互理
解与信任，协调立场，维护共同利益。第二，扩大经贸合作规模，提升经贸
合作水平。进一步相互开放市场，采取切实措施鼓励扩大相互投资，为企业
投资兴业提供便利；完善贸易结构，提高高附加值和高科技产品在双边贸易
中的比重；推动大项目合作，确保电信、电力等重点合作项目的实施；建立
机制，及时解决双方经贸关系中出现的问题。第三，加强科技合作。支持两
国企业和科研机构联合生产、联合开发、共同开拓市场。中方 2008 年在白举
办"中国科技日"暨科技成果展，白方适时在华举办类似活动。第四，扩大
地方合作。进一步活跃地方交往，鼓励两国有关省州建立结对伙伴关系。第
五，加强人文交流。促进教育、文化交流与合作，鼓励互派留学生，互办大
型文化活动，尽快启动白俄罗斯国立大学孔子学院项目。第六，密切双方在
国际和地区事务中的配合。加强在联合国、反恐、人权、防扩散等问题上的
沟通与协调，共同促进世界和地区和平、稳定与发展。

2013 年 7 月，白总统卢卡申科对中国进行国事访问，其间两国元首
共同签署《中华人民共和国和白俄罗斯共和国关于建立全面战略伙伴关
系的联合声明》，并制定相关发展规划，进一步提升两国合作水平。双方
商定，在政治上继续相互支持。坚定支持对方核心利益和重大关切，坚定
支持对方根据本国国情选择的政治社会制度和发展道路以及支持对方发展
振兴；保持密切高层交往，交流治国理政经验。在经济上全面深化合作。

统筹规划基础设施建设、机械制造、通信、建材、能源、化工、金融等领域的合作，扎实推进大项目；优化贸易结构，加强高附加值和高新技术产品贸易，促进双边贸易平衡增长；扩大相互投资，办好合资企业和中白工业园。在文化上，深入交流互鉴，推动地方交往。在国际事务上加强协调配合，共同维护《联合国宪章》宗旨和原则，维护二战胜利成果，推动世界多极化和国际关系民主化，促进世界和平、稳定和繁荣。

2014 年 1 月，白俄罗斯总理访华，双方签署了《白中全面战略伙伴关系发展规划（2014～2018 年）》及 30 多份双边多领域合作文件，确定了一系列合作优先方向。同年，双方达成建立两国副总理级合作委员会的共识，建立白俄罗斯 – 中国政府间合作委员会。该委员会是落实双边协议的重要机制，包括 5 个分委会，即经贸合作分委会、科技合作分委会、安全合作分委会、教育合作分委会和文化合作分委会。委员会每两年举行一次会议：首届白俄罗斯 – 中国政府间合作委员会于 2014 年 9 月在北京召开，第二次会议于 2016 年 8 月在明斯克召开，2018 年 11 月在北京召开了第三次会议。委员会主席由两国共同担任，并每年定期举行一次会晤。

2015 年 5 月，习近平主席出访白俄罗斯。两国元首共同签署《中华人民共和国和白俄罗斯共和国友好合作条约》和《中华人民共和国和白俄罗斯共和国关于进一步发展和深化全面战略伙伴关系的联合声明》，同时还签署了包括 50 多项协议的一揽子双边合作文件。2015 年 8 月，白俄罗斯开始实施关于发展白中双边关系的第 5 号总统令，该总统令确立了与中国发展全面战略伙伴关系的优先地位。

2016 年 9 月，白俄罗斯总统卢卡申科访华，两国元首签署《中华人民共和国和白俄罗斯共和国关于建立相互信任、合作共赢的全面战略伙伴关系的联合声明》，表示发展两国"全天候友谊"，并见证了外交、经贸、投资、教育、科技、金融、农业、旅游、"一带一路"建设等领域双边合作文件的签署。

2017 年 5 月，卢卡申科总统来华出席"一带一路"国际合作高峰论坛，与习近平主席进行了会谈。

2018 年 6 月，卢卡申科总统来华出席上海合作组织青岛峰会，习近平主席再次与其会见。

两国议会间合作也富有成效。在白俄罗斯国民会议和中国全国人民代表大会中设立了合作工作组，负责议会间的合作事宜。2017 年 4 月，全国人大常委会委员长张德江应白俄罗斯国民会议共和国院主席米亚斯尼科维奇和代表院主席安德烈琴科邀请对白俄罗斯进行正式访问；白俄罗斯议员也定期参加"北京人权论坛"活动。

在安全合作领域，2016～2017 年双方进行了一系列互访：中共中央政治局委员、中共中央政法委书记孟建柱，中华人民共和国最高检察院检察长曹建民，中华人民共和国国务委员、公安部部长郭声琨分别出访白俄罗斯；白俄罗斯安全会议国务秘书 C.B. 扎西，白俄罗斯内务部部长 И.A. 舒涅维奇，白俄罗斯总统办公厅副主任 B.B. 米茨科维奇，白俄罗斯国家安全委员会第一副主席 И.П. 谢尔盖延科，白俄罗斯国防部第一副部长 O.A. 别洛科涅夫分别访华。白俄罗斯总统办公厅和中国共产党中央委员会之间建立了有效的互动和经验交流机制：白总统办公厅领导人、中共中央国际合作局及其他党的领导机构会定期互访。

在国际组织（联合国、上海合作组织、亚洲相互协作与信任措施会议）框架内两国相互支持、积极互动。2015 年白俄罗斯成为上海合作组织观察员国，2016 年作为观察员受邀参加了"16＋1"峰会。

目前两国签署了 80 个国际条约，包括 40 个国家间和政府间条约。现行的双边条约涉及领域广泛，包括建立外交关系，经贸合作，避免双重征税，投资保护，在科技、教育、文艺、旅游、航空、卫生、军事技术领域的合作，提供民事、刑事的法律援助，保护知识产权，免签证出行，以及中国向白俄罗斯提供贷款协议和无偿援助协议等。

二　地区合作

白中地区合作是双方各领域合作中的重要组成部分。近年来，两国地区合作蓬勃发展，已签署了 20 多份地区友好合作协议，中国实现了对白俄罗斯 6 州和 1 个州级市地方合作的全覆盖（见表 8-4）。

表 8-4　白中地区合作及合作类型

白俄罗斯	中国	合作类型
布列斯特州	湖北省	姊妹关系
维捷布斯克州	黑龙江省	合作协议
	山东省	合作协议
戈梅利州	内蒙古自治区	经贸、科技和文化合作协议
格罗德诺州	甘肃省	姊妹关系 工业、农业、矿物开采和加工、科学技术、文化、教育、卫生、体育与旅游领域长期合作协议
明斯克州	重庆市	经贸、科技与文化合作协议
	广东省	合作与交流备忘录 友好关系
莫吉廖夫州	河南省	合作协议
	江苏省	友好合作备忘录
明斯克市	长春市	姊妹关系
	北京市	友好交流与经贸、科技、文化合作协议
布列斯特市	孝感市	姊妹关系 经济发展、科技交流与合作协议
维捷布斯克市	哈尔滨市	姊妹关系
	济南市	合作协议
	威海市	合作协议
戈梅利市	淮安市	姊妹关系
莫吉廖夫市	洛阳市	姊妹关系
	郑州市	姊妹关系
巴拉诺维奇市	赤壁市	姊妹关系
明斯克市莫斯科夫斯基区	青岛市崂山区	姊妹关系
明斯克市扎沃茨科伊区	大连市金州区	姊妹关系
明斯克州鲍里索夫区	黑龙江省望奎县	合作协议
斯卢茨克市	武威市	友好关系
博布鲁伊斯克市	绍兴市	合作协议
鲍里索夫市	本溪市	合作协议

资料来源：http：//china. mfa. gov. by/zh/bilateral_ reregional/。

三 科技、教育及文化合作

白俄罗斯与中国建交不久便签署了科技合作协议，将科技合作作为优先发展的合作领域。两国为科技合作奠定了较为坚实的基础，包括签署《白俄罗斯政府与中国政府科学技术合作协定》《白中两国政府关于成立中白高科技合作委员会协议》《白俄罗斯国家科技委员会与中国科学技术部关于创新领域合作谅解备忘录》《白俄罗斯技术转让中心与中国科技交流中心合作协议》《白俄罗斯国家科学院同中国科学院科技合作协议》《白俄罗斯教育部和中国国家外国专家局关于人才培训、进修和再培训合作协议》，制定《白俄罗斯国家科学院和中国科学院关于发展科技合作规划》。近年来，得益于两国共建"一带一路"，双方科技合作快速发展，不仅定期在两国举行科技日、互相邀请参加专业展会，还建立了科技合作中心，并完善交流机制。2012 年 5 月，在白中政府科技合作委员会会议期间，双方约定 2012～2014 年落实 18 项国家级共同科技项目，总金额约为 1000 万美元。同时还签署了十几个有关双面技术和民用研究的协议，涉及物理学、化学、纳米技术、激光技术、新材料、农工综合体等领域的研究。2015 年两国科技合作项目为 20 个，2017 年增至 28 个。两国在无线电、电子学、纳米材料、石墨烯等新材料及基因工程等领域开展了广泛合作。

白俄罗斯与中国主要省市的合作是促进双方科技交流的重要方式。目前，白俄罗斯国家科技委员会、白俄罗斯国家学院与黑龙江省、吉林省、山东省、河北省、河南省、广东省、宁夏回族自治区、内蒙古自治区、北京市、天津市、哈尔滨市、上海市、长春市等地区科技委员会、区域学院及其他机构都签订了科技交流合作协议。2013 年，在南京理工大学基础上成立了白俄罗斯 - 中国"真空等离子体技术"国际科学实验室（简称 CBSL）。2014 年 1 月，白俄罗斯国家科学院物理研究所和山东省科学院海洋仪器仪表研究所签订"白中海洋光电和激光技术联合实验室"共建协议，约定共建实验平台进行相关研究。此外，在白俄罗斯理工大学"Politechnic"科技园基础上创建了白俄罗斯同中国各省的科技合作中心。

白俄罗斯国家科技委员会与山东省、河南省、广东省、吉林省（长春市）、黑龙江省（哈尔滨市）政府及科学院正在落实关于创建科技合作中心的协议。

在教育合作领域，从 1998 年开始，在白俄罗斯国立大学、明斯克国立语言大学及各州立大学陆续开设了中文翻译专业、中文和中国文化专业和中文教师专业。2006 年 11 月，时任白俄罗斯驻华大使托济克代表白方与中国国家汉办签署汉语教学合作协议。此后，在中国国家汉办及有关高校的帮助支持下，白方相关大学先后成立了四所孔子学院和多所孔子课堂（每所孔子学院有学生 200～250 名），致力于汉语教学、汉学人才培养和中国文化传播。同时，白俄罗斯在一些中小学也设立了汉语课，有些中小学还将汉语作为第一外语进行教学。2016 年，白俄罗斯学习汉语的中学生已经有 1600 多人，为了满足将汉语作为第一外语的学生的考试需求，白俄罗斯教育部已于 2016 年将汉语列为高考外语科目之一。为了适应中白两国合作和民众学习汉语的需求，2017 年白教育部制定了未来 5 年汉语教学发展战略，计划将在白每个州的相关中小学把汉语作为外语必修课来学习，并逐步在其他学校推广汉语教学，5 年后使本国学习汉语的中小学生数量提高到 4000 人。2019 年白俄罗斯在华启动"教育年"活动，在"教育年"框架内双方将持续加强在教育领域的交流合作，双向联动、互利共赢，推动两国在教育、科研和人才培养等方面的合作。

在文化合作领域，主要的合作方式是互相举办国家文化节。根据两国文化部的合作协议，从 1999 年起两国在互利互惠基础上轮流举办文化节。2013 年 6 月，白中两国图书馆、摄影机构及作家协会之间签署了一系列合作协议。2013 年 9 月，白俄罗斯国家广播电视公司和中国中央电视台签署合作协议。2015 年 4 月，白俄罗斯新闻工作者协会代表应中华全国新闻工作者协会的邀请来华访问，其间两国协会签署了合作条约。2016 年中国文化中心在白落成、2017 年白俄罗斯文化中心在华揭牌，成为双方文化交流的标志性事件。2018 年白俄罗斯在华成功举办"旅游年"活动。当年 6 月，双方签署互免持普通护照人员签证的协定，这一举措有力地推动了中白旅游合作，极大地促进了两国人员往来。

大事纪年

公元前 10 万~前 3.5 万年	白俄罗斯境内出现原始人。
公元前 2.6 万~前 2.3 万年	在戈梅利地区出现最古老的人类定居点，在其他地区也发现了史前文化遗迹。
公元前 5~7 世纪	白俄罗斯境内出现斯拉夫人。
公元 8~9 世纪	东斯拉夫克里维奇部落、德列哥维奇部落和拉迪米奇部落大规模迁至白俄罗斯境内。
862 年	第一次在编年史中提到波洛茨克城和波洛茨克公国（位于现在维捷布斯克州境内及明斯克州北部）。
974 年	第一次在编年史中提到维捷布斯克。
980 年	诺夫哥罗德王公弗拉基米尔夺取波洛茨克。
988 年	基辅罗斯接受基督教。
992 年	在波洛茨克建立教区。
1019 年	在编年史中首次提到布列斯特。
1021 年	波洛茨克王公布里亚奇斯拉夫·伊贾斯拉维奇远征诺夫哥罗德。
1044~1066 年	在波洛茨克建设圣索菲亚大教堂。该教堂象征着波洛茨克公国的独立及其与基辅和诺夫哥罗德意识形态和宗教的统一。

1066 年	波洛茨克王公弗谢斯拉夫远征诺夫哥罗德。
1068 年	因选举弗谢斯拉夫为基辅大公在基辅发生人民起义。
11～12 世纪	明斯克、格罗德诺、维捷布斯克、平斯克等城市出现，城市手工业和商业开始发展。
1206 年	波洛茨克大公弗拉基米尔远征里加。
1210 年	波洛茨克大公弗拉基米尔和里加主教阿里别尔特签订合约。
1240 年	立陶宛大公国建立。塔塔尔蒙古人攻陷基辅。
13 世纪	在现在的白俄罗斯东北部和东部地区（这些地区被蒙古人征服且不受立陶宛大公国统治）出现"白俄罗斯"这一称谓。
13～14 世纪	封建割据时期。这一时期东正教被定为国教并逐步取代多神教。
14～16 世纪	白俄罗斯民族以及带有语音和词法特点的白俄罗斯语形成。
1323 年	立陶宛大公国首都迁至维尔诺（即维尔纽斯）。
1432～1436 年	立陶宛大公国爆发内战。
1500～1503 年	莫斯科公国与立陶宛大公国之间爆发战争。
1507～1508 年	莫斯科公国与立陶宛大公国之间爆发战争。
1512～1522 年	莫斯科公国与立陶宛大公国之间爆发战争。
1517～1519 年	斯科林纳将《圣经》翻译成白俄罗斯语并在布拉格出版。
1557 年	立陶宛大公国开始进行土地改革。
1558～1583 年	利沃尼亚战争。
1563 年	波洛茨克伊万四世的军队占领白俄罗斯

	其他一些城市。
1565 年	立陶宛大公国进行行政区划和司法改革。
1569 年	立陶宛大公国与波兰王国签订卢布林协议，两国正式结盟，被称为波兰立陶宛王国，又称波兰立陶宛联邦。
1596 年	在哥萨克首领 C. Наливайко 的领导下，白俄罗斯爆发大规模的反封建人民运动。
1648 ~ 1651 年	白俄罗斯爆发哥萨克农民反封建运动和白俄罗斯民族解放战争。
1654 ~ 1667 年	俄罗斯与波兰立陶宛王国之间爆发战争。
1772 年	第一次瓜分波兰立陶宛王国，白俄罗斯东部地区被划入俄罗斯。设立白俄罗斯总督。
1793 年	第二次瓜分波兰立陶宛王国，白俄罗斯中部地区并入俄罗斯。
1794 年	塔德乌什·科修斯科起义。
1795 年	波兰立陶宛王国灭亡。
1830 ~ 1831 年	波兰、立陶宛和白俄罗斯爆发起义。
1840 年	白俄罗斯全境取消立陶宛大公国 1588 年的规约。
1861 年	俄罗斯废除农奴制。
1862 年	在白俄罗斯修建第一条连接圣彼得堡和华沙的铁路。
1885 年	明斯克出现工人小组。
1911 年	在白俄罗斯通过关于地方自治的法律。
1914 年	第一次世界大战爆发。
1915 ~ 1918 年	德国占领白俄罗斯西部地区。
1917 年	3 月，俄罗斯爆发革命，沙皇尼古拉二世退位。在明斯克、戈梅利、维捷布斯

克和其他地区建立工人士兵代表苏维埃。召开白俄罗斯国家民主组织大会。建立白俄罗斯国家委员会。

1917 年	6 月，建立西部州。
1917 年	7 月，召开第二次白俄罗斯国家民主组织大会，建立白俄罗斯中央拉达。
1917 年	9 月，建立俄罗斯社会民主工党（布）西北地区委员会。
1917 年	11 月 7 日，俄罗斯爆发十月革命，布尔什维克党夺取政权。
1917 年	11 月 8 日，明斯克委员会执委会发布 1 号命令，向苏维埃移交权力。
1917 年	11 月，在白俄罗斯未被德国占领的地区宣布成立苏维埃政权。
1918 年	11~12 月，白俄罗斯领土从德国手中解放出来。
1918 年	3 月，宣布成立白俄罗斯人民共和国。该共和国在德国结束占领前存在了不到一年。
1919 年	1 月 1 日，成立白俄罗斯苏维埃社会主义共和国。
1919~1921 年	苏维埃俄国与波兰之间发生战争。
1921 年	签订里加合约，白俄罗斯西部地区划归波兰。
1921 年	开始实行新经济政策。颁布用粮食税代替余粮征集制的法令。
1921~1939 年	波兰政府在白俄罗斯西部地区积极推行波兰化政策。
1922 年	白俄罗斯苏维埃社会主义共和国并入苏联。

1932~1933 年	组建集体农庄。
1937 年	通过新的白俄罗斯苏维埃社会主义共和国宪法。
1939 年	9 月，波兰灭亡，白俄罗斯西部地区并入白俄罗斯苏维埃社会主义共和国。
1941 年	6 月，开始伟大的卫国战争。
1941 年	9 月，白俄罗斯全境被德国军队占领，德国开始在白俄罗斯实行恐怖统治。
1941 年	年底，建立白俄罗斯游击运动指挥部，从 1942 年开始在德国占领区进行积极的游击战。
1944 年	6~7 月，苏联红军对德军实施"巴格拉季昂"军事行动，解放白俄罗斯全境。
1945 年	5 月，苏联人民反抗德国法西斯的伟大卫国战争结束。
1945 年	白俄罗斯成为联合国创始成员国。
1954 年	白俄罗斯加入联合国教育、科学与文化组织。
1971 年	3 月 3 日，白俄罗斯苏维埃社会主义共和国签署了禁止在海底和海洋上部署大规模杀伤性核武器的国际多边条约（1971 年 9 月 6 日批准）。
1972 年	1 月 25 日，明斯克成为苏联第 11 个人口超过 100 万人的城市。
1973 年	9 月 8 日，建成白俄罗斯最大的水库（Вилейское водохранилище）。
1974 年	6 月 26 日，明斯克被授予"英雄城市"称号。
1974 年	9 月 13 日，白俄罗斯电视台开始播放彩

色电视节目。

1976 年	1 月 15 日，白俄罗斯维莱斯克 - 明斯克水系（Вилейско-Минской водной системы）开始运行。
1977 年	6 月 15 日，明斯克开始修建地铁（1984 年 6 月 30 日第一条地铁开通）。
1978 年	4 月 14 日，通过白俄罗斯苏维埃社会主义共和国新宪法。
1979 年	苏联军队进入阿富汗（至 1989 年 2 月 15 日），10 年时间里苏联军队共牺牲 1.5 万名军人，其中白俄罗斯有 800 人牺牲。
1986 年	4 月 26 日，切尔诺贝利核电站发生事故，导致戈梅利、莫吉廖夫大部分地区以及布列斯特和明斯克州部分地区遭受核污染。
1988 年	10 月 19 日，建立共和国历史教育协会，纪念斯大林时期被镇压的死难者。
1989 年	1 月 12 日，根据全苏居民人口普查结果，白俄罗斯人口共计 1020 万人。
1989 年	1 月 19 日，在明斯克迪纳摩体育场举办了一场"支持改革"的集会。
1989 年	3 月 26 日，首次以差额选举的方式选举苏联人民代表。
1989 年	6 月 24 ~ 25 日，白俄罗斯人民阵线"Адраджэньне"在维尔纽斯召开成立大会，通过了会议章程和行动纲领。
1990 年	1 月 26 日，白俄罗斯最高苏维埃通过《语言法》，白俄罗斯语被定为国语。

1990 年	4 月 5 日，白俄罗斯最高苏维埃宣布 4 月 26 日为"切尔诺贝利灾难日"。
1990 年	4 月 25 日，苏联最高苏维埃首次宣布三个共和国的领土受到放射性污染的影响：乌克兰、白俄罗斯和俄罗斯。这里有 500 多万人居住，其中白俄罗斯有 240 万人。
1990 年	7 月 27 日，白俄罗斯最高苏维埃通过白俄罗斯苏维埃社会主义共和国国家主权宣言。
1990 年	11 月 3 ~ 4 日，白俄罗斯联合民主党召开成立大会（1991 年该党在白各州的中心城市及定居点均建立了分支机构）。
1991 年	3 月 2 ~ 3 日，白俄罗斯社会民主党在明斯克召开成立大会。该党宣称自己是 1903 年创立的白俄罗斯社会主义党的继承者。
1991 年	4 月 3 ~ 4 日，明斯克和其他企业工人举行罢工，抗议主要消费品价格上涨，并建立城市罢工委员会以向政府提出经济和政治要求。
1991 年	4 月 10 ~ 26 日，企业工人举行罢工和集会。
1991 年	6 月 4 日，白俄罗斯最高苏维埃通过《白俄罗斯苏维埃社会主义共和国文化法》。
1991 年	8 月 25 日，赋予 1990 年白俄罗斯最高苏维埃通过的白俄罗斯国家主权宣言以宪法地位。白俄罗斯最高苏维埃通过一系列决议，涉及白俄罗斯政治及经济独立；国家政权机关和国家、国有企业、机构和组织

领导人非政党化；白俄罗斯共产党财产；暂停白俄罗斯共产党和苏联共产党在白境内的活动，查封白俄罗斯共产党中央委员会、各州委员会、地区委员会和其他党的机构的房产，其财产收归国有。

1991 年	9 月 19 日，白俄罗斯最高苏维埃通过决议，改白俄罗斯苏维埃社会主义共和国为白俄罗斯共和国。以"Погоня"徽章作为国徽，国旗为白－红－白双色三条式国旗。
1991 年	10 月 1 日，白俄罗斯共和国最高苏维埃通过决议，承认土地私有权。
1991 年	10 月 18 日，白俄罗斯最高苏维埃通过《白俄罗斯共和国公民法》。
1991 年	12 月 8 日，俄罗斯、白俄罗斯和乌克兰领导人在别洛韦日森林公园签署废除 1922 年订立的关于建立苏维埃社会主义共和国联盟的协议，并签署建立独立国家联合体的协议。
1991 年	12 月 10 日，白俄罗斯共和国最高苏维埃批准建立独立国家联合体的协议。
1991 年	12 月 21 日，俄罗斯、白俄罗斯等 11 个原苏联加盟共和国签署《阿拉木图宣言》，在平等基础上建立独立国家联合体。该机构既非国家也非超国家机构。
1992 年	1 月 30 日，白俄罗斯成为欧洲安全与合作会议（欧安会）成员。
1992 年	2 月 27 日，白俄罗斯签署《赫尔辛基最终法案》。

1992 年	4 月 10 日，白俄罗斯签署《新欧洲巴黎宪章》。
1992 年	6 月 20 日，白俄罗斯共和国和俄罗斯联邦签署协调军事领域活动的协定；部署在白俄罗斯的战略核力量转归俄罗斯管理，并在 7 年内将其重新安置到俄罗斯联邦境内。
1992 年	9 月，在明斯克开设联合国办事处。
1992 年	白俄罗斯陆续将战术核武器撤出本国；白俄罗斯最高苏维埃通过《信仰自由和宗教组织法》；在明斯克设立欧洲人文大学。
1993 年	1 月 19 日，白俄罗斯最高苏维埃通过《白俄罗斯共和国国有财产私有化和非国有化法》。
1993 年	2 月 3 日，白俄罗斯取消禁止共产党活动令。
1993 年	2 月 4 日，白俄罗斯作为无核国家加入《不扩散核武器条约》。
1993 年	6 月 5 日，白对部分食品实施自由价格，并提高住房和公用设施的价格。
1993 年	6 月 16 日，白俄罗斯最高苏维埃通过《土地所有权法》。
1993 年	7 月 22 日，白俄罗斯国家代表团访美，两国签署《美国与白俄罗斯共和国关系宣言》。
1993 年	11 月 13 日，白俄罗斯最高苏维埃通过《关于保护历史文化遗产法》。
1994 年	1 月 15 日，美国总统克林顿对白俄罗斯

进行正式访问。双方领导人讨论了双边政治和经济合作前景，以及撤出部署在白境内核武器的问题。

1994 年	1 月 18 日，白俄罗斯最高苏维埃通过《独联体宪章》。
1994 年	1 月 26 日，白俄罗斯议会通过秘密投票方式罢免最高苏维埃主席舒什克维奇的职务。
1994 年	1 月 28 日，亚切斯拉夫·格里布当选新一届最高苏维埃主席。
1994 年	2 月 13～27 日，在利勒哈默尔（挪威）举办的第十七届冬季奥林匹克运动会上，白俄罗斯共和国首次作为一个独立国家参赛，并在 67 支球队中获得奖牌数量第 15 名的成绩。
1994 年	3 月 2 日，白俄罗斯共和国最高苏维埃投票赞同实行总统制。
1994 年	3 月 15 日，白俄罗斯最高苏维埃通过新宪法，宣布白将从议会制国家转变为总统制共和国，并将成为无核武器的中立国家。按照新宪法，白俄罗斯总统是执行权力机关的首脑，最高苏维埃的议员人数将从 360 人减至 260 人。
1994 年	6 月 23 日，白俄罗斯进行首次总统选举。卢卡申科在第二轮投票中获胜（7 月 10 日），出任白首任总统。7 月 20 日举行总统就职典礼。
1994 年	10 月 4～5 日，白俄罗斯最高苏维埃通过《政党法》和《社会组织法》。

1995 年	1 月 12 日，白俄罗斯正式加入北约"和平伙伴关系"计划。
1995 年	5 月 14 日，白俄罗斯举行独立后的首次议会选举，并就语言、国家新标志、与俄罗斯的经济融合以及总统解散苏维埃的权力等重大问题进行全民公决。
1995 年	6 月 7 日，白俄罗斯总统令批准白俄罗斯共和国新国旗国徽。
1996 年	3 月 29 日，白俄罗斯、哈萨克斯坦、吉尔吉斯斯坦和俄罗斯四国总统在莫斯科签署关于四国加深经济和人文领域一体化条约。
1996 年	4 月 2 日，白俄罗斯总统卢卡申科和俄罗斯联邦总统叶利钦在莫斯科签署了一项关于深化经济一体化和建立俄白共同体的条约。
1996 年	8 月 29 日，《俄罗斯同白俄罗斯共同体条约》生效。
1996 年	10 月 19～20 日，举办后来成为最重要社会制度的全白俄罗斯人民会议，来自全国的代表共同讨论国家社会经济主要发展方向。
1996 年	11 月 24 日，对以下问题进行全民公决。总统提出的问题：通过经修改补充的1994 年宪法新版本；将白俄罗斯共和国独立日改为 7 月 3 日；关于土地买卖；关于死刑。由最高苏维埃提出的问题包括：1994 年宪法新版草案；国家预算以公开方式向所有的政府机关拨款；关于

	地方执行机构领导人的直接选举问题。
1996 年	11 月 27 日经 11 月 24 日全民公决通过的新宪法正式生效。新宪法赋予总统更大的权力，同时规定，白俄罗斯新议会——国民会议实行两院制，下院由之前的最高苏维埃改组而成。
1997 年	4 月 2 日，在莫斯科签订《俄白联盟条约》。协议文本于 5 月 23 日在莫斯科签署，白俄罗斯共和国国民议会于 1997 年 6 月 10 日批准。
1998 年	12 月 25 日，在莫斯科签署俄白两国建立联盟国家的宣言。
1999 年	4 月 4 日，白俄罗斯选举地方议会代表。
1999 年	12 月 8 日，签署关于建立俄白联盟国家条约及"行动纲领"。
2000 年	10 月 10 日，俄罗斯、白俄罗斯、哈萨克斯坦、吉尔吉斯斯坦和塔吉克斯坦签署关于成立欧亚经济共同体条约。
2001 年	8 月，召开第二届全白俄罗斯人民会议。
2001 年	9 月，卢卡申科第二次当选白俄罗斯共和国总统。
2004 年	10 月，确定新版白俄罗斯共和国国歌。
2004 年	10 月，举行全民公投，修改宪法，取消其中关于总统任期不得超过两届的规定。
2006 年	2 月，召开第三届全白俄罗斯人民会议。
2006 年	3 月，卢卡申科第三次当选白俄罗斯总统。
2008～2009 年	白俄罗斯与乌克兰、摩尔多瓦、格鲁吉亚、亚美尼亚和阿塞拜疆一起参加"东

部伙伴关系计划"。

2009 年	11 月 27 日，俄罗斯、白俄罗斯和哈萨克斯坦领导人签署关于 2010 年 1 月 1 日建立关税同盟的文件。
2011 年	11 月 18 日，白俄罗斯、俄罗斯和哈萨克斯坦签署《欧亚经济一体化宣言》，并且从 2012 年 1 月 1 日起实施关于统一经济空间条约。
2012 年	7 月 22 日，白俄罗斯在哈萨克斯坦的拜科努尔发射一颗地球遥感卫星。白成为航天大国。
2013 年	11 月 6 日，白俄罗斯首座核电站——奥斯特洛韦茨核电站建设工程正式启动。该核电站总装机容量为 2400 兆瓦，它的两个发电机组装机容量各为 1200 兆瓦。
2014 年	5 月 29 日，俄罗斯、白俄罗斯、哈萨克斯坦三国总统签订关于建立欧亚经济联盟的条约。条约于 2015 年 1 月 1 日生效。
2015 年	10 月 11 日，白俄罗斯举行总统选举。卢卡申科再次高票（82.49%）当选，第 5 次当选白俄罗斯总统。
2015 年	11 月 4 日，白俄罗斯总统卢卡申科签署第 450 号《关于白俄罗斯官方货币单位改革》的总统令，规定白俄罗斯将从 2016 年 7 月 1 号起发行新的白俄罗斯货币。新版货币最大纸币面值将由原来的 20 万白卢布变为 500 白卢布，相当于现流通的 500 万白卢布，按现行白俄罗斯卢布兑美元汇率，约合 300 美元；最小

纸币面值将由原来的 100 白卢布变为 5 白卢布。此外，白俄罗斯新版货币还将增发硬币。

2016 年 2 月 15 日，欧盟宣布解除对白俄罗斯的部分制裁，其中包括对白俄罗斯总统卢卡申科出入欧盟的禁令等，但同时将对白俄罗斯武器禁运的期限延长一年。欧盟方面表示，近两年白俄罗斯在欧盟"东部伙伴关系"框架下积极参与，双方关系得以改善，欧盟对进一步发展双边关系持开放态度。

2016 年 4 月 11 日，卢卡申科签署总统令，宣布将完善工资保障体制，逐步延长退休年龄。自 2017 年 1 月 1 日开始每年将退休年龄提高半年。女性退休年龄由 55 岁延长至 58 岁，男性由 60 岁延长至 63 岁。

2016 年 9 月 29 日，中国国家主席习近平在人民大会堂同白俄罗斯总统卢卡申科举行会谈。两国元首决定建立相互信任、合作共赢的中白全面战略伙伴关系，发展双方全天候友谊，携手打造利益共同体和命运共同体。

2017 年 2 月 12 日，白俄罗斯对 80 个国家持普通护照的公民实行 5 日内有条件免签证入出境政策。

2017 年 12 月 22 日，白俄罗斯总统卢卡申科签署《关于发展数字经济的法令》，为区块链技术的发展提供法律保障，白俄罗斯因此成为世界上率先将区块链技术合法化的国家之一。

2018 年	1 月 4 日，白俄罗斯政府新闻局宣布，白部长会议日前通过物流系统发展构想，决定大力发展物流运输。白政府计划整合物流基础设施和技术，参与包括从中国经白俄罗斯到欧洲的集装箱往返运输在内的国际集装箱运输业务，强化在欧盟和欧亚经济联盟间的物流枢纽作用，并大力发展"丝绸之路经济带"上的明珠项目白中工业园等。
2018 年	7 月，白俄罗斯总统签署法令，将外国人在白俄罗斯的免签停留时间从 5 天延长至 30 天，即 74 个国家的公民从明斯克国际机场入境的免签期限延长至 30 天。
2018 年	8 月 10 日，白俄罗斯和中国之间关于免签证制度的协议生效。根据协定，两国持普通护照人员可免签入境对方国家，每次停留时间不超过 30 天，一年内免签入境时间累计不超过 90 天。
2019 年	3 月 4 日，白外交部正式通知美国，取消自 2008 年起对美驻白使馆实施的人员数量限制，希望以此推动两国关系实现正常化。
2019 年	9 月 17 日，美国负责政治事务的副国务卿戴维·黑尔白俄罗斯首都明斯克表示，美白两国决定将派驻对方国家的外交使团恢复为大使级，这意味着两国恢复中断 11 年的大使级外交关系。

参考文献

一 中文文献

《白俄罗斯共和国宪法》,《苏维埃白俄罗斯报》1994 年 3 月 30 日。

刘洪潮、王德凤、杨鹤祺主编《苏联 1985~1991 年的演变》,新华出版社,1992。

A. M. 普罗霍洛夫主编《苏联百科手册》,中国社会科学院苏联东欧研究所译,山东人民出版社,1988。

白俄罗斯政府副总理鲁萨克维奇 1997 年 4 月 4 日访华时在记者招待会上的讲话。

北京正点国际投资咨询有限公司:《白俄罗斯公路建设行业投资前景及风险分析报告》,2017。

高潮:《白俄罗斯:"交通枢纽之国"地缘投资优势明显》,《中国对外贸易》2009 年第 2 期。

韩璐:《乌克兰危机后白俄罗斯外交发展评析》,《俄罗斯研究》2018 年第 4 期。

李永全主编《俄罗斯黄皮书:俄罗斯发展报告(2015)》,社会科学文献出版社,2016。

任飞:《白俄罗斯投资环境与中国—白俄罗斯投资合作》,经济科学出版社,2017。

二 俄文文献

Информационно – аналит ический цент р при Админист рации Президент а

Республики Беларусь. Республика Беларусь в зеркале социологии. Сборник материалов социологических исследований за 2011 год, Минск, Бизнесофсет, 2012 г. , ст р. 44.

Конст ит уция Республики Беларусь 1994 года с изменениями и дополнениями, принят ыми на республиканских референдумах 24 ноября 1996 г. И 17 окт ября 2004 г.

Об ут верждении Основных направлений внут ренней и внешней полит ики Республики Беларусь. Закон Республики Беларусь 14 ноября 2005 г. , № 60 – 3.

Свободные экономические зоны. Минск, ФУАинформ, 2000 г.

Национальный ст ат ист ический комит ет Республики Беларусь. Промышленност ьРеспублики Беларусь（2013 – 2019 гг）. Ст ат ист ический сборник.

Национальный ст ат ист ический комит ет Республики Беларусь. Энергет ический баланс Республики Беларусь. Ст ат ист ический сборник, 2019 г. , Минск.

Национальный ст ат ист ический комит ет Республики Беларусь. Охрана окружающий среды в Республике Беларусь. Ст ат ист ический сборник, 2019 г. , Минск.

Национальный ст ат ист ический комит ет Республики Беларусь. Транспорт и связь в Республике Беларусь. Ст ат ист ические сборники. 2018 г. , Минск.

Национальный ст ат ист ический комит ет Республики Беларусь. Розничная и опт овая т орговля, общест венное пит ание в Республике Беларусь. Ст ат ист ический сборник. 2019 г. , Минск.

Национальный ст ат ист ический комит ет Республики Беларусь. Внешняя т орговля Республики Беларусь. Ст ат ист ический сборник, 2017 – 2019 гг. , Минск.

Национальный ст ат ист ический комит ет Республики Беларусь. Ст ат ист ический ежегодник Республики Беларусь, 2019 г. , Минск.

三 网站及数据库

新华社多媒体数据库。

http：//www. people. com. cn/GB/paper68/16423/1448901. html.

http：//president. gov. by/ru/society_ ru/.

Минэкономики. Двигат елем экономического рост а являют ся предпринимат ели. http：//telegraf. by/2011/.

Национальная ст рат егия уст ойчивого социально - экономического развит ия Республики Беларуси на период до 2030 года. http：// www. economy. gov. by/.

http：//belarusfacts. by/ru/belarus/economy_ business/key_ economic/ metallurgy/.

http：//allby. tv/article/4051/ministerstvo - promyishlennosti - respubliki - belarus.

http：//president. gov. by/ru/economy_ ru/.

http：//www. nbrb. by/system/banks/list.

http：//by. mofcom. gov. cn/article/ddfg/sshzhd/201312/ 20131200420254. shtml.

Закон Республики Беларусь 17 апреля 1992 г. N 1596 - XII . О пенсионном обеспечении. http：//www. mintrud. gov. by/ru/.

https：//ru. wikipedia. org/wiki/% D0% 91% D0% B5% D0% BB% D1% 82% D0% B5% D0% BB% D0% B5% D1% 80% D0.

http：//by. mofcom. gov. cn/article/jmxw/201606/20160601345199. shtml.

http：//china. mfa. gov. by/zh/bilateral_ relations/.

https：//studopedia. org/2 - 261. html.

https：//www. istmira. com/istoriya - belarusi/223 - xronologiya - vazhnejshix - sobytij - i - dat - 6 - stranica. html.

http：//lithuania. mfa. gov. by/ru/bilateral_ relations/.

http：//latvia. mfa. gov. by/ru/bilateral_ relations/.

http：//poland. mfa. gov. by/pl/bilateral_ relations/trade_ economic/.

http：//rus – bel. online/934 – belorussko – litovskie – otnosheniya – na –
sovremennom – etape/.

索　引

非洲

阿尔及利亚

埃及

埃塞俄比亚

安哥拉

贝宁

博茨瓦纳

布基纳法索

布隆迪

赤道几内亚

多哥

厄立特里亚

佛得角

冈比亚

刚果

刚果民主共和国

吉布提

几内亚

几内亚比绍

加纳

加蓬

津巴布韦

喀麦隆

科摩罗

科特迪瓦

肯尼亚

莱索托

利比里亚

利比亚

卢旺达

马达加斯加

马拉维

马里

毛里求斯

毛里塔尼亚

摩洛哥

莫桑比克

纳米比亚

南非

南苏丹

尼日尔

尼日利亚

塞拉利昂

塞内加尔

塞舌尔

圣多美和普林西比

斯威士兰

苏丹

索马里

坦桑尼亚

突尼斯

乌干达

赞比亚

乍得

中非

欧洲

阿尔巴尼亚

爱尔兰

爱沙尼亚

安道尔

奥地利

白俄罗斯

保加利亚

北马其顿

比利时

冰岛

波斯尼亚和黑塞哥维那

波兰

丹麦

德国

俄罗斯

法国

梵蒂冈

芬兰

荷兰

黑山

捷克

克罗地亚

拉脱维亚

立陶宛

列支敦士登

卢森堡

罗马尼亚

马耳他

摩尔多瓦

摩纳哥

挪威

葡萄牙

瑞典

瑞士

塞尔维亚

塞浦路斯

圣马力诺

斯洛伐克

斯洛文尼亚

乌克兰

西班牙

希腊

匈牙利

意大利

英国

美洲

阿根廷

安提瓜和巴布达

巴巴多斯

巴哈马

巴拉圭

巴拿马

巴西

玻利维亚

伯利兹

多米尼加

多米尼克

厄瓜多尔

哥伦比亚

哥斯达黎加

格林纳达

古巴

圭亚那

海地

洪都拉斯

加拿大

美国

秘鲁

墨西哥

尼加拉瓜

萨尔瓦多

圣基茨和尼维斯

圣卢西亚

圣文森特和格林纳丁斯

苏里南

特立尼达和多巴哥

危地马拉

委内瑞拉

乌拉圭

牙买加

智利

大洋洲

澳大利亚

巴布亚新几内亚

斐济

基里巴斯

库克群岛

马绍尔群岛

密克罗尼西亚

瑙鲁

纽埃

帕劳

萨摩亚

所罗门群岛

汤加

图瓦卢

瓦努阿图

新西兰

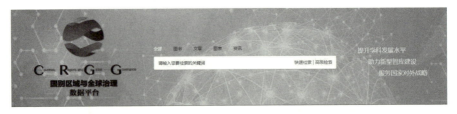

国别区域与全球治理数据平台

www.crggcn.com

"国别区域与全球治理数据平台"（Countries，Regions and Global Governance，CRGG）是社会科学文献出版社重点打造的学术型数字产品，对接国别区域这一重点新兴学科，围绕国别研究、区域研究、国际组织、全球智库等领域，全方位整合基础信息、一手资料、科研成果，文献量达30余万篇。该产品已建设成为国别区域与全球治理数据资源与研究成果整合发布平台，可提供包括资源获取、科研技术服务、成果发布与传播等在内的多层次、全方位的学术服务。

从国别区域和全球治理研究角度出发，"国别区域与全球治理数据平台"下设国别研究数据库、区域研究数据库、国际组织数据库、全球智库数据库、学术专题数据库和学术资讯数据库6大数据库。在资源类型方面，除专题图书、智库报告和学术论文外，平台还包括数据图表、档案文件和学术资讯。在文献检索方面，平台支持全文检索、高级检索，并可按照相关度和出版时间进行排序。

"国别区域与全球治理数据平台"应用广泛。针对高校及国别区域科研机构，平台可提供专业的知识服务，通过丰富的研究参考资料和学术服务推动国别区域研究的学科建设与发展，提升智库学术科研及政策建言能力；针对政府及外事机构，平台可提供资政参考，为相关国际事务决策提供理论依据与资讯支持，切实服务国家对外战略。

数据库体验卡服务指南

※100元数据库体验卡，可在"国别区域与全球治理数据平台"充值和使用

充值卡使用说明：

第1步 刮开附赠充值卡的涂层；

第2步 登录国别区域与全球治理数据平台（www.crggcn.com），注册账号；

第3步 登录并进入"会员中心"→"在线充值"→"充值卡充值"，充值成功后即可使用。

声明

最终解释权归社会科学文献出版社所有

客服QQ：671079496

客服邮箱：crgg@ssap.cn

卡号：9430664133482263

密码：

欢迎登录社会科学文献出版社官网（www.ssap.com.cn）和国别区域与全球治理数据平台（www.crggcn.com）了解更多信息

图书在版编目（CIP）数据

白俄罗斯/农雪梅，李允华编著．--2版．--北京：
社会科学文献出版社，2021.1（2024.3重印）
（列国志：新版）
ISBN 978 - 7 - 5201 - 7841 - 9

Ⅰ.①白…　Ⅱ.①农…　②李…　Ⅲ.①白俄罗斯 - 概
况　Ⅳ.①K951.14

中国版本图书馆 CIP 数据核字（2021）第 022021 号

· 列国志（新版）·

白俄罗斯（Belarus）

编　　著／农雪梅　李允华

出 版 人／冀祥德
组稿编辑／张晓莉
责任编辑／郭白歌
文稿编辑／郭锡超
责任印制／王京美

出　　版／社会科学文献出版社·国别区域分社（010）59367078
　　　　　地址：北京市北三环中路甲 29 号院华龙大厦　邮编：100029
　　　　　网址：www. ssap. com. cn
发　　行／市场营销中心（010）59367081　59367083
印　　装／唐山玺诚印务有限公司

规　　格／开本：787mm × 1092mm　1/16
　　　　　印张：21.25　插页：1　字数：311 千字
版　　次／2021 年 1 月第 2 版　2024 年 3 月第 2 次印刷
书　　号／ISBN 978 - 7 - 5201 - 7841 - 9
定　　价／98.00 元

本书如有印装质量问题，请与读者服务中心（010 - 59367028）联系